불멸의
가업승계
미래를 여는
신탁

저자 프로필

[경력]
- 우리은행 신탁부 가족신탁팀
- 한국금융연수원, 한국시니어TV, 한국세무사고시회, 현대백화점 문화센터, 이택스코리아 등 강의
- 조세금융신문 및 에이블뉴스 칼럼니스트, 시사저널, 디지털타임스, 브라보라이프 매거진 등 칼럼 기고
- 우리은행, 방송대지식+, 제네시스박, 부티플, 정엘의 가업승계연구소 등 유튜브 채널 출연

[저서]
- 사례와 함께하는 자산승계신탁·서비스(삼일인포마인, 2022년)
- 불멸의 가업승계&미래를 여는 신탁(초판, 조세금융신문, 2023년)
- 장애인 금융·세금 가이드(삼일인포마인, 2023년)
- 내 재산을 물려줄 때 자산승계신탁(개정판, 삼일인포마인, 2024년)

[학력 및 자격]
- 회사를 다니면서 제53회(2016년) 세무사 자격 취득
- 중앙대학교 사회복지학과 졸업
- 연세대학교 법무대학원(금융법 전공) 재학

[상담 및 기타 문의]
- 블로그 : skskt1107(자산승계신탁. 서비스의 세계)
- E-mail : skskt1107@naver.com
- Phone : 02-2002-5984
- 카카오톡 친구 추가(아이디) : skskt1107

 실전형 세금전문가와 함께하는
가업승계와 신탁활용 전략

불멸의 가업승계 & 미래를 여는 신탁

신관식 지음

차례

서문 10

~~~ Part 1. ~~~

가업승계와 신탁

Q1 • 가업승계가 무엇입니까?	16
Q2 • 왜 점점 가업승계가 중요해지고 있는 것일까요?	18
Q3 • 가업승계 지원제도에는 어떤 것이 있습니까?	21
Q4 • 가업승계 세제지원 제도는 얼만큼 활용되고 있을까요?	26
Q5 • 가업승계 할 때 가장 어려운 점은 무엇일까요?	31
Q6 • 일본은 100년 이상 된 기업이 많다고 하는데 왜 그럴까요?	34
Q7 • 상속세 및 증여세는 어떤 세금이고 누가 납부하며 어떻게 계산할까요?	38
Q8 • 신탁에서 상속세 및 증여세는 언제 발생합니까?	48
Q9 • 가업승계 할 때, 신탁을 왜 활용하지 못했던 것일까요?	55
Q10 • 엄마가 저 대신 내준 상속세에 대해 증여세가 과세될까요?	59
Q11 • 사업용 부동산을 신탁하려고 할 때 취득세가 발생하나요?	61

| 신탁 활용 ❶ | 금융위원회, '신탁업 혁신 방안'   65
| 신탁 활용 ❷ | 개별 기준에 따른 신탁의 종류(신탁의 분류)   79
| 별첨 자료 ① | [매일일보 2023년 4월 23일자, MI가 찾은 세무전문가]
                    OO은행 신관식 "가업승계 증여세 600억까지 상향"   83

Part 2.

가업상속공제

Q12 • 가업상속공제를 받을 수 있는 요건과 절세 금액은?　　　　89
Q13 • 가업상속공제 대상인 '가업, 중소기업, 중견기업'이란?　　　94
Q14 • 가업상속공제를 받기 위한 '피상속인과 상속인'의 요건은?　　103
Q15 • 가업상속공제의 사후관리요건이란?　　　　　　　　　　　107
Q16 • 5년간 사후관리요건만 충족하면 별다른 세금 문제는 없겠죠?　111

| 세부 Q&A | 가업상속공제　　　　　　　　　　　　　　　　　　114
| 신탁 활용 ❸ | 1인 기업과 후계자가 정해졌을 때, 유언대용신탁을 활용한 가업승계　120
| 신탁 활용 ❹ | 장수기업의 초석을 다지기 위한 수익자연속신탁 설계　125
| 신탁 활용 ❺ | 자사주 매입, 증여와 상속을 결합하여 신탁을 활용한 가업승계　129
| 신탁 활용 ❻ | 유류분을 감안한 가업승계와 신탁　　　　　　　　　133
| 별첨 자료 ② | 가업승계 성공사례 살펴보기　　　　　　　　　　　137
| 별첨 자료 ③ | OECD 국가의 상속세 최고세율과 가업승계 시 실질세율　140

Part 3.

가업승계 주식 증여세 과세특례

Q17 • 가업승계 주식 증여세 과세특례가 무엇인가요? 145

Q18 • 제가 가업승계 주식 증여세 과세특례를 적용 받을 수 있을까요? 148

Q19 • 가업승계 주식 증여세 과세특례를 적용 받을 경우
증여세는 어떻게 계산합니까? 153

Q20 • 가업승계 주식 증여세 과세특례의 사후관리요건은 어떻게 될까요? 158

Q21 • 가업승계 주식을 언제 증여하면 좋을까요? 162

Q22 • 가업승계 주식 증여세 과세특례와 가업상속공제를
모두 적용받을 수 있을까요? 169

Q23 • 가업승계에 있어서 주된 업종이 중요한가요? 176

Q24 • 비상장주식을 증여 받은 후 주식시장에 상장하게 되면
어떤 문제가 발생합니까? 181

| 세부 Q&A | 가업승계 주식 증여세 과세특례 186

| 신탁 활용 ❼ | 가업승계의 시작은 신탁계약과 단계적 주식 증여부터 191

| 신탁 활용 ❽ | 주식을 증여하더라도 자녀에게 대접받는 방법과 신탁 195

| 별첨 자료 ④ | 혼인 예정 자녀를 위한 타익신탁의 활용 200

Part 4.

창업자금 증여세 과세특례

Q25 • 창업자금 증여세 과세특례가 무엇인가요?　　　　　　　　206

Q26 • 창업자금 증여세 과세특례를 적용 받을 수 있는 요건은 무엇입니까?　209

Q27 • 창업 절차와 창업자금 증여세 과세특례의
　　　 사후관리요건은 어떻게 될까요?　　　　　　　　　　　　215

Q28 • 창업자금 증여세 과세특례와
　　　 가업승계 주식 증여세 과세특례를 비교해보면?　　　　　　222

| 세부 Q&A | 창업자금 증여세 과세특례　　　　　　　　　　224
| 신탁 활용 ❾ | 창업자금 증여세 과세특례에 꼭 맞는 신탁　　　227
| 신탁 활용 ❿ | 특례 적용 후 상속세를 대비하는 전략과 신탁　　231
| 신탁 활용 ⓫ | 장애인 자녀의 창업과 장애인신탁의 활용　　　235

Part 5.

가업승계 관련 기타사항

Q29 • 상속·증여재산은 어떻게 평가할까요?   242
Q30 • 비상장주식은 어떻게 평가할까요?   249
Q31 • 상속세 또는 증여세 납부가 부담되어
　　　연부연납제도를 활용하려고 하는데요?   258
Q32 • 2023년부터 신설된 납부유예제도가 무엇입니까?   265
Q33 • '명의신탁 주식 실제소유자 확인신청제도'가 무엇인가요?   268
Q34 • 창업주의 은퇴와 저축성보험을 활용한 CEO플랜이 무엇인가요?   273
Q35 • 신탁을 설정하면 유류분 문제를 해결할 수 있나요?   278

| 신탁 활용 ⑫ | 상속세가 없는 공익신탁 및 공익법인에 재산 출연   284
| 신탁 활용 ⑬ | 치매·고령사회와 밀접하게 연관된 후견신탁   289
| 별첨 자료 ⑤ | 회사 직원의 사망과 유가족 신탁   294
| 별첨 자료 ⑥ | 금융위원회의 신탁업 혁신 방안 관련
　　　　　　　　가업승계신탁과 자본시장법 등 법적 쟁점 소고 (소논문)   297
| 별첨 자료 ⑦ | 유언대용신탁 계약서 (예시)   315

책 본문 및 별첨 자료(소논문 등) 참고문헌   331

서문

2023년 4월 초 이 책의 초판을 출간한 지 불과 1년도 지나지 않아 뻔뻔스럽게도 개정증보판을 출간하게 되었습니다. 저도 미처 예상하지 못했던 일입니다. 그 이유는 연말을 앞두고 있는 시점에서 기업 관계자, 신탁 담당자, 세무사 등 많은 독자들께서 이 책을 찾아 주셨기 때문입니다. 그래서 개정증보판은 초판 출간 이후 새롭게 쌓인 주요 정보와 책에 실을 만한 유의미한 컨설팅 경험들, 가업승계 세제지원 제도의 세부 Q&A, 최근 세법 개정이 된 사항들까지 반영하여 좀 더 풍부한 책이 된 것 같습니다.

필자는 '공정한 보상 체계에 기반하여 가족 간의 분쟁과 불화를 줄이고 고객이 평생토록 일궈 온 소중한 재산을 온전히 후대에게 이어질 수 있게 하는 자산승계신탁' 책을 출간한 바 있습니다. 그러나 그 책에서는 '중소기업 및 중견기업의 가업승계(이하, 가업승계)'를 구체적으로 다루지 않았습니다. 몰라서 다루지 않았던 것이 아니라 '가업승계'를 자세히 설명하게 되면 마치 신탁이 기업가, 거액 자산가들만을 위한 제도와 서비스로 인식

될 수도 있겠다는 우려 때문이었습니다.

그런데 2022년 10월 금융위원회는 중소기업 등의 안정적인 가업승계 수요에 발 맞추어 신탁회사의 의결권 행사 제한 규정 정비를 포함한 '가업승계신탁'에 대한 제도적 기반을 마련하겠다고 발표하였습니다(신탁업 혁신방안). 즉, 가업승계신탁에 관한 예상 로드맵이 나온 상황에서 신탁을 통한 가업승계 전략의 핵심 사항을 독자들께 알려드리는 것은 신탁업무담당자이자 세금전문가인 필자가 당연히 해야할 역할이라고 생각합니다. 다만, 2023년 말 현재 신탁업 혁신방안이 실현되기 위한 여러 법적, 제도적 개선 작업이 더딥니다. 신탁업 선진화와 가업승계 활성화를 위해 관련 법령 개정을 조속히 촉구합니다.

필자는 '가업승계'를 이렇게 정의합니다. '합법적이고 공정한 보상체계에 기반하여 창업주 등이 평생토록 피 땀 흘려 일궈 온 가업을 스마트한 후계자가 이어가게 하는 것'이라고 말이지요. 그런데 가업승계는 딱 한 번으로만 그쳐서는 안되고 대대로 이어가야 합니다. 이때 신탁이 필요합니다.

이 책은 가업승계의 의미와 외국 현황, 우리나라의 가업승계 세제지원 제도 등을 먼저 핵심도표(Key Point)로 요약하였고, 고객과의 상담 및 현장에서 실제로 받은 개별적 질문(Question)에 관해 정성적 측면, 세법적 측면을 종합하여 답변(Answer)하는 형태로 구성하였습니다.

개정증보판에는 2024년부터 적용될 세법 개정 사항들을 비롯하여 각 가업승계 세제지원 제도별 십수년간의 변천사와 세부 Q&A를 기획재정부 예규 및 해석자료, 조세심판원 판례, 국세청 서면답변 및 질의회신 등에 근거하여 알차게 수록하였습니다.

이 책이 여타의 가업승계 서적들과 다른 점은 바로 가업승계를 고민하거나 실행할 때 '신탁의 효율적인 활용방법'을 구체적으로 다루고 있다는 것입니다. ① 창업주 등이 사망한 뒤 가업을 물려주려고 할 때 가업상속공제와 신탁을 활용하는 방법, ② 창업주 등이 살아있는 동안 후계자에게 주식을 물려주려고 할 때 증여세 과세특례와 신탁을 활용하는 방법, ③ 성년 자녀에게 창업자금을 증여할 때 과세특례와 신탁을 활용하는 방법, ④ 장애인 자녀 등의 독립과 지원을 위해 재산을 물려주려고 할 때 신탁을 활용하는 방법, ⑤ 가업 및 본인 재산을 사회에 환원하여 좋은 일에 쓰려고 할 때 공익신탁을 활용하는 방법, ⑥ 치매 등 정신상태가 온전하지 못한 창업주 등을 위해 후견신탁을 활용하는 방법을 구체적이고 세밀하게 기술하였고 또 보완하였습니다.

이 책이 나올 수 있도록 도와주신 분들이 있습니다. 조병규 은행장님, 송현주 부행장님, 김홍익 부장님, 손상범 부장님, 함문형 팀장님, 이윤희 차장님, 김지희 과장님, 김희락 계장님, 같은 부서원분들, 오영걸 교수님, 김상훈 변호사님, 김지훈 변호사님, 양소라 변호사님, 허시원 변호사님, 황지영 변호사님, 이환주 세무사님, 정승조 세무사님, 이석정 회장님, 김희철 세무사님, 박민수 선배님, 김해정 팀장님 등 이름을 다 열거할 수 없지만 모두 감사드립니다. 조세금융신문의 김종상 대표이사님, 양학섭 부사장님, 송기현 국장님, 김종태 이사님과 이 책의 디자이너 정진아님께는 특히 고개 숙여 감사드립니다. 저에 든든한 후원자이자 안식처인 아내와 두 아들, 가족들에게는 고맙다는 말씀을 전합니다.

국내 베스트셀러인 '원씽(The One Thing)'에 이런 말이 나옵니다. '성공하려면 옳은 일을 옳은 방식으로 옳은 타이밍에 해야한다' 라고 말이지요. 이 책과, 이 책이 나온 시점이 여러분들의 성공적인 가업승계에 있어서 옳은 방식, 옳은 타이밍이 되리라 굳게 믿습니다.

2024년 1월
회현동에서

가업승계와 신탁

1. 첫번째 질문(Question)

가업승계가 무엇입니까?

 **Key Point**

가업승계란?

창업주 등이 기업의 동일성을 유지하면서
가업의 소유권과 경영권, 기업가 정신을 후계자에게 이전하는 것

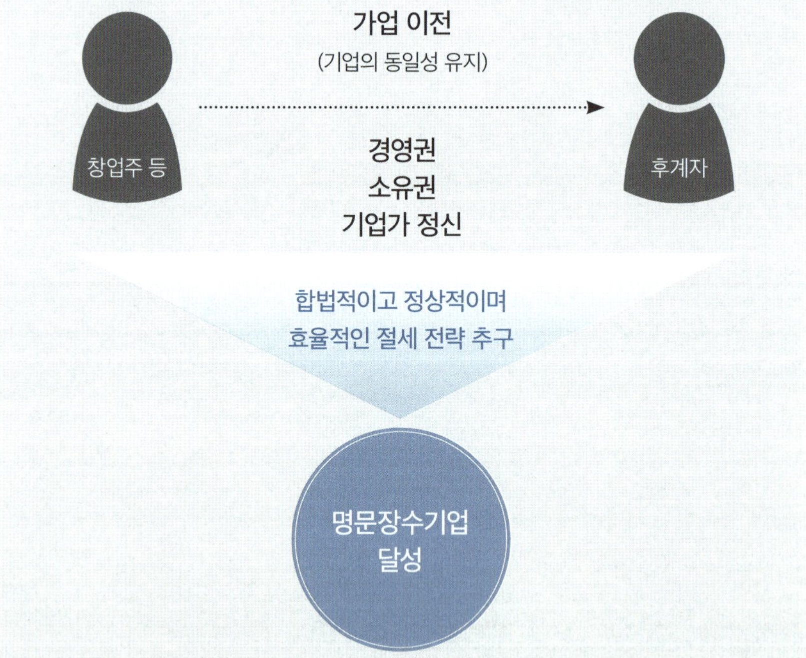

가업 이전
(기업의 동일성 유지)

창업주 등 → 후계자

경영권
소유권
기업가 정신

합법적이고 정상적이며
효율적인 절세 전략 추구

명문장수기업 달성

 답변(Answer)

사회 각 분야에서 가업승계 지원 및 가업승계 컨설팅을 하고 있지만 가업승계가 무엇인지 정의를 내릴 때 정부 정책, 법률 및 세법 등을 참고할 수 밖에 없을 것 같습니다.

중소벤처기업부에서는 가업승계를 기업의 경영상태가 지속되도록 소유권(소유권 승계, Ownership succession) 및 경영권(경영권 승계, Management succession)을 차세대 경영자에게 물려주는 것과 관련한 모든 사항을 의미한다고 정의하고 있습니다.

중소기업 진흥법 및 과세당국에서는 가업승계란 중소기업 등 기업의 동일성을 유지하면서 상속이나 증여 등을 통해 기업의 소유권 또는 경영권을 후계자에게 이전하는 것이라고 말하고 있습니다.

그러나 가업승계의 궁극적인 목적은 기업의 소유권과 경영권을 이전하는 것에서 그치는 것이 아닙니다. **창업주 등의 기업가 정신을 후계자가 합법적으로 대대로 이어가며 정상적이고 효율적인 절세 전략을 통해 200년 이상의 명문장수기업**을 만드는 데 있습니다.

2. 두번째 질문(Question)

왜 점점 가업승계가 중요해지고 있는 것일까요?

 **Key Point**

중소기업 CEO 평균연령

구분		2021년 조사 기업체 (수)	2021년 CEO 연령별 비중과 평균연령			
			60세 미만 (%)	60~69세 (%)	70세 이상 (%)	평균연령 (세)
중소기업	소기업	41,953	67.4	28.2	4.4	55.4
	중기업	15,281	56.8	36.1	7.1	57.5
소계 (조사 기업)		57,234	64.4	30.3	5.1	55.9

* 자료 : 중소벤처기업부「중소기업기술통계조사(2021년)」

구분		2021년 조사 기업체 (수)	2021년 CEO 연령별 비중과 평균연령			
			60세 미만 (%)	60~69세 (%)	70세 이상 (%)	평균연령 (세)
중소기업 업종별	제조업	37,590	61.4	32.4	6.1	56.7
	건설업	3,754	67.3	29.4	3.3	55.5
	도매및소매업	7,680	67.2	29.3	3.5	54.9
	정보통신업	4,652	80.5	18.9	0.5	52.6
	전문, 과학 및 기술서비스업	3,558	67.6	26.3	6.2	55.5
소계 (조사 기업)		57,234	64.4	30.3	5.1	55.9

* 자료 : 중소벤처기업부「중소기업기술통계조사(2021년)」

 답변(Answer)

통계청 자료에 따르면 우리나라는 2017년 10월 고령사회로 진입하였습니다. 고령사회란 UN기준에 따라 총인구에서 65세 이상인 사람들(이하, 시니어)이 차지하는 비율이 14%를 넘는 국가나 사회를 의미합니다. 2022년 말 기준 우리나라의 시니어 인구는 약 901만 명이고 조만간 우리나라는 초고령사회(시니어 비중이 20%를 넘는 사회)에 진입할 것으로 예상됩니다. 중소기업 창업주분들도 예외가 아닙니다.

가업승계는 인구의 고령화와 밀접한 관계가 있습니다. 창업주 등은 연세가 들수록 미래에 대비하여 가업을 이을 후계자를 찾기 마련입니다. 중소벤처기업부 「중소기업기술통계조사(2021년)」 자료에 따르면 조사대상 기업의 CEO 평균연령은 55.9세 입니다. 특히, 중기업의 CEO 평균연령은 57.5세인데 60세 이상의 비율이 무려 43.2%(60세 이상 36.1%, 70세 이상 7.1%)에 이릅니다. 즉, 중기업의 절반 가까이는 가업승계를 본격적으로 준비해야 하고 시간이 갈수록 더욱 가업승계의 중요성이 커질 것입니다.

[중소기업 CEO 평균연령 (소기업/중기업별)]

구분		2021년 조사 기업체 (수)	2021년 CEO 연령별 비중과 평균연령			
			60세 미만 (%)	60~69세 (%)	70세 이상 (%)	평균연령 (세)
중소기업	소기업	41,953	67.4	28.2	4.4	55.4
	중기업	15,281	56.8	36.1	7.1	57.5
소계 (조사 기업)		57,234	64.4	30.3	5.1	55.9

* 자료 : 중소벤처기업부 「중소기업기술통계조사(2021년)」

중소기업 CEO 고령화 현상은 제조업에서 더욱 두드러집니다. 2021년 기준 제조업 CEO의 평균연령은 56.7세이며 10년 전인 2012년에는 60세 이상의 CEO가 14.1%를 차지하였지만 2021년 기준 60세 이상의 비중은 무려 38.5%(60세 이상 32.4%, 70세 이상 6.1%)에 이릅니다. 즉, 가업승계에 대한 정책적, 세제적 지원이 부족할 경우 고령화로 인해 폐업의 증가, 기업의 성장성 둔화, 우수기업 청산 등으로 이어질 수 있습니다. 따라서, 가업승계 관련 사회적 관심과 다각적인 지원이 매우 중요한 상황입니다.

[중소기업 CEO 평균연령 (기업 업종별)]

구분		2021년 조사 기업체 (수)	2021년 CEO 연령별 비중과 평균연령			
			60세 미만 (%)	60~69세 (%)	70세 이상 (%)	평균연령 (세)
중소기업 업종별	제조업	37,590	61.4	32.4	6.1	56.7
	건설업	3,754	67.3	29.4	3.3	55.5
	도매및소매업	7,680	67.2	29.3	3.5	54.9
	정보통신업	4,652	80.5	18.9	0.5	52.6
	전문, 과학 및 기술서비스업	3,558	67.6	26.3	6.2	55.5
소계 (조사 기업)		57,234	64.4	30.3	5.1	55.9

* 자료 : 중소벤처기업부 「중소기업기술통계조사(2021년)」

3. 세번째 질문(Question)

가업승계 지원제도에는 어떤 것이 있습니까?

 **Key Point**

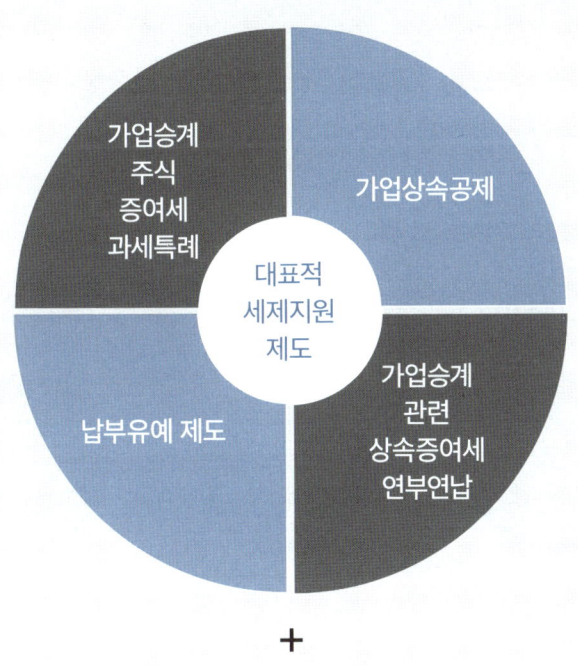

창업자금 증여세 과세특례, 공익법인에 재산 출연,
장애인신탁 등 장애인 독립 지원

 **답변(Answer)**

정부의 가업승계 지원제도는 많지만 세제상 지원에 국한하여 설명드리겠습니다. 과세당국은 2000년대 중반부터 2023년말 현재까지 중소기업 등의 원활한 가업승계를 위해 세제지원을 지속적으로 확대해 왔습니다. **가업승계 관련 대표적인 세제지원 제도로는 가업상속공제, 가업승계 주식 증여세 과세특례, 연부연납제도, 납부유예제도 등이 있습니다.**

심지어 2022년 9월부터 국세청(지방국세청 포함)은 가업승계를 계획하거나 진행하고 있는 중소기업(限)을 대상으로 기업 맞춤형 '가업승계 세무컨설팅 서비스'를 제공하고 있습니다.

[국세청, '가업승계 세무컨설팅 서비스' 구조도]

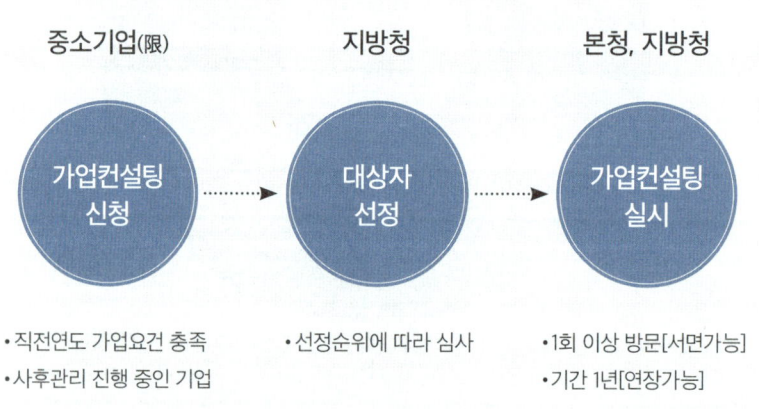

* 자료 출처 : 국세청 홈페이지

다만, 저는 대표적인 가업승계 세제지원 제도뿐만 아니라 ① 부모가 자녀의 창업지원을 위해 현금 등의 재산을 증여해 주는 창업자금 증여세 과세특례, ② 재산을 공익법인에 직접 출연하거나 공익신탁을 통해 출연하는 것, ③ 부모가 장애인 자녀의 생계 및 안정적인 생활을 지원할 목적으로 재산을 증여하면서 장애인신탁을 활용하는 것도 넓게 보면 가업승계에 포함될 수 있다고 생각합니다.

2024년 부터는 가업승계 세제지원 제도가 더욱 개선됩니다. 예를 들어, 가업상속공제의 사후관리요건에서 업종변경이 중분류 내에서만 한정되어 왔는데 향후 대분류까지 확대될 예정입니다. 가업승계 주식 증여세 과세특례 제도는 10% 세율이 적용되는 과세표준 구간이 종전 60억 원에서 120억 원으로 상향 조정되고 업종변경도 중분류 내 변경에서 대분류 내 변경으로 확대되며 연부연납기간도 일반 증여세 5년에서 15년으로 변경되어 납세자의 편의가 한층 강화될 예정입니다(최근 세법 개정 사항은 이하 페이지를 참고하세요).

＊ 가업승계 세제지원 제도관련 최근 세법 개정 사항 ＊

▶ 가업상속공제

- 상속인의 사후관리요건 중에서 **업종변경요건 완화**

(상증령 제15조 제11항)

현 행	향 후
[사후관리요건 중 업종요건] • 원칙 : 상속인은 사후관리기간 동안 (주된) 업종을 변경하지 않을 것 • 예외 : 한국표준산업분류표 상 '**중분류**' 범위 안에서는 업종변경 허용	[사후관리요건 중 업종요건] • 원칙 : (좌동) • 예외 : 한국표준산업분류표 상 '**대분류**' 범위 안에서는 업종변경 허용

＊ 적용 시기 : 시행령 개정에 따른 시행일 이후 업종을 변경하는 건부터 적용

▶ 가업승계 주식 증여세 과세특례

① 저율과세 구간과 연부연납기간 확대, 업종변경요건 완화

(조특법 제30조의6, 조특령 제27의6)

현 행	향 후
[저율과세 구간] • 과세표준 60억 원 이하 : 10% • 과세표준 60억 원 초과 : 20% [연부연납기간] : 최대 5년 [수증자 사후관리요건 중 업종요건] • 원칙 : 수증자는 사후관리기간 동안 (주된) 업종을 변경하지 않을 것 • 예외 : 한국표준산업분류표 상 **'중분류'** 범위 안에서는 업종변경 허용	[저율과세 구간] • 과세표준 120억 원 이하 : 10% • 과세표준 120억 원 초과 : 20% [연부연납기간] : 최대 15년 [수증자 사후관리요건 중 업종요건] • 원칙 : 수증자는 사후관리기간 동안 (주된) 업종을 변경하지 않을 것 • 예외 : 한국표준산업분류표 상 **'대분류'** 범위 안에서는 업종변경 허용

* 적용 시기 : 법 개정에 따라 '24.1.1. 이후 증여 받는 분부터 적용
　　　　　　시행령 개정에 따라 시행일 이후 업종을 변경하는 분부터 적용

② 조세범 : 가업승계 주식 증여세 과세특례 적용 배제

(조특법 제30조의6, 제71조)

현 행	향 후
없음	<신설> 증여자 또는 수증자가 탈세·회계 부정으로 징역형 또는 벌금형을 받은 경우 가업승계·영농승계 증여세 과세특례 배제 • 행위 시기 : 증여일 전 10년 전부터~증여 후 5년 까지

* 적용 시기 : 법 개정에 따라 '24.1.1. 이후 증여 받는 분부터 적용

4. 네번째 질문(Question)

가업승계 세제지원 제도는 얼만큼 활용되고 있을까요?

 **Key Point**

가업승계 세제지원 제도 활용 현황

가업상속공제

구분	건수	공제금액
2022년	147	3,430억 원
2021년	110	3,475억 원
2020년	106	4,210억 원
2019년	88	2,363억 원
2018년	103	2,344억 원

가업승계 주식 증여세 과세특례

구분	건수	증여재산가액
2022년	410	7,458억 원
2021년	267	4,025억 원
2020년	222	3,169억 원
2019년	172	2,382억 원
2018년	204	3,119억 원

창업자금 증여세 과세특례

구분	건수	증여재산가액
2022년	102	323억 원
2021년	81	351억 원
2020년	59	148억 원
2019년	56	152억 원
2018년	38	157억 원

* 자료 : 국세청, 국세통계포털

 **답변(Answer)**

▶ **가업상속공제와 활용 건**

'가업상속공제'란 중소기업 및 중견기업(이하, 중소기업 등)의 원활한 가업승계를 지원하기 위하여 국내 거주자인 피상속인이 생전에 주된 업종을 10년 이상 영위한 중소기업 등을 후계자인 상속인에게 합법적이고 정상적으로 승계하는 경우, 상속세 과세가액에서 최대 600억 원(10년 이상 가업 영위 300억 원, 20년 이상 가업 영위 400억 원, 30년 이상 가업 영위 600억 원)까지 공제하여 가업승계에 따른 상속세 부담을 경감시켜 주는 제도를 말합니다(자세한 사항은 'Part2. 가업상속공제'에서 다루도록 하겠습니다).

가업상속공제는 가업을 이어받게 되는 상속인의 상속세 부담을 덜어주는 측면에서 매우 유용한 제도입니다. 그러나 세법상 사전요건 충족, 5년간의 사후관리요건 준수 등 여러 애로사항이 있기 때문에 2022년 기준 실제 가업상속공제를 적용받은 상속세 신고 건수는 147건이며 공제금액은 3,430억 원 수준입니다(2021년은 110건에 약 3,475억 원, 2020년은 106건에 약 4,210억 원, 2019년은 88건에 약 2,363억 원 수준이었습니다.).

▶ **가업승계 주식 증여세 과세특례와 활용 건**

'가업승계 주식 증여세 과세특례'란 중소기업 등의 창업주, 경영자의 연령이 점차 고령화 됨에 따라 살아 생전에 자녀가 부모의 가업주식을 증여받을 때 적용되는 특례입니다. 세법상 요건에 충족할 경우 증여세 과세가액 중 최대 600억 원(10년 이상 가업 영위 300억 원, 20년 이상 가업 영위 400억 원,

30년 이상 가업 영위 600억 원)을 한도로 10억 원을 공제한 과세표준에 특례세율 10%(과세준 120억 원 초과 20%)를 적용하여 증여세를 계산합니다.

이 제도는 주식을 후계자들에게 계획적으로 넘겨줄 수 있도록 세제상 지원하여 가업의 영속성을 유지하고 경제 활력을 도모하기 위해 마련되었습니다. 다만 주식을 증여한 창업주 등이(증여자) 사망할 경우 증여시기에 관계없이 상속세로 세금을 정산하는 제도이기도 합니다(자세한 사항은 'Part3. 가업승계 주식 증여세 과세특례'에서 살펴보겠습니다).

가업승계 주식 증여세 과세특례는 경영자인 증여자와 후계자인 수증자 간의 생전의 문제로 일반적인 증여세와 비교했을 때 증여세가 절감되는 측면이 있어 2022년 기준으로 410건, 증여재산가액 약 7,458억 원 정도가 해당 특례를 적용받았고 전년대비 그 활용도가 크게 증가하였습니다(2021년에 특례를 적용 받은 건은 총 267건으로 증여재산가액이 4,025억 원이고, 2020년은 222건에 증여재산가액은 약 3,169억 원, 2019년은 172건에 증여재산가액은 약 2,382억 원 입니다).

[300억 원 주식 증여 시 세금 : 일반 증여 vs 가업승계 주식 증여세 과세특례]

일반 증여	구분	가업승계 주식 증여세 과세특례 적용
300억 원	증여세 과세가액	300억 원
0.5억 원	- 증여재산 공제	10억 원(일괄 적용)
299.5억 원	= 증여세 과세표준	290억 원
50%(누진공제액 4.6억 원)	× 세 율	10%(과세표준 120억 원 초과 부분 20%)
145억 1,500만 원	= 산출세액	46억 원
약 4억 3,545만 원	- 신고세액공제(3%)	-
약 140억 7,955만 원	납부세액	46억 원 (일반 증여 대비 94억 7,955만 원 절약)

▶ **창업자금 증여세 과세특례와 활용 건**

'창업자금 증여세 과세특례' 제도는 청년들의 창업 활성화를 통해 투자 확대 및 신규 고용창출과 국내 경제의 활력을 도모하기 위해 2006년 1월부터 시행된 제도입니다. 양도소득세 대상 재산이 아닌 재산을 증여할 때 세법상 요건에 충족하는 경우 증여세 과세가액 최대 50억 원(창업을 통해 신규 고용 직원이 10명 이상일 경우 100억 원)을 한도로 5억 원을 공제한 과세표준에 특례세율 10%를 적용하여 증여세를 계산합니다. 단, 증여자인 부모가 사망할 경우 증여시기와 관계없이 상속세로 세금을 정산하는 제도입니다(자세한 사항은 'Part4. 창업자금 증여세 과세특례'에서 기술하도록 하겠습니다).

[창업자금 증여세 과세특례 및 구조도]

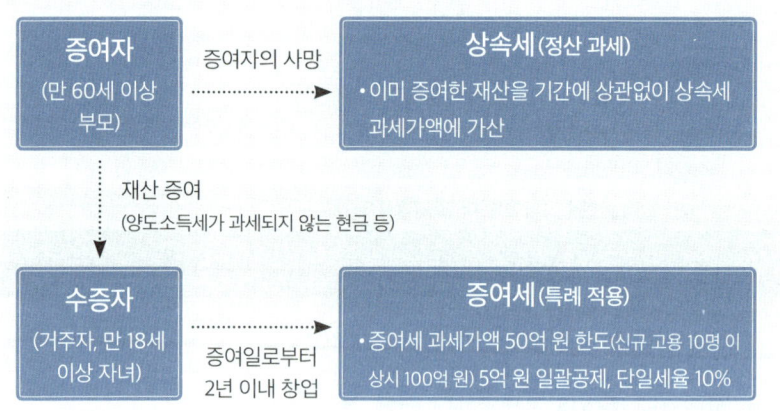

* 특례 적용을 위한 증여 가능 재산 : 양도소득세가 과세되지 않는 현금, 예금, 소액주주의 상장주식, 채권 등
* 구조도 : 국세청, '가업승계 지원제도 안내(2023년)'

창업자금 증여세 과세특례의 활용과 관련하여 통계 자료를 살펴보면 2017년에는 31건에 증여재산가액 약 146억 원에 그쳤으나 2021년에는 81건에 증여재산가액 약 352억 원, 2022년에는 102건에 약 323억 원으로 최근 2배 이상 증가하였습니다.

5. 다섯번째 질문(Question)

가업승계 할 때 가장 어려운 점은 무엇일까요?

Key Point

가업승계 할 때 어려움 및 이용 의향

• 가업승계 시 어려움

(단위 : %)

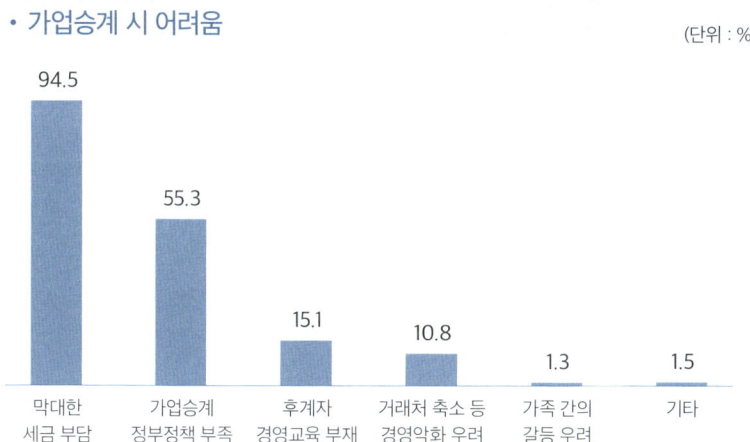

• 가업상속공제 이용 의향

(단위 : %)

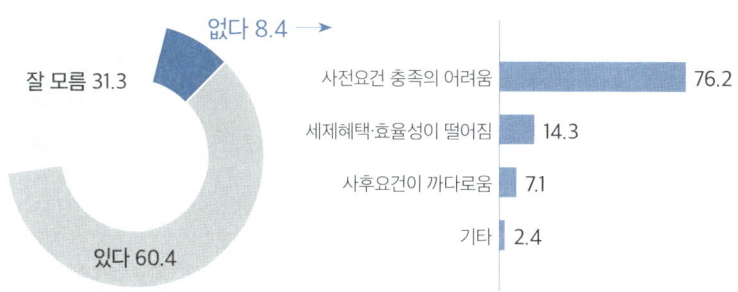

* 자료 : K-BIZ 중소기업중앙회, 「2020 가업승계 실태조사 보고서」
　　　　K-BIZ 중소기업중앙회, 「2022 중소기업 가업승계세제 해설집」

 **답변**(Answer)

지금까지 중소기업 창업주 등이 가업승계를 검토하거나 실행할 때 걱정하거나 어려웠던 점을 설명드리면 좋을 것 같습니다.

중소기업중앙회 '2020 가업승계 실태조사' 결과 보고서는 가업승계 과정에서 겪었거나 예상되는 장애요인을 분석하고 있습니다. 이 보고서에 따르면 가업승계를 고려하거나 실행할 때 가장 큰 어려움으로 '가업승계 할 때 상속세 등 막대한 조세 부담 우려(94.5%)'가 가장 많았습니다. 그 다음으로는 '가업승계 관련 정부정책 부족(55.3%)'을 꼽았으며 '후계자의 경영교육 부재(15.1%)', '거래처 축소 등 경영악화 우려(10.8%)' 순이었습니다.

[가업승계 과정에서 겪었거나 예상되는 주된 어려움 (복수응답)]   (단위 : %)

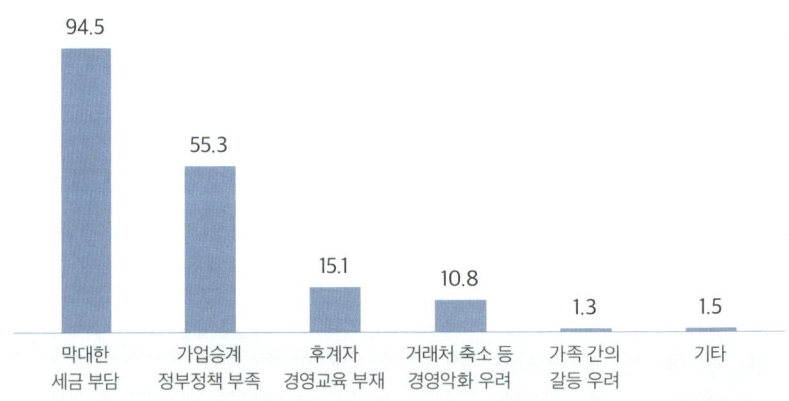

* 자료 : K-BIZ 중소기업중앙회, 「2020 가업승계 실태조사 보고서」, 24면

그러면서도 중소기업 대표 등에게 '가업상속공제'를 이용할 의향이 있는지 물어봤을 때 '있다'가 60.4% 였고 '없다'가 8.4% 였습니다. 그런데 없다고 응답한 이유 중에 '사전요건 충족이 어려워서(76.2%)'가 가장 많았고, '세제혜택 및 효율성이 떨어짐(14.3%)', '사후요건의 까다로움(7.1%)' 순으로 나타났습니다.

[가업상속공제 이용 여부 의향 등]   (단위 : %)

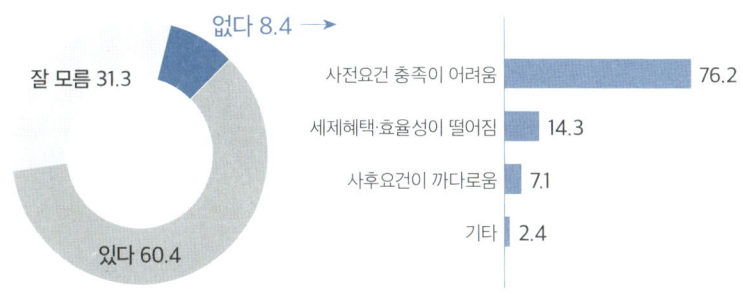

* 자료 : K-BIZ 중소기업중앙회, 「2022 중소기업 가업승계세제 해설집」, 19면

'막대한 세금 부담'과 '사전요건 충족의 어려움', '세제혜택 및 효율성이 떨어짐' 등 이를 제도적으로 개선시킬 수 있는 곳은 분명 정부 및 과세당국입니다. 그러나 나머지 부분에서 창업주 등의 어려움과 고민을 덜어줄 수 있는 프로세스(Process)·틀(Vehicle) 중에 적합한 것은 무엇일지 생각해보면 저는 단연코 신탁이라고 생각합니다.

6. 여섯번째 질문(Question)

일본은 100년 이상 된 기업이 많다고 하는데 왜 그럴까요?

 **Key Point**

장수기업이 가장 많은 일본

• 국가별 100년 이상 업력을 지닌 기업 수

순위	국가	기업 수	비율(%)
1	일본	33,076	41.3
2	미국	19,497	24.4
3	스웨덴	13,997	17.5
4	독일	4,947	6.2
5	영국	1,861	2.3
6	이탈리아	935	1.2
7	호주	630	0.8
이외	대한민국	8	-

• 국가별 200년 이상 업력을 지닌 기업 수

순위	국가	기업 수	비율(%)
1	일본	1,340	65.0
2	미국	239	11.6
3	독일	201	9.8
4	영국	83	4.0
5	러시아	41	2.0
6	호주	31	1.5
7	네덜란드	19	0.9
이외	대한민국	-	

* 자료 : 니케이BP종합연구소, "100년 기업의 생명력 연구"

 **답변(Answer)**

우선, 가업승계라는 용어부터 짚고 넘어가겠습니다. 주식회사 법인의 최대주주 등이 개인 또는 그 가족이고, 회사의 경영권까지 가지고 있다고 해서 이를 가업으로 명칭한다는 것에 일부에서는 반감을 가질 수 있다고 생각합니다. 일본이라고 다르지 않았던 것 같습니다. 그래서 일본은 우리나라의 가업승계와 같은 제도를 '사업승계'로 부르고 있습니다.

2020년 3월, 니케이BP종합연구소 자료에 따르면 일본에서 100년 이상 업력이 된 기업은 33,076곳에 이르고, 200년 이상 업력을 가진 기업은 1,340곳이나 됩니다. 이는 세계에서 가장 많은 수치입니다. 참고로 2020년 우리나라 중소기업중앙회가 발표한 자료에 따르면 일제강점기, 한국전쟁의 영향으로 우리나라에서 70년 이상 업력을 가진 기업은 185곳이고 100년 이상 업력을 가진 기업은 8곳(두산, 동화약품, 우리은행, 성창기업지주 등)에 불과합니다.

국가별 100년 이상 업력을 지닌 기업 수			
순위	국가	기업 수	비율(%)
1	일본	33,076	41.3
2	미국	19,497	24.4
3	스웨덴	13,997	17.5
4	독일	4,947	6.2
5	영국	1,861	2.3
6	이탈리아	935	1.2
7	호주	630	0.8
이외	대한민국	8	-

국가별 200년 이상 업력을 지닌 기업 수			
순위	국가	기업 수	비율(%)
1	일본	1,340	65.0
2	미국	239	11.6
3	독일	201	9.8
4	영국	83	4.0
5	러시아	41	2.0
6	호주	31	1.5
7	네덜란드	19	0.9
이외	대한민국	-	

* 자료 : 니케이BP종합연구소, "100년 기업의 생명력 연구", KB금융지주경영연구소, "KB지식비타민, 100년 기업 육성을 위한 일본 정부와 은행들의 노력"

그러나 2016년 일본 중소기업청의 조사자료에 따르면 일본기업의 경영자들이 고령화됨에 따라 후계자를 찾지 못해 폐업하는 기업이 증가하고 있다고 합니다. 뿐만 아니라 폐업예정기업의 폐업 사유 중에 '후계자 부재(28.6%)'를 가장 많이 꼽았다고 합니다.

일본 경제산업성은 후계자 부재로 인해 폐업하는 기업이 계속적으로 증가할 경우 2025년까지 650만 여개의 일자리가 줄고 국내총생산(GDP) 손실액은 약 22조 엔에 달할 것으로 전망하였습니다. 이에 따라 일본 정부는 사업승계 활성화를 위해 보조금 지원, 세제지원 및 감면, 인수합병 시장 활성화 제도 등을 시행하고 있습니다.

먼저, 일본의 사업승계 세제지원 제도는 중소기업의 최대주주 및 개인사업자의 세대교체를 원활히 하여 기업경영이 지속될 수 있게끔 2009년에 도입되어 현재까지 이르고 있습니다. 예를 들면 ① 지방으로 이주하여 중소기업 사업승계를 한 청년들에게 10년간 매년 최대 600만 엔씩 보조금을 지원하고 있고, ② 중소기업의 주식을 승계하는 경우 법령에 따라 상속세 및 증여세 납부를 유예하거나 감면하고 있으며(특히, 2019년부터는 10년간 한시적인 조치로 사업승계 관련 상속세 및 증여세를 100% 납부유예하고 있음), ③ 상공회의소, 사업지속지원센터 등을 통해 사업승계관련 무료 상담 및 컨설팅 서비스를 지원하고 있습니다.

이에 더해 일본 대형은행들을 비롯한 금융기관은 중소기업의 사업승계를 지원하기 위해 '사업승계 펀드'를 조성하였고, 사업승계 및 인수합병 전문 컨설팅 서비스를 제공하기도 하며, 사업승계 전용 대출, 기업의 디지털화 서비스 등을 지원하고 있습니다

참고문헌
KB금융지주 경영연구소, 「KB 지식 비타민(100년 기업 육성을 위한 일본 정부와 은행들의 노력(2021년))」
김대홍, 「가업승계제도를 위한 일본의 세금지원 혜택에 대해서 '사업승계세제를 중심으로'」

7. 일곱번째 질문(Question)

상속세 및 증여세는 어떤 세금이고 누가 납부하며 어떻게 계산할까요?

 **Key Point**

상속세와 증여세 요약

상속세란?
포괄적 승계
재산·권리·의무(단, 일신전속권 제외)

피상속인의 사망을 원인으로 무상으로 이전되는 재산에 과세되는 세금입니다. 즉, 상속세는 피상속인의 유산 총액을 기준으로 계산하고, 상속인 각자가 받은 상속재산의 비율로 납부합니다.

증여세란?
무상으로 이전
유형·무형재산

증여자와 수증자 간의 생전 증여계약에 따라 무상이전하는 재산에 부과하는 세금입니다. 증여로 인해 수증자가 무상으로 받은 재산을 과세대상으로 하여 일정한 기한까지 증여세를 신고·납부하게 됩니다.

 **답변(Answer)**

▶ **상속과 상속세 계산**

　상속이란 '피상속인이 사망'한 경우에 그가 가지고 있던 재산상의 권리와 의무가 상속인 등에게 포괄적으로 승계되는 것을 말합니다. 상속세란 피상속인의 상속개시 즉 사망으로 피상속인의 재산이 가족이나 친족 등 상속인들에게 무상으로 이전되는데 그 재산에 대하여 부과하는 세금입니다.

　'상속인 또는 수유자[1]'는 상속(유증, 사인증여 포함)을 원인으로 피상속인의 유산 총액을 과세표준으로 하여 계산된 상속세[2]에 대해 각자가 받았거나 받을 재산의 비율로 세금을 납부할 의무가 있습니다. 또한 상속인 또는 수유자들은 상속재산 중에서 각자가 받았거나 받을 재산을 한도로 상속세를 연대하여 납부할 수 있습니다.

　상속세 납세의무자는 피상속인의 상속개시일(사망일, 실종선고일)에 납세의무가 성립하고, 상속세는 상속개시일이 속한 달의 말일로부터 6개월(피상속인 또는 상속인 모두 외국에 주소를 둔 경우 9개월) 이내 신고하여야 합니다. 상속

---

1) • 상속인 : 민법상 상속인과 생전 증여재산 등이 있어 상속세 납세의무가 있는 상속포기자 및 피상속인의 유산을 수령한 특별연고자를 포함(유언대용신탁에서 위탁자 사후에 수익권이 발생하는 수익자는 수유자로 간주함)
　• 법정 상속 순위 : 1순위. 직계비속과 배우자 ⇒ 2순위. 직계존속과 배우자 ⇒ 배우자 단독 ⇒ 3순위. 형제자매 ⇒ 4순위. 4촌 이내의 방계혈족
　• 수유자 : 유언에 의하여 피상속인의 재산을 취득한 자(사인증여 계약에 따라 유산을 취득하는 자를 포함함)
2) 상속세는 피상속인의 재산을 과세표준으로 세금을 계산하는 유산세 방식

세를 신고할 때의 필수 제출 서류로는 '상속세 과세표준 신고서 및 자진납부계산서, 상속세 과세가액 계산명세서, 상속인별 상속재산 및 그 평가명세서, 가업상속공제신고서 등'이 있습니다.

상속세의 신고 및 납부는 피상속인(사망자)의 주소지를 관할하는 세무서에 하는 것이 원칙입니다. 그러나 상속개시지가 국외인 때에는 국내에 있는 주된 재산의 소재지 관할 세무서에 신고하면 됩니다. 만약 납부해야 할 상속세가 발생하는 경우 납세의무자는 상속세 자진납부서를 작성하여 상속세 신고기한까지 국고 수납은행 또는 우체국에 납부하면 됩니다.

[상속세 세액 계산 프로세스]   * 피상속인이 거주자일 때에 한함

총상속재산가액
- ※ 본래의 상속재산(사망 또는 유증·사인증여로 취득한 재산)
- ※ 간주상속재산(보험금·신탁재산·퇴직금 등)
- ※ 추정상속재산 – 피상속인이 사망전 1년(2년)이내에 2억 원(5억 원) 이상 처분한 재산 또는 부담한 채무로써 용도가 불분명한 금액

−

비과세 및 과세가액 불산입액
- ※ 비과세 재산(국가·지자체에 유증한 재산, 금양임야·문화재 등)
- 과세가액 불산입 재산(공익법인 등의 출연재산, 공익신탁 재산)

−

공과금·장례비용·채무

+

사전증여재산가액
- ※ 피상속인이 상속개시일 전 10년 이내에 상속인에게 증여한 재산가액 및 5년 이내에 상속인이 아닌 자에게 증여한 재산가액
  (단, 증여세 특례세율 적용 대상인 창업자금 및 가업승계 주식은 기간에 관계없이 합산)

↓

상속세 과세가액

−

상속공제
- ※ (기초공제 + 그 밖의 인적공제)와 일괄공제(5억) 중 큰 금액
- ※ 가업(영농)상속공제·배우자 상속공제·금융재산 상속공제·재해손실공제·동거주택 상속공제 (단, 공제 합계액 중 종합한도 및 이내 금액에서만 공제 가능)

−

감정평가 수수료
- ※ 부동산 감정평가법인의 수수료 등

↓

상속세 과세표준

×

세율

과세표준	1억 원 이하	5억 원 이하	10억 원 이하	30억 원 이하	30억 원 초과
세율	10%	20%	30%	40%	50%
누진공제액	없음	1천만 원	6천만 원	1억 6천만 원	4억 6천만 원

↓

산출세액
- ※ (상속세 과세표준 × 세율) − 누진공제액

+

세대생략 할증과세액
- ※ 상속인이나 수유자가 피상속인의 자녀를 제외한 직계비속이면 그 해당세액에 30% 할증(단, 미성년자가 20억 원을 초과하여 상속받는 경우 40% 할증)
  - 다만, 대습상속인 경우 제외

−

세액공제
- ※ 신고세액공제·증여세액공제·단기재상속세액공제·외국납부세액공제·문화재자료 징수유예세액

+

신고납부불성실 가산세 등

−

연부연납·물납·분납

↓

납부할 상속세액

▶ 증여와 증여세 계산

증여란 증여자가 대가없이 자기의 재산을 수증자에게 주겠다는 의사를 표시하고, 수증자가 이를 승낙함으로써 성립하게 되는 계약을 말합니다. 증여세란 증여자로부터 무상으로 이전받은 재산(이하, 증여재산) 가액에서 일정 금액을 공제한 과세표준과 세율을 기준으로 수증자가 납부하는 세금[1]을 말합니다.

증여세 납세의무는 증여재산을 받은 수증자에게 있고, 증여재산을 취득한 날(이하, 증여일)[2]에 성립합니다. 증여세 신고는 증여일이 속하는 달의 말일로부터 3개월 이내 해야 하고, 납부할 증여세가 있다면 수증자는 증여세 자진납부서를 작성하여 증여세 신고기한까지 국고 수납은행 또는 우체국에 납부해야 합니다.

증여세 신고 및 납부는 수증자의 주소지(거소지) 관할 세무서에 해야 합니다. 증여세 신고시 제출해야 할 서류로는 '증여세 과세표준 신고서 및 자진납부계산서(기본세율 적용 또는 특례세율 적용), 증여재산 및 평가명세서, 창업자금·가업승계 주식 증여재산 평가 및 과세가액 계산명세서, 창업자금 특례신청서 또는 가업승계 주식 특례신청서 등'이 있습니다.

---

[1] 증여세는 수증자가 무상으로 취득한 증여재산의 가액을 기준으로 세금을 계산하는 유산취득세 방식임.
[2] 증여재산을 취득한 날(증여일)
 - 부동산·자동차 등 등기, 등록이 필요한 재산 : 소유권이전 등기·등록 신청접수일
 - 주식 및 출자지분 : 주식 등의 인도일(다만, 인도일이 불분명하거나 인도전 명의개서시에는 명의개서일)
 - 그 밖의 재산 : 인도한 날 또는 사실상의 사용일

증여세 세금 계산은 ① 기본세율 적용 재산과 ② 특례세율 적용 재산에 따라 각각의 프로세스에 의해 계산됩니다.

[증여세 세금 계산 ① - 기본세율 적용 재산]   * 수증자가 거주자일 때

증여재산가액
※ 국내외 모든 증여재산으로 증여일 현재의 시가로 평가(원칙)

−

비과세 및 과세가액 불산입액
※ 비과세(사회통념상 인정되는 피부양자의 생활비, 교육비 등)
※ 과세가액 불산입 재산(공익법인에 재산 출연, 장애인신탁 등)

−

채무부담액
※ 증여재산에 담보된 채무인수액(임대보증금, 금융기관 채무 등)

+

증여재산가산액
※ 당해 증여일 전 동일인으로부터 10년 이내에 증여받은 증여재산가액의 합계액이 1천만 원 이상인 경우 그 과세가액
 - 증여자가 직계존속인 경우 그 배우자 포함

↓

증여세 과세가액

−

증여재산공제 등
※ 수증자가 **다음의 증여자**로부터 증여받는 경우 적용

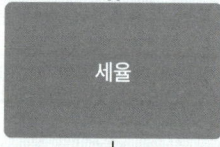

증여자	배우자	직계존속	직계비속	기타친족*
공제 한도액	6억 원	5천만 원 (수증자가 미성년자인 경우 2천만 원)	5천만 원	1천만 원

* 6촌이내 혈족 및 4촌이내 인척

−

감정평가 수수료
※ 부동산 감정평가법인의 수수료 등

↓

증여세 과세표준

×

세율

과세표준	1억 원 이하	5억 원 이하	10억 원 이하	30억 원 이하	30억 원 초과
공제	10%	20%	30%	40%	50%
누진 공제액	없음	1천만 원	6천만 원	1억 6천만 원	4억 6천만 원

↓

산출세액
※ (증여세 과세표준 × 세율) - 누진공제액

+

세대생략 할증과세액
※ 세대생략 증여시 30% 할증(단, 미성년자가 20억 원을 초과하여 수증한 경우 40%를 할증하나 수증자의 부모가 사망하여 세대생략 증여시에는 제외)

−

세액공제 등
※ 신고세액공제·납부세액공제·외국납부세액공제·문화재자료 징수유예세액

+

신고납부불성실 가산세 등

−

연부연납·분납
※ 물납 불가

↓

납부할 증여세액

[증여세 세금 계산 ② - 특례세율 적용 재산]   * 수증자가 거주자일 때

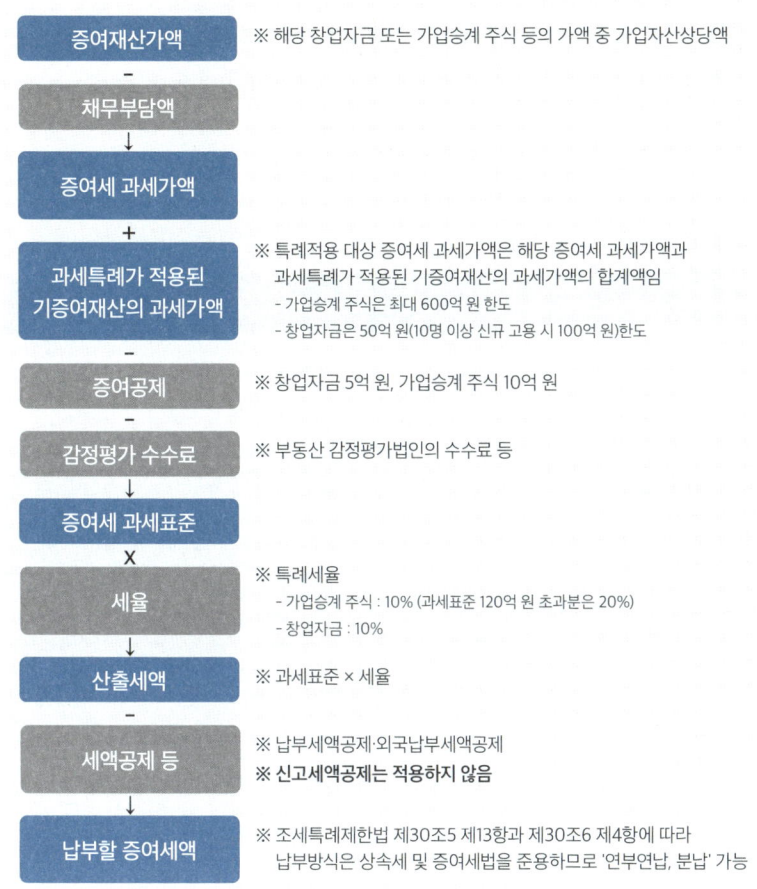

* 2024년 증여분 부터 적용되는 세법 개정 내용 반영

▶ 상속세 및 증여세의 기본세율과 세금납부 관련

일반적으로 상속세 및 증여세의 산출세액은 과세표준에서 기본세율을 곱하여 계산이 됩니다. 과세표준에 적용하는 기본세율은 10%부터 최대 50%까지 5단계(초과누진구조)로 구성됩니다.

[상속세 및 증여세의 기본세율]

과세표준	상속·증여세 세율	누진공제액
1억 원 이하	10%	-
1억 원 초과 5억 원 이하	20%	1천만 원
5억 원 초과 10억 원 이하	30%	6천만 원
10억 원 초과 30억 원 이하	40%	1억 6천만 원
30억 원 초과	50%	4억 6천만 원

상속세 및 증여세를 비롯한 세금은 ① 현금으로, 일시(1회)에 납부하는 것이 원칙입니다. 그러나 상속세 및 증여세는 워낙 큰 금액이기 때문에 과세관청은 납세의무자의 납부 편의를 위해 여러 제도를 허용하고 있습니다. ② 납부할 세액이 1천만 원을 초과할 때에는 2회에 걸쳐서 세금을 나눠 낼 수 있도록 '분납'을 허용하고 있고, ③ 납부할 세액이 2천만 원을 초과할 때에는 납세담보[1]를 조건으로 하여 관할세무서장의 허가를 통해 몇

---

1) 납세담보 : 조세채권을 보전하기 위하여 국가가 제공받은 공법상 담보이며, 조세채권 불이행에 대비하여 채무의 변제를 확보하기 위하여 과세관청이 제공받는 수단으로 금전, 법정요건 충족 국채증권, 납세보증보험증권, 납세보증서 등이 있습니다.

년간에 걸쳐서 세금을 내는 '연부연납'도 가능합니다. ④ 현금으로 세금 납부가 어려울 때는 관할세무서장의 허가를 통해 부동산·유가증권·미술품 등으로 세금을 납부하는 '물납(증여세는 해당 없음)'도 인정해주고 있습니다. 특히 **2023년부터는 가업승계 시 상속세 및 증여세 납부를 유예해주는** ⑤ **'납부유예제도'가 신설**되었습니다(자세한 사항은 'Part5. 가업승계 관련 기타 사항'에서 자세히 다루도록 하겠습니다).

8. 여덟번째 질문(Question)

신탁에서 상속세 및 증여세는 언제 발생합니까?

 **Key Point**

신탁과 상속세 및 증여세

- 유언대용신탁 등

- 증여신탁

신탁계약일 이전에 증여자가 수증자에게 재산 증여		신탁계약일 이후에 위탁자가 수익자에게 재산 증여
증여세 발생	신탁계약일	증여세 발생
선(先)증여 신탁 - 위탁자 : 수증자 - 수익자 : 수증자		후(後)증여 신탁 - 위탁자 : 증여자 - 수익자 : 수증자

- 타익신탁

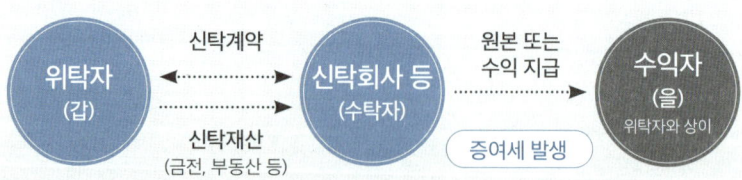

 **답변(Answer)**

상속세 및 증여세와 신탁과의 관계를 살펴보려면 기본적으로 신탁, 유언대용신탁, 수익자연속신탁, 자익·타익신탁이 무엇인지를 알아야 합니다.

▶ **신탁 알아보기**

먼저, 신탁이란 ① 신탁을 설정하는 자인 위탁자가 ② 관리, 운용 등 신탁사무를 수행하는 자인 신탁회사 등 수탁자에게 재산을 이전하면서 신탁목적에 맞게 임무를 부여하고, ③ 신탁회사 등 수탁자는 수익자의 이익 등을 위해 부여받은 임무를 성실히 수행하게 되는데 이러한 일련의 과정(Process) 또는 틀(Vehicle)을 말합니다.

[신탁의 구조도]

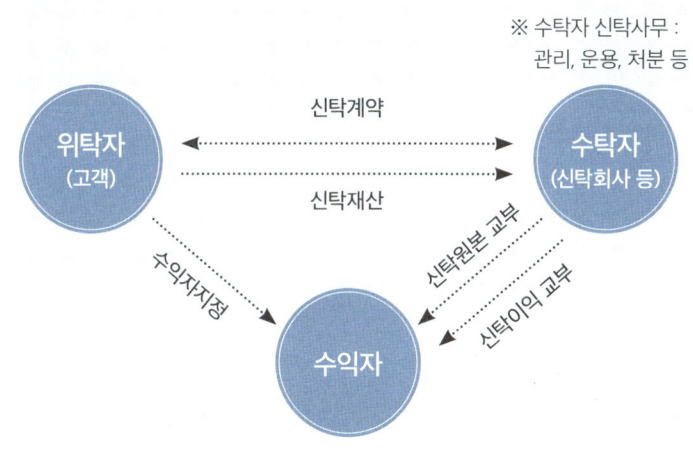

* 상기 구조도 : 계약을 통한 신탁설정, 수익자신탁, 상사신탁, 자익 및 타익신탁

유언대용신탁이란 유언과 동일한 효과를 내면서도 유언장을 작성할 필요가 없고, 위탁자가 수익자의 동의가 없더라도 수익자(사후수익자 포함)를 자유롭게 지정 및 변경할 수 있습니다. 게다가 수탁자인 신탁회사는 위탁자가 살아있을 때뿐만 아니라 사망한 이후에도 신탁재산을 관리 및 운용할 수 있습니다. 유언대용신탁의 가장 큰 장점은 위탁자 사망 시 위탁자 생전의 계획대로 다른 법정상속인들의 동의가 없더라도 신탁재산을 사후수익자에게 지급·이전합니다.

[유언대용신탁의 구조도]

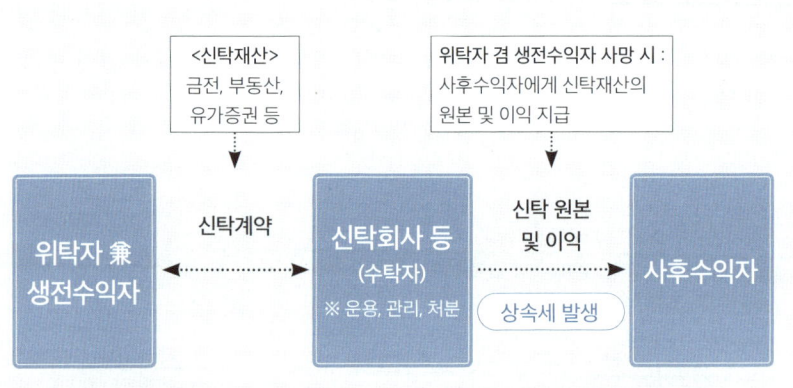

수익자연속신탁이란 생존한 배우자나 가족, 그 밖의 제3자의 생활을 보장할 필요가 있거나 기업 경영 등에 유능한 후계자를 명확히 할 수 있는 신탁입니다. 예를 들어 위탁자 생전에는 위탁자 본인을 수익자로 하되, 본인이 사망한 이후에는 자녀를 수익자로, 자녀가 사망한 후에는 연속하여 손자를 수익자로 하는 신탁을 말합니다.

[수익자연속신탁의 구조도]

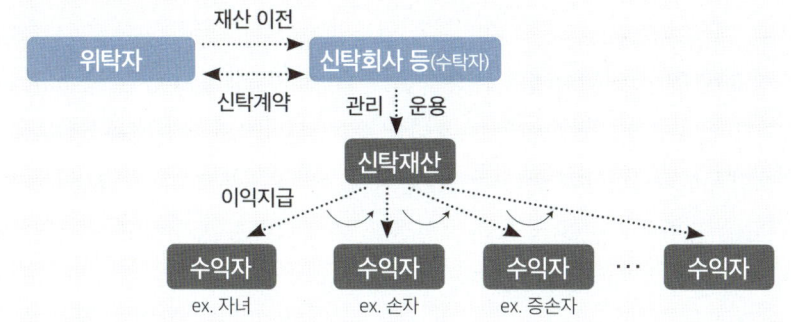

* 구조도 : 오영걸, 「신탁법 2판」, 홍문사(2023년), 39면

　마지막으로 신탁은 위탁자와 수익자가 같은 사람인지 다른 사람인지에 따라서 '자익신탁(위탁자=수익자)'과 '타익신탁(위탁자≠수익자)'으로 나눌 수 있습니다. 즉, 자익신탁에서 위탁자는 신탁재산에서 발생하는 수익 등을 얻게 되는데 이는 위탁자의 지위로서 수취하는 것이 아니라 '수익자'이기 때문에 가능한 것이고, 타익신탁은 위탁자와 수익자가 다르기 때문에 수익자에게 원본 또는 수익을 지급할 때 '증여 및 증여세'와 결부됩니다.

[자익신탁 구조도]

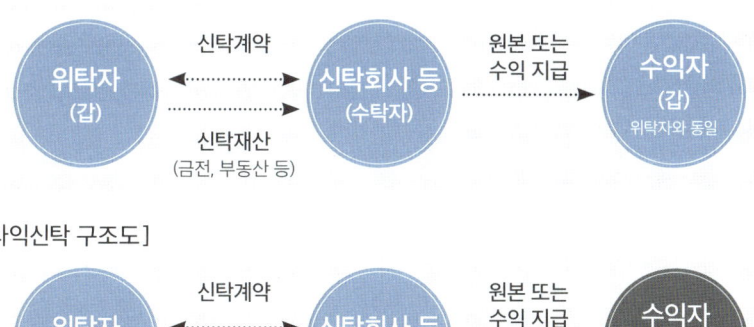

[타익신탁 구조도]

▶ 신탁과 상속세

상속세 및 증여세법에서의 상속은 민법 제5편의 상속 및 유증[1], 사인증여[2], 특별연고자[3]에 대한 상속재산 분여, 신탁법의 유언대용신탁과 수익자연속신탁을 포함[4]합니다. 즉, 신탁 관련 '상속세'가 나올 수 있는 상황은 ① 유언대용신탁, 수익자연속신탁, 자익신탁을 설정하고 ② 신탁재산을 신탁회사에게 맡긴 '위탁자가 사망[5]하는 경우(위탁자가 피상속인이 된 경우[6])' 입니다.

특히, 유언대용신탁과 수익자연속신탁을 설정한 '위탁자가 사망하여 신탁재산의 수익권을 취득한 자(영리법인은 제외)[7]'는 '세법상 수유자[7]'로서 사망한 위탁자의 상속재산(신탁재산 포함)에 대해 각자가 받았거나 받을 재산을 기준으로 상속세 납부의무가 생깁니다[7].

---

1) 유증 : 유언으로써 자기 재산의 전부 또는 일부를 무상으로 타인에게 주는 행위
2) 사인증여 : 증여자와 수증자가 생전에 증여계약을 맺되 증여의 효력 발생은 증여자의 사망을 조건으로 하는 무상계약
3) 특별연고자 : 민법 제1057조2에 따른 피상속인과 생계를 같이하고 있던 자, 피상속인의 요양간호를 한 자, 그 밖의 피상속인과 특별한 연고가 있던 자
4) 상속세 및 증여세법 제2조(정의) 제1호(가목~마목)
5) 사망 : 사망뿐만 아니라 피상속인이 실종선고로 인하여 상속이 개시된 경우 포함
6) 상속세 및 증여세법 제9조(상속재산으로 보는 신탁재산) 제①항 : 피상속인이 신탁한 재산은 상속재산으로 본다.
7) 상속세 및 증여세법 제2조(정의) 제5호 다목, 상속세 및 증여세법 제3조의 2(상속세 납부의무) 제①항

▶ 신탁과 증여세

신탁과 관련하여 증여세가 발생하는 상황은 ① 신탁계약 이후 증여가 발생하는 경우(후(後)증여 신탁[1]), ② 신탁계약 전에 증여계약이 이뤄지는 경우(선(先)증여 신탁[1])로 나눠볼 수 있습니다.

[신탁계약일 전후 '증여시기'에 따른 증여신탁 분류[1]]

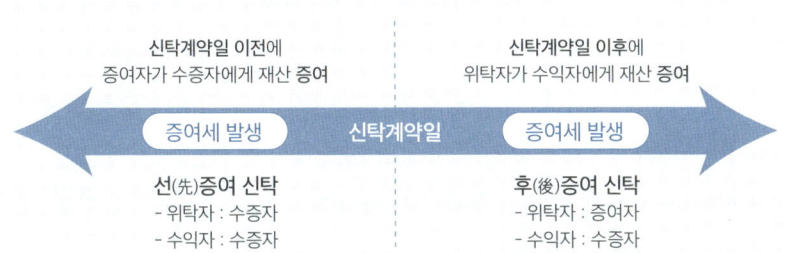

'선(先)증여 신탁'의 경우에는 신탁계약 이전에 증여계약이 먼저 이뤄지는 형태이므로 증여계약의 수증자 겸 신탁계약의 위탁자가 증여세 납세의무를 부담합니다. 문제는 '후(後)증여 신탁(타익신탁)'입니다. 이 경우 경제적 실질을 기준으로 하여 신탁의 수익권을 무상으로 취득하는 수익자가 증여세 납세의무자가 됩니다.

'후(後)증여 신탁'의 증여일은 ① 원칙적으로 '원본 또는 수익이 수익자에게 실제 지급되는 날'입니다. 다만, 위탁자와 수익자가 다른 타익신탁에서 ② 수익자가 신탁에서 발생한 원본 또는 수익을 받기 전에 위탁자가 사

---

1) 신관식, 「사례와 함께하는 자산승계신탁·서비스」, 삼일인포마인(2022년), 81면

망하는 경우에는 '위탁자 사망일'을 증여일로 보고, ③ 원본 또는 수익을 지급하기로 약정한 날에 실제 지급되지 않은 경우에는 원본 또는 수익을 '지급하기로 약정한 날', ④ 신탁계약일에 원본 또는 수익을 확정할 수 있고 동시에 원본 또는 수익을 여러 차례로 나눠 지급하는 경우에는 원본 또는 수익이 '최초로 지급된 날'이 증여일이 됩니다.

추가적으로 신탁에서 발생한 수익을 수익자에게 지급할 때는 일반적으로 수익자에게 소득세가 발생할 수 있습니다[1] (단, 2023년 초 소득세법 시행령 개정으로 위탁자가 신탁계약에 대해 통제권을 가지고 있을 경우 신탁계약에서 발생되는 소득은 위탁자의 소득으로 간주됨). 만약 수익자에게 소득세가 부과된다면 세법에서는 수익자가 부담하는 소득세와 증여세의 이중과세 문제를 방지하고자 '신탁의 수익에서 소득세 원천징수세액을 차감한 나머지 금액을 증여세 계산 시 증여재산가액[2]'으로 봅니다.

---

1) 소득세법 제2조의3(신탁재산 귀속 소득에 대한 납세의무의 범위) 제①항
2) 상속세 및 증여세법 시행령 제61조 제①항 제2호

9. 아홉번째 질문(Question)

가업승계 할 때,
신탁을 왜 활용하지 못했던 것일까요?

 **Key Point**

가업승계 시 신탁을 활용하지 못한 이유와 개선방향

[본문에서]

> 첫 번째, 일반 개인 또는 신탁업을 하지 않는 법인이 수탁자가 되는 민사신탁을 제외하고, 신탁회사가 수탁자가 되는 상사신탁인 경우 자본시장법 제112조(의결권 등) 제③항 제1호에 따라 신탁회사는 신탁재산으로 동일법인이 발행한 주식 총수의 100분의 15를 초과하여 취득하는 경우 그 초과하는 주식에 대한 의결권을 행사할 수 없습니다. (중략)
>
> 두 번째, '가업상속공제'를 적용받기 위해서는 상속세 및 증여세법 시행령 제15조 제③항에 따라 '피상속인을 포함한 최대주주 등은 지분 40%(상장법인 20%) 이상'을 '10년 이상 계속하여 보유'해야 하는데, ① 피상속인이 살아있을 때 위탁자로서 신탁회사에 주식을 신탁할 경우 신탁회사가 수탁자로서 주식을 보유한 기간도 위탁자의 계속 보유기간에 포함시켜줄 수 있을 것인지, ② 신탁회사가 보유한 지분율을 위탁자가 보유한 지분율로 간주해줄 수 있는지 관련 법령이 없거나 불명확합니다. (중략)
>
> 2022년 10월 금융위원회가 '가업승계신탁'에 대한 제도적 기반을 마련하겠다고 발표(신탁업 혁신방안, 2022년 10월 13일)하였고, 금융위는 신탁업 혁신방안 실천을 위해 2023년 1분기 국회 논의를 목표로 법령 개정안 마련 등 후속조치를 신속히 진행해 나가겠다고 밝혔으나.... (이하 생략)

 **답변(Answer)**

　가업을 상속할 때 주식회사 중소기업 등의 최대주주는 '가업상속공제'를 염두해 두는 경우가 많습니다. '가업상속공제'란 중소기업 등의 원활한 가업승계를 지원하기 위하여 국내 거주자인 피상속인이 생전에 10년 이상 영위한 중소기업 등을 상속인에게 정상적으로 승계하는 경우 최대 600억 원을 한도(가업영위기간 10년 이상 300억 원, 20년 이상 400억 원, 30년 이상 600억 원)로 상속재산에서 공제하여 가업승계에 따른 상속세 부담을 크게 경감시켜주는 제도[1]를 말합니다.

　따라서 실제 가업승계를 하고, 가업상속공제를 받기 위해 여러 형태의 승계 절차와 방법을 고려하게 됩니다. 이때 가업승계의 구조적 측면과 유사한 '유언대용신탁'[2]이 매우 적합한 틀(Vehicle) 또는 대안이 될 수 있다고 신탁업계에서는 생각했습니다. 그러나 크게 2가지 요인 때문에 가업승계에 있어서 신탁이 잘 활용되지 못하고 있습니다.

---

[1] 국세청, "가업승계 지원제도 안내(2022년)", 21면
[2] 유언대용신탁 : 위탁자가 수탁자(신탁회사 포함)와 신탁계약을 하고 위탁자가 신탁재산을 수탁자에게 맡긴 후, 위탁자가 생존하는 동안에는 위탁자가 수익자로서 권리와 이익을 누리다가, 위탁자 사망 시 신탁계약상 명시된 사후수익자에게 신탁재산을 이전, 지급하는 신탁(신탁법 제59조 제①항 제1호)

[가업승계시 유언대용신탁 활용 프로세스]

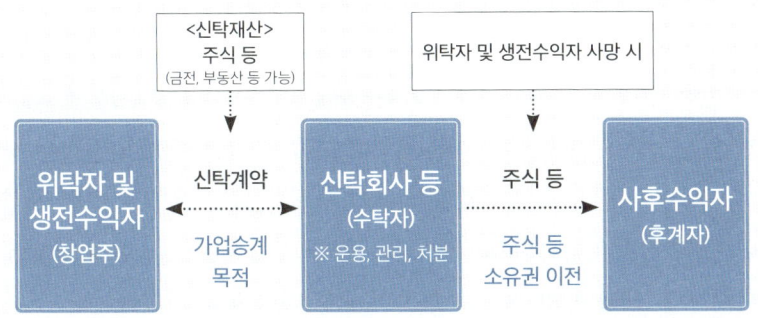

첫 번째, 일반 개인 또는 신탁업을 하지 않는 법인이 수탁자가 되는 민사신탁을 제외하고, 신탁회사가 수탁자가 되는 상사신탁인 경우 자본시장법 제112조(의결권 등) 제③항 제1호에 따라 신탁회사는 동일법인이 발행한 주식 총수의 100분의 15를 초과하여 신탁재산으로 취득하는 경우 그 초과하는 주식에 대한 의결권을 행사할 수 없습니다. 뿐만 아니라 동법 동조 제⑥항에 따라 신탁회사가 규정을 위반하여 주식의 의결권을 행사한 경우에 금융감독당국은 6개월 이내의 기간을 정하여 그 주식의 처분을 명할 수 있습니다. 따라서 주식 총수의 15%를 초과하는 지분을 갖고 있는 중소·중견기업의 최대주주들은 의결권을 일정 부분 포기하면서까지 가업승계를 위해 신탁회사에게 주식을 신탁할 필요가 없었던 것이었습니다.

두 번째, '가업상속공제'를 적용받기 위해서는 상속세 및 증여세법 시행령 제15조 제③항에 따라 '피상속인을 포함한 최대주주 등은 지분 40%(상장법인 20%) 이상'을 '10년 이상 계속하여 보유'해야 하는데, ① 피상속인이 살아있을 때 위탁자로서 신탁회사에 주식을 신탁할 경우 신탁회사가 수탁자로서 주식을 보유한 기간도 위탁자의 계속 보유기간에 포함시켜줄 수 있을 것인지, ② 신탁회사가 보유한 지분율을 위탁자가 보유한 지분율로 간주해줄 수 있는지 관련 법령이 없거나 불명확합니다.

2022년 10월 금융위원회가 '가업승계신탁'에 대한 제도적 기반을 마련하겠다고 발표(신탁업 혁신방안, 2022년 10월 13일)하였고, 금융위원회는 신탁업 혁신방안 실천을 위해 2023년 1분기 국회 논의를 목표로 법령 개정안 마련 등 후속조치를 신속히 진행해 나가겠다고 밝혔으나 현재 국회에서 자본시장법, 세법 등의 개선 논의는 속도를 내지 못하고 있습니다. 조속한 법령 개정을 촉구합니다. 이런 상황을 유의깊게 지켜보면서 '가업승계와 신탁'을 차근차근 저와 함께 알아갑시다.

> **필수 유의 사항**
>
> 앞으로 가업상속공제, 가업승계 주식 증여세 과세특례관련 '주식을 신탁회사가 수탁하는 신탁'을 말씀드릴 때는 상기 첫 번째 사항(의결권 제한 이슈)과 두 번째 사항(주식 보유자 이슈) 모두 법령 개정 등으로 제한사항이 해소될 것을 전제로 하여 설명드리는 것이오니 반드시 유념하여 주시기 바랍니다.

10. 열번째 질문(Question)

엄마가 저 대신 내준 상속세에 대해 증여세가 과세될까요?

 **Key Point**

상속세는 연대해서 납세 가능

• **상속세 연대납세의무**

> 상속재산 중 상속인 각자가 받았거나 받은 재산의 비율에 의하여 상속세를 납부해야 합니다. **상속인 각자가 받았거나 받을 재산을 한도로 연대납세의무가** 있습니다.

• **본문에서**

> 가업승계를 할 때 후계자인 자녀는 대개 짧은 기간 현금으로 유동화하기 어려운 재산(비상장 주식, 부동산 등)을 물려받게 됩니다. 이때 대개 상속세 납부 문제가 발생하게 되고 뒤늦게 대안을 마련하려고 합니다.
>
> 따라서 **가업승계를 고민하는 창업주와 후계자는 상속세 연대납세의무를 고려한 재산 분할 계획, 물납 및 연부연납 검토, 납부유예제도 확인, 임원 사망 시 퇴직금 또는 종신보험의 사망보험금 활용 등 여러 대안을 미리 미리 세우는 것이 바람직** (중략)

 답변(Answer)

엄마가 아버지로부터 상속받은 재산 내에서 자녀 대신 납부하는 상속세는 자녀에게 증여세가 과세되지 않습니다.

우리나라의 상속세는 유산세 방식을 취하고 있는 영향으로 상속인들 간에는 상속세 연대납세의무가 있습니다. 따라서 상속인은 각자가 받았거나 받을 상속재산의 한도 내에서 다른 상속인이 납부해야 할 상속세를 대신 납부하는 경우 증여세가 부과되지 않습니다(상속세 및 증여세법 제3조의2, 재산세과-4083, 2008.12.4).

- **유산세 방식 관련**

  > 우리나라 상속세는 증여세와 달리 돌아가신 피상속인의 전 재산을 기준으로 세금을 계산하는 '유산세 방식'입니다. 다시 말해 '유산세 방식'인 상속세는 재산이 상속인들에게 분배되기 전에 총상속재산을 가지고 세금을 계산하기 때문에 상속인들에게 분배된 이후 상속인들이 받은 각각의 재산을 기준으로 세금을 계산하는 '유산취득세 방식(증여세)'보다 일반적으로 세금이 많습니다.
  >
  > OECD에 속한 36개 국가 중에서 유산세 방식을 취하는 나라는 우리나라, 미국, 영국, 덴마크가 있고, 유산취득세를 취하는 나라는 프랑스, 독일 등 20개국이 되며, 나머지 국가들은 상속세가 없습니다. 최근 우리나라 정부 및 학계도 상속세를 유산취득세 또는 자본이득세 방식으로 변경하려는 움직임을 보이고 있습니다.

가업승계를 할 때 후계자인 자녀는 대개 짧은 기간 현금으로 유동화하기 어려운 재산(비상장주식, 부동산 등)을 물려받게 됩니다. 이때 대개 상속세 납부 문제가 발생하게 되고 뒤늦게 대안을 마련하려고 합니다. 따라서 **가업승계를 고민하는 창업주와 후계자는 상속세 연대납세의무를 고려하여 재산 분할 계획, 물납 및 연부연납 검토, 납부유예제도 확인, 임원 사망 시 퇴직금 또는 종신보험의 사망보험금 활용 등 여러 대안을 미리 미리 세우는 것이 바람직할 것입니다.**

11. 열한번째 질문(Question)

사업용 부동산을 신탁하려고 할 때 취득세가 발생하나요?

 **Key Point**

신탁과 취득세

- 지방세법 제9조(비과세)

③ 신탁(「신탁법」에 따른 신탁으로서 신탁등기가 병행되는 것만 해당한다)으로 인한 신탁재산의 취득으로서 다음 각 호의 어느 하나에 해당하는 경우에는 취득세를 부과하지 아니한다. (중략)

1. 위탁자로부터 수탁자에게 신탁재산을 이전하는 경우
2. 신탁의 종료로 인하여 수탁자로부터 위탁자에게 신탁재산을 이전하는 경우
3. 수탁자가 변경되어 신수탁자에게 신탁재산을 이전하는 경우

 **답변(Answer)**

취득세는 나오지 않을 것(지방세법 제9조(비과세) 제③항)으로 판단됩니다.

사업용 부동산을 신탁하게 되면 부동산 소유권이 신탁회사 등 수탁자로 변경됩니다. 즉, 신탁설정(신탁등기) 이후부터는 신탁회사 등 수탁자가 해당 부동산의 소유자가 됩니다. 이는 '등기사항전부증명서'에서 확인할 수 있습니다.

[부동산을 신탁할 경우 등기사항전부증명서(갑구) 예시]

【갑 구】(소유권에 관한 사항)				
순위 번호	등기목적	접수	등기원인	권리자 및 기타사항
2	소유권 이전	2019년 1월 9일 제670호	2019년 1월 8일 매매	소유자 김위탁 000000-0000000 서울특별시 서초구 서초로 111 거래가액 금 200,000,000원
3	소유권 이전	2024년 3월 4일 제1004호	2024년 3월 3일 신탁	수탁자 OO은행 000000-0000000 서울특별시 중구 소공로 222
	신탁			신탁원부 제2024-25호

[신탁원부 예시]

신 탁 원 부

신탁원부 제25호

위탁자   김위탁

수탁자   주식회사 ○○ 은행

| 제 | 호 |

신청대리인 법무사   김법무 서울시 서초구 서초로 ○○○

| 신청서접수 | 20○○년 ○월 ○일 |
| | 제   호 |

1	위탁자의 성명, 주소	김위탁 (○○○○○○-○○○○○○○)	
2	수탁자의 성명, 주소	주식회사 ○○ 은행 (○○○○○-○○○○○○○)	
3	수익자의 성명, 주소	원수익자(생전수익자)	위탁자와 같음
		수익자 1(사후수익자)	김수익 (○○○○○○-○○○○○○○)
		수익자 2(사후수익자)	
		수익자 3(사후수익자)	
4	신탁조항	별첨. 유언대용신탁계약서(세부사항 전부)	
5	부동산의 표시	1. 서울특별시 서초구 서초동 555 대 23241.2㎡ 2. 동 소 555-1 대 35748.2㎡ 이 상	

신탁법에 기초하여 신탁회사 등 수탁자와 신탁을 설정하면 사업용 부동산의 소유권은 위탁자에서 신탁회사 등 수탁자로 이전됩니다. 신탁계약의 내용에 따라 신탁재산을 통해 발생하는 수익 등의 권리는 계속 수익자 등이 누릴 수 있습니다. 아무튼 신탁계약 및 신탁등기가 정상적으로 이뤄졌다면 신탁설정으로 인한 취득세는 나오지 않습니다(지방세법 제9조(비과세) 제③항).

[지방세법 제9조(비과세)]

> ③ 신탁(「신탁법」에 따른 신탁으로서 신탁등기가 병행되는 것만 해당한다)으로 인한 신탁재산의 취득으로서 다음 각 호의 어느 하나에 해당하는 경우에는 취득세를 부과하지 아니한다. 다만, 신탁재산의 취득 중 주택조합 등과 조합원 간의 부동산 취득 및 주택조합 등의 비조합원용 부동산 취득은 제외한다.
>
> 1. 위탁자로부터 수탁자에게 신탁재산을 이전하는 경우
> 2. 신탁의 종료로 인하여 수탁자로부터 위탁자에게 신탁재산을 이전하는 경우
> 3. 수탁자가 변경되어 신수탁자에게 신탁재산을 이전하는 경우

다만, 신탁등기를 할 때 ① 등기신청수수료, ② 신탁등기 관련 등록면허세 및 지방교육세, ③ 신탁등기를 법무사 등에게 맡긴다면 등기대행수수료 등이 발생할 수 있는데 이는 신탁을 설정하는 위탁자 등 신탁관계인이 부담하는 것이 통상적입니다.

신탁 활용 ❶

금융위원회, '신탁업 혁신 방안'

종합재산관리 및 자금조달기능 강화를 위한 **신탁업 혁신 방안**

2022. 10. 13.

금 융 위 원 회

I. 추진 배경

■ (추진배경) 美·日 등 주요국에서 신탁은 가계 재산의 운용·관리·이전 등을 유연하게 구현할 수 있는 종합재산관리 수단으로 널리 활용

* GDP 대비 신탁 수탁고(%, '20년) : [日] 173 [美] 94 **[韓] 53**

○ 또한, 혁신기업 등이 보유자산(지재권 등) 유동화를 통해 자본시장에서 자금을 조달하는 수단으로 신탁 활용

■ (현황) 주요국과 달리 우리나라에서는 신탁 본연의 장점을 활용한 신탁 상품·서비스 제공이 미흡한 상황

○ 우리나라 신탁시장은 금융상품 판매 목적의 금전신탁과 부동산신탁 (개발사업·담보대출 등) 위주로 발전하여, 신탁의 다양한 기능 활용 제한

* 신탁재산별 비중('21말) : [금전] 50%(570조원), [부동산] 35%(403조원), [종합재산] 0.04%(0.6조원)

○ 반면, 고령화, 국민재산축적 및 복지수요 증가 등 사회·경제구조 변화로 새로운 자산관리 및 자산유동화 등 재산의 적극적 활용 수요 증가

   (i) (종합재산관리) 신탁이 금융상품 판매채널*로 활용중이고, 非금전 재산에 특화한 전문업자 부재** ☞ **종합재산관리** 기능 육성 필요

   * 소위 "상품성 신탁" : 편입상품을 신탁업자가 미리 정한 금전신탁(은행 ELT등)

   ** 인가단위별 신탁회사 현황(개, '21년) : [종합] 38 [부동산] 14 [금전] 9 [非금전] 0

   (ii) (자금조달) 신탁 재산의 유동화 등 적극적 재산활용 수요* 증가 ☞ 재산신탁의 수익증권 발행을 제도화하면서 적정 규율 필요

   * [例] 부동산, 저작권 등을 기초로 신탁수익증권을 발행하는 5개 조각투자 서비스를 혁신서비스로 지정중

   (iii) (상품다양성) **가업승계**·후견·복지 등 신탁으로 구현 가능한 다양한 신탁 서비스 未발달 ☞ 고령화 시대에 유용한 **다양한 상품 출현 지원**

   (iv) (소비자보호) 재산 소유권이 이전되고, 장기간 유지(예 : 死後까지) 되는 상품인 바, 두터운 소비자 보호 필요 ☞ 수탁자 책임 강화 추진

➡ 신탁 본연의 장점을 활용한 가계의 종합재산관리, 중소·혁신기업 자금조달 등이 가능하도록, 신탁업 제도 개선 추진

II. 신탁업 혁신 방안

기본방향

◆ 투자수단으로서의 신탁이 아닌, **다양한 재산을 종합적·적극적으로 관리**(all-in-one care)하는 신탁 본연의 기능 활성화

1 종합재산관리 기능 강화
- ❶ 취급 재산 다양화
- ❷ 신탁회사의 비금융 전문기관 활용 제고

2 신탁을 통한 자금조달 활성화
- ❸ 신탁을 통한 수익증권 **발행 허용**

3 소비자 수요에 맞는 다양한 신탁
- ❹ 가업승계신탁·주택신탁 **관련 제도 정비**
- ❺ 복지신탁 **활성화**(장애인신탁·후견신탁 등)

4 소비자 보호 관련 규율 정비
- ❻ 행위원칙 **강화**(선관의무 등)
- ❼ 신탁 보수·홍보 등 관련 관행 개선

1 종합재산관리 기능 강화

◆ [1]취급재산 다양화, [2]전문기관을 활용한 전문적인 신탁 서비스 제공을 통해 **신탁업의 종합재산 관리 기능 강화**

[1] 취급재산 다양화

■ 시장수요가 큰 ❶채무, ❷담보권 등을 신탁가능 재산에 포함

※ (현황) 자본법 §103에서 신탁가능 재산으로 「금전, 증권, 금전채권, 동산, 부동산, 부동산 관련 권리, 무체재산권」의 7가지 재산 열거

❶ (채무) 재산신탁 시 동 재산에 결부된 채무의 신탁을 허용*(例 : 주담대)

   * 과도한 채무신탁에 따른 신탁계정 부실화, 채권자 권리침해 가능성 등을 고려해, 순재산이 (-)가 되는 수준의 채무수탁은 제한

❷ (담보권*) 재산의 原소유자(위탁자)가 담보권신탁대출 실행을 위해, 재산에서 담보권만 분리하여 신탁할 수 있도록 허용

   * 소유권이 이전되는 담보신탁대출 대비, 위탁자의 안정적인 재산사용이 가능하고 (고객친화적), 수탁자도 예상하지 못한 법적책임에 대한 부담이 없음

【담보권신탁대출과 유사 구조와의 비교】

구 분		담보신탁대출	담보권신탁대출	담보권설정
구 조		원소유자(채무자=위탁자) → 재산 신탁 / 수익권증서를 담보로 / 신탁업자(소유자=수탁자) / 은행(채권자=수익자) ← 신탁의 수익권 증서 양도	원소유자(채무자=위탁자=소유자) → 담보권 신탁 / 수익권증서를 담보로 / 신탁업자(담보존자=수탁자) / 은행(채권자=수익권자) ← 신탁의 수익권 증서 양도	원소유자(채무자=소유자) / ● 담보권 설정 / ● 담보권에 기해 담보대출 / 은행(채권자=수익권자)
특징	소유권이전	有(소유권자=신탁업자)	無(소유권자=原소유자)	無(소유권자=原소유자)
	原소유자 사용권	사용권 제한	사용권 보장	사용권 보장
	수탁자 책임	大(∵ 무과실책임도 부담)	小(∵ 소유권 미이전)	해당없음(신탁이 아님)
	도산격리성(담보력)	強	弱(∵ 소유권 未이전)	弱(∵ 소유권 未이전)
	상대적 금리수준	低	中	高
	담보권관리	용이(∵ 수탁자 일괄 관리)	용이(∵ 수탁자 일괄 관리)	어려움(특히, 신디론)

➡ **(기대효과)** 고객 재산상황·목적 등에 맞는 맞춤형 신탁* 확대

   * 例 : ❶ [채무신탁] 해외 장기체류 중인 주재원, 재산관리 능력이 떨어지는 고령층 등이
          잔여채무(주담대)가 존재하는 주택도 신탁을 통해 관리 가능

        ❷ [담보권신탁] 채권자가 다수 존재하는 신디론에서 담보권 관리를 1인(신탁업자)
          에게 집중시킴으로써, 채권자 간 이견 발생 시에도 안정적인 담보권 관리 가능

2 전문기관을 활용한 전문화·차별화된 서비스 제공

■ 분야별 전문기관(병원, 회계·세무법인 등)을 통한 전문화된 신탁 서비스 제공이 가능하도록, 신탁업무 위탁 관련 자본법 규정 정비

> ※ (현황) 자본법 업무위탁 규정(§42)은 신탁법 원칙과 상충되는 측면*이 있고, 본질적 업무 위탁 시 진입요건이 높은 신탁업 인가가 필요 ☞ 분야별 전문기관 참여 곤란
>
> * 例 : [자본법] 사후통지만으로 업무위탁 가능 ↔ [신탁법] 수익자 사전동의 필요(자기집행원칙)

❶ (적정성심사) 신탁업자(금융회사)가 자신의 업무 일부를 맡길 전문 기관의 적정성을 심사 및 평가*

  * [例] 업무관련 업력, 인적 전문성, 자본 적정성, 재무적 안정성, 이해상충 가능성 등

❷ (영업규제) 자본법상 신탁업의 일부를 위탁하는 것인 바, 업무위탁 관련 자본법 규제*를 원칙 적용(자본법§42)

  * 업무처리 기록 유지, 이해상충방지체계 구축, 업무위탁 운영기준 설정 등

- 신탁업자(금융회사)의 非금융 전문성을 보완하는 취지의 제도이므로, 전문기관의 금융기능은 제한하고, 신탁 특성에 맞게 규율체계 정비※

> ※ [例] ① 전문기관은 인가·등록을 받은 자가 아니지만, 본질적 업무 위탁도 허용
> ② 고객의 事前동의를 득한 경우에만 업무위탁 허용 / ③ 再위탁 불허

- 한편, 전문기관은 신탁업무 일부를 맡은 자로서, 자신이 업무 일부를 수행중인 신탁계약에 대한 투자권유(소개) 가능*

  * 현행법 상으로는 신탁업자 또는 투자권유대행인 외에는 신탁계약에 대한 투자권유 불가 ☞ 제도 개선 시, "요양병원이 환자에게 자신이 업무위탁 중인 유언대용신탁 계약 권유 가능"

❸ (사후관리) 신탁업자가 전문기관의 적정성을 심사한 바, 1차적으로 신탁업자가 전문기관을 주기적으로 관리·감독
❹ (금융당국) 사전신고-사후감독으로 업무위탁 규율 확립
 - (사전신고) 신탁업자는 전문기관 현황 및 적정성 심사결과 등을 금융당국에 사전신고한 후, 업무위탁 가능
 - (사후감독) 신탁업자의 전문기관 감독 결과 문제 발견시 금감원에 보고하고, 금감원은 전문기관 검사 및 위탁계약 취소·변경명령 可

➡ (기대효과) 신탁업자가 다양한 재산을 수탁받고, 이를 분야별 전문기관에 맡김*으로써, 전문적·맞춤형 재산관리 기능 강화**

 * 非신탁업자인 전문기관은 신탁업자로부터 ❶업무 일부를 위탁(업무위탁)받을 수는 있지만, ❷소유권 이전을 수반하는 再신탁은 不許(再신탁은 신탁업자 간에만 허용)

 ** [例] 세제 및 법률자문에 전문성 있는 법무법인 ☞ 유언대용 신탁 전문기관
    특허권 관리·활용 등에 전문성 있는 특허법인 ☞ 지식재산권(IP) 신탁 전문기관
    치매노인 돌봄 및 요양에 특화한 의료법인 및 병원 ☞ 치매·요양 신탁 전문기관
    애완동물 관리에 전문성 있는 동물병원 ☞ 애완동물 신탁 전문기관

2 신탁의 자금조달 기능 강화 (신탁수익증권 제도화)

◆ 非금전재산 신탁의 수익증권 발행을 허용하되, 투자자 보호 등을 위해 ①발행-②판매-③운용 등 단계별 규제 정비

※ (현황) 非금전재산신탁의 수익증권 발행이 제한되고 있으나, 제도 활용 수요 증가* ☞ 수익증권 발행을 허용하면서, 유사기구와의 동일규제를 통해 투자자 보호

* 부동산·저작권 등 다양한 재산을 기초로 수익증권 발행(현재 5개 조각투자 서비스를 혁신서비스 지정)

① (발행) 수익증권 발행이 가능한 ❶재산종류, ❷발행자, ❸재산구성, ❹발행한도, ❺발행형태, ❻증권신고서 등 규제체계 정비

❶ (재산종류) 금전을 제외*한 모든 재산의 수익증권 발행을 원칙적 허용

* 금전신탁 수익증권은 사실상 펀드(집합투자업)와 유사함을 감안해 제외

- 단, 제도 도입취지(非유동자산의 유동화), 중소·혁신기업 유동화 수요, 투자자보호 등을 종합적으로 감안해, 재산별로 발행 제한 등 규율*

* [例] 부동산(관리·처분신탁 한정)·금전채권(非금융법인[기업]이 위탁한 경우 한정)·무체재산권 ☞ 원칙적 허용 / 증권·동산·부동산관련권리·담보권 ☞ 혁신서비스 지정 건 등에 한해 개별 허용

❷ (발행자) 부동산 신탁수익증권 발행은 부동산신탁사만 허용*, 여타 재산은 해당 재산 신탁이 가능한 은행·증권·보험 모두 허용

* 부동산 수익증권 발행신탁은 부동산 펀드와 유사한 바, 전업주의 체계를 존중하여 제한. 단, 부신사의 경우, 리츠AMC로서 부동산 펀드와 유사한 업무를 수행중인 점을 감안해 허용

【신탁가능재산별 수익증권 발행】

구 분	부동산	금전채권	무체재산권	증권	동산	부동산관련권리	담보권	금전
허용여부	○			△ (건별 판단)				X
발행자	부신사			은행·증권·보험				X

❸ (재산구성) 단일 종류 재산*으로 구성된 신탁만 수익증권 발행 허용

  * 여러 재산으로 구성된 신탁은 가치평가가 곤란하고, 투자자 이해 가능성이 낮음

❹ (발행한도) 신탁재산의 순자산가액內로 발행총액 제한(할증발행 금지)

❺ (발행형태) 실물발행을 금지하고, 전자증권 발행만 허용

❻ (증권신고서) 공모일 경우 집합투자증권 신고서 수준의 증권신고서 규제*를 적용하고, 유동화법에 준하는 자산유동화계획**도 첨부

  * [例] 신탁업자·위탁자 관련 사항, 비용 및 과세 관련 사항, 신탁재산 평가·공시 관련 사항 등

  ** [例] 유동화 대상 신탁자산 세부명세, 신탁재산 평가 내용, 신탁재산 관리 계획, 수익증권 종류 등

❼ (부실재산유동화방지) 原소유자(위탁자)·신탁업자(수탁자)의 ⁽ⁱ⁾증권신고서 공동 제출*, ⁽ⁱⁱ⁾각각 일정비율(例 : 3%) 후순위 신탁수익권(증권) 보유 의무화

  * 투자자의 투자의사결정에 있어 原소유자(위탁자)의 재무·영업현황 등도 중요한 고려 요소인 바, 위탁자에게 정보제공 의무를 부과하여 부실재산 유동화(먹튀) 방지(일본도 동일)

  증권신고서 허위·부실기재 시, 재산 原소유자도 형사처벌(5年 이하 징역), 민사상 손해배상 책임

② (판매) 수익증권은 아직 정형화되지 않았고 시장에서 익숙치 않은 상품인 점을 감안해, ❶판매처를 인가하고, ❷행위·판매규제를 동일하게 적용

❶ (판매처) 현행 펀드 투자매매·중개업 인가사례, 업권 간 균형 등을 고려하여 신탁수익증권 투자매매업*·중개업** 인가단위 마련

  * 투자매매업 : [증권] 인수포함인가, [은행·보험] 인수제외인가, [부신사] 불허

  ** 투자중개업 : 증권사만 우선 허용하되, 제도 안착 상황 점검 후 단계적 확대 검토

❷ (행위·판매규제) 투자매매·중개업에 적용되는 자본법상 행위규제*, 금소법 판매규제**를 동일 적용하고, 계열사 판매 제한(例 : 25%) 도입

　* [例] 자기계약 금지, 최선집행의무, 불건전영업금지 등

　** [例] 설명의무, 적합성·적정성원칙(현행 펀드위험등급을 수익증권에 적용 시

　　최고위험등급으로 분류) 등

③ (운용 등) 펀드 관련 규율을 준용한 ❶정보제공 규제를 도입하고, 규제 차익 발생 방지를 위한 ❷운용규제 장치 도입

❶ (정보제공) 제3자 확인*을 거쳐 자산현황(기준가격 등) 및 자산가치에 영향을 미치는 주요 이벤트 등 공시, 투자자의 장부·서류열람권 보장 등

　* 수익증권발행신탁은 펀드와 달리 신탁업자가 운용·수탁·판매를 모두 수행할 수 있는 바,

　　정보공시前 제3자(예탁결제원, 펀드 일반사무관리회사, 회계법인 등 활용 검토)의 확인 의무화

❷ (운용규제) 증권신고서에 명시한 신탁재산의 관리·처분과 이에 따라 발생한 수익의 배분 外에는 운용행위 금지*

　* 재산운용 결과 발생한 금전은 예금 예치 등만 허용 ☞ 수익증권이 운용(펀드)이 아닌 유동화

　　수단으로만 활용되도록 유도

> ➡ (기대효과) 유동화법 등 기존 제도를 통한 자산유동화가 어려웠던 중소·혁신 기업*의 보유자산 유동화 및 자금조달 지원
>
> 　* 유동화 대상 자산을 보유한 법인의 신용도 제한(더블B이상) 때문에, 업력이 짧은
>
> 　　혁신기업, 신용등급이 낮거나 없는 중소기업 등은 유동화법을 활용한 자금조달에 한계
>
> ○ 조각투자, 주식소수점 거래 등 혁신서비스의 제도적 기반 마련

3 소비자 수요에 맞는 다양한 신탁　☞ 관계기관 협의 필요사항

◆ ①가업승계 신탁, ②신탁된 주택의 주택연금 가입 허용, ③복지신탁 활성화 등을 통해, 고령화시대에 맞는 다양한 신탁상품 출현 지원

① (가업승계신탁) 중소·중견기업이 신탁을 활용해 안정적으로 가업을 승계할 수 있도록, 의결권 행사 관련 제도 등 정비

○ 중소·중견기업 가업승계 목적으로 설정된 신탁*에 편입된 주식은 온전히 의결권 행사*가 가능하도록 허용

  * 現 자본법은 신탁업자의 신탁을 통한 우회적 지분 취득을 막기 위해 의결권 행사를 15%로 제한 ☞ 중소·중견기업 가업승계신탁의 경우에도 의결권 행사가 15%로 제한돼, 제도 활용에 어려움

  ※ [예] ① 중소·중견기업 사주가 위탁자이고 생전 수익자일 것
  　　　② 사주가 자사주를 신탁할 것
  　　　③ 경영권 승계 목적으로 위탁자 생전에 설정된 신탁일 것
  　　　④ 신탁업자가 가업승계신탁의 명칭으로 신고한 약관에 따라 체결된 신탁일 것

② (주택연금) 現 주금공법상 "개인" 소유 주택만 주택연금 가입 가능 ☞ 주택신탁 시 소유권자가 변경(개인→신탁업자)되어, 주택연금 가입 어려움

　➡ 주택이 고령층 주요재산인 점을 감안해, 주택연금 가입 요건 충족 시 신탁된 주택도 주택연금 가입이 가능하도록 제도 정비

③ (복지신탁) 행위능력이 부족한 수익자의 재산이 안전하게 관리될 수 있도록, 후견·장애인신탁 활성화 ☞ 관계기관 협의 필요※

> ※ [例] 후견신탁 관련 협의 필요사항
> ○ 법정후견 개시 당시 피후견인 재산이 일정액 이상인 경우, 신탁 활용 권고
>   * [日] 후견인의 재산유용을 예방하기 위해 가정재판소 주도로 후견신탁 도입('12) 및 활용 권유 ☞ 전체 성년후견의 약 10%가 후견신탁을 활용 중인 것으로 추정

※ 신탁 활성화를 위해 필요한 세제지원 방안 등은 향후 검토 예정

> ➡ **(기대효과) 중소·중견기업의 안정적 가업승계, 신탁된 주택의 활용도 제고, 후견·장애인 신탁을 통한 맞춤형 복지 수요 충족**

④ 소비자 보호 관련 규율 정비

> ◆ ①행위원칙 강화, ②신탁보수 규율, ③종합재산신탁 규율 정비, ④홍보규율, ⑤투명성 제고 등을 통해, 신탁업 활성화에 걸맞는 소비자 보호 추진

① (행위원칙) 자본법상 미흡한 일부 수탁자(신탁업자) 행위원칙을 ❶신탁법 수준으로 상향하고, 일부 원칙은 ❷신탁법+α 수준으로 상향

❶ (신탁법 수준 상향) 多數 수익자에 대한 공평의무 신설

❷ (신탁법+α 수준 상향) 신탁업자의 주요 행위원칙인 선관의무를 미국 등 해외 주요국 수준으로 상향*

   * [韓] 선량한 관리자로서 "주의"를 다할 것, [美] "주의+전문성"을 다할 것

② (신탁보수) 1:1 계약보다는 금투상품의 성격이 강한 상품성신탁에 대한 합리적인 보수 수취 관행 마련
❶ 상품성신탁은 구조가 정형화돼 비교 가능성이 높은바, 편입상품, 보수율 등을 금투협 홈페이지에 공시
❷ 고객에게 신탁보수 수취방법에 대한 선택권 부여*

　* [例] 고객에게 "1회성 수수료 선취" 또는 "주기적 신탁보수 수취" 옵션을 모두 제시하고, 각 옵션의 가입기간별(예 : 3, 6, 12개월) 비용 차이를 비교 설명

③ (종합재산신탁 금전운용) 일반 금전신탁에 적용되는 설명의무*·운용규제** 등을 종합재산신탁에 편입된 금전의 운용에 대해서도 동일하게 적용

　* 계약체결·변경 시 금전운용 내용을 설명하고, 위탁자가 그 내용을 자필기재

　** 非지정형 운용의 경우, 고객의 투자성향에 적합하게 운용하고, 운용내역 분기별 제공

④ (홍보규율) 상품성 신탁에 대한 홍보제한은 유지하되, 유언대용·후견·가업승계 등 신탁계약의 기능적 측면에 대한 홍보 허용

⑤ (거래투명성) 신탁재산으로 대외거래 시 신탁재산임을 표시하도록 유도

> ➡ 신탁업 혁신 방안을 반영한 자본법 등 법률 개정을 신속히 추진*
> 　* 자본법 개정안 마련 및 관계기관 협의(~'22말) → 자본법 개정안 국회 논의('23.1분기) …… → 2023년 12월 말 현재 : 법률 개정 지연 상태

[보도자료] 신탁업제도 개선에 따른 기대 효과

1. 다양한 재산을 종합·장기적 관리

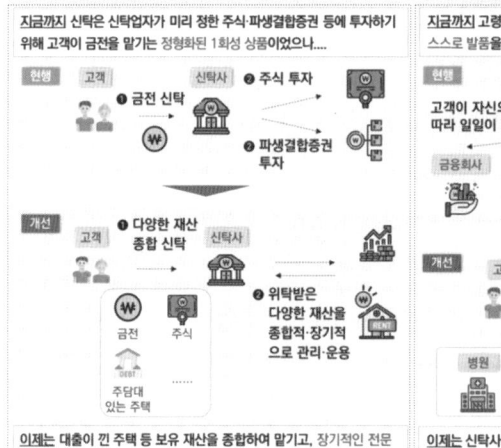

이제는 대출이 낀 주택 등 보유 재산을 종합하여 맡기고, 장기적인 전문 재산관리 서비스를 받는 것이 가능해집니다.

2. 금융+비금융 종합 서비스 플랫폼

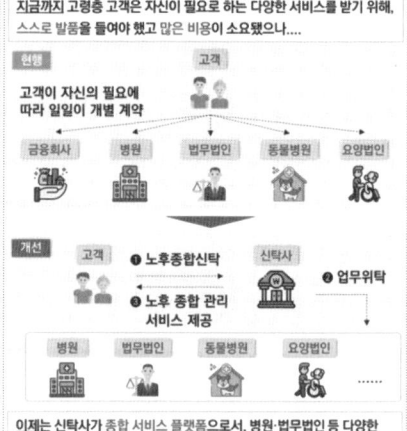

이제는 신탁사가 종합 서비스 플랫폼으로서, 병원·법무법인 등 다양한 비금융 전문기관과 협업하여, 고객이 원하는 서비스를 종합 제공합니다.

3. 다양한 방식의 자금조달 제도적 지원

이제는 매출채권·공장부지 유동화 (세일즈앤리스백) 등 중소기업의 다양한 자금조달이 가능해지고, 조각투자 서비스의 제도적 기반이 마련됩니다.

4. 고령화시대 경제·사회적 수요 대응

이제는 가업승계·주택·후견신탁 등이 활성화될 수 있는 제도적 기반이 마련됩니다 (관계기관 협의도 추진).

➡ 신탁의 진화에 맞춰 소비자 보호도 한층 강화하여, 안심하고 이용할 수 있는 환경을 조성하겠습니다.

신탁 활용 ❷

개별 기준에 따른 신탁의 종류(신탁의 분류)

▶ '위탁자 자격'에 따른 분류(민법상 분류)
① 행위능력자 신탁 : 위탁자가 민법상 제한능력자가 아닌 신탁
② 제한능력자 신탁 : 위탁자가 민법상 제한능력자인 신탁 (제한능력자 관련 민법 제5조~제17조 : 미성년자, 피성년후견인, 피한정후견인)
③ 유언적령자 신탁 : 민법 제1061조에 따라 만 17세 이상인 자만 위탁자가 될 수 있음(유언신탁에 한함)

▶ '위탁자 자격'에 따른 분류(세법 등에 따른 분류)
① 거주자 신탁 : 위탁자가 국내에 주소를 두거나 183일 이상 거소(居所)를 둔 사람인 신탁
② 비거주자 신탁 : 위탁자가 국내 거주자가 아닌 신탁
③ 법적제한신탁 : 장애인신탁, 신탁형 ISA 등 세법 및 국내법에 의해서 위탁자 자격을 제한한 신탁

▶ '신탁재산'에 따른 분류(자본시장법 제103조 및 실무상 분류)
① 특정금전신탁 : 신탁재산이 '금전'인 신탁
② 재산신탁 : 자본시장법 제103조에 따라 신탁재산이 '금전 외' 증권, 금전채권, 동산, 부동산, 부동산 관련 권리, 무체재산권(지식재산권)인 신탁

③ 종합재산신탁 : 하나의 신탁계약에 자본시장법 제103조에서 규정한 재산 중 둘 이상의 재산을 설정한 신탁

▶ '신탁설정 행위(신탁행위) 또는 신탁 성립'에 따른 분류
① 계약에 의한 신탁 : 위탁자와 수탁자 사이의 신탁계약에 의한 신탁
② 유언에 의한 신탁 : 민법상 방식에 따라 유언자가 유언을 남김으로써 설정되는 신탁, 다만 효력 발생은 유언자가 사망한 시점부터 발생
③ 선언에 의한 신탁 : 공정증서를 작성하는 방법으로 위탁자 본인을 수탁자로 선언하면서 설정되는 신탁
④ 법정신탁(신탁법 제101조 제4항) : 신탁관계인의 의사와는 무관하게 신탁법에 의해 규정된 신탁

▶ '수탁자의 영업성 유무'에 따른 분류
① 영리신탁(상사신탁) : 금융위원회로부터 신탁업 인가(겸영 인가 포함)를 받은 '신탁업자'가 수탁자인 신탁으로, 신탁업자(신탁회사)가 신탁사무 수행에 따라 보수 및 수수료 등을 수취할 수 있는 신탁
② 비영리신탁(민사신탁) : 수탁능력을 갖춘 개인 또는 신탁회사 외 법인 등이 수탁자가 되는 신탁(비영리목적)

▶ '수탁자의 재량'에 따른 분류
① 확정신탁(수동신탁) : 신탁상 수익자와 그 수익권의 내용이 확정되는 신탁, 수탁자는 신탁상 정해진 수익자에게 정해진 수익 등의 급부를 지급할 의무만을 부담하는 등 재량권이 없는 신탁
② 재량신탁(능동신탁) : 수탁자가 누구에게 무엇을 지급할 것인지를 선택할 재량권이 있는 신탁

▶ '수익자 유무'에 따른 분류

① 수익자신탁 : 신탁설정 행위(신탁행위)를 통해 '수익자가 지정되는 신탁'
② 목적신탁 : 수익자가 지정되어 있지 않은 신탁(ex. 공익신탁법에 따른 공익신탁 또는 신탁법상 목적신탁)

▶ 위탁자와 수익자의 '동일인 여부'에 따른 분류

① 자익신탁 : 위탁자와 수익자가 동일인인 신탁(위탁자 = 수익자)
② 타익신탁 : 위탁자와 수익자가 동일인이 아닌 신탁(위탁자 ≠ 수익자)

▶ 신탁계약의 '투자성 유무'에 따른 분류(자본시장법 제3조에 따른 분류)

① 관리형신탁 : 금전 이외 재산에 대한 신탁으로 위탁자 또는 처분권한이 있는 수익자의 지시에 따라서만 신탁재산의 처분이 이뤄지는 신탁(신탁회사가 신탁재산의 보전·이용·개량행위만을 할 수 있는 신탁)
② 금융투자상품 신탁 : 자본시장법 제3조에 의거한 신탁(적합성 및 적정성 원칙, 설명의무, 투자광고준수 등 의무 있음)

▶ 특정금전신탁 분류(자본시장법 및 특정금전신탁 업무처리 모범규준에 따른 분류)

① 지정형 특정금전신탁 : 투자자가 운용자산 및 특정 종목, 비중 등을 구체적으로 지정한 특정금전신탁
② 비지정형 특정금전신탁 : 투자자가 운용자산 및 특정 종목, 비중 등을 지정하지 않는 특정금전신탁
③ 고난도 금전신탁계약 : 자본시장법 시행령 제2조에 따라 최대 원금손실 가능금액이 20퍼센트를 초과하는 금전신탁 중 운용방법 및 위험을 투자자가 이해하기 어렵다고 인정되는 신탁계약

▶ **부동산신탁 분류**(영리신탁 기준)

① 담보신탁 : 부동산의 관리와 처분을 신탁회사에 신탁한 후 수익권 증서 등을 발급하여 이를 담보로 금융기관에서 자금을 대출받는 제도
② 관리신탁 : 신탁회사가 부동산에 대한 소유권 또는 소유권 및 회계, 임대차 관리 등을 수행하는 신탁
  - 을종관리신탁 : 신탁회사가 소유권자로서 부동산의 '소유권만'을 관리하는 신탁
  - 갑종관리신탁 : 신탁회사가 소유권자로서 임대차관리, 시설관리, 회계 및 세무관리 등을 하는 신탁
③ 처분신탁 : 부동산의 처분을 목적으로 하는 신탁, 신탁회사가 부동산을 처분하여 그 처분대금을 수익자에게 교부하는 신탁
④ 분양관리신탁 : 건축물 분양에 관한 법률에 의거하여 부동산을 개발하면서 사전분양이 필요할 때 진행하는 신탁
⑤ 토지신탁 : 건축자금이나 개발 노하우 및 전문성이 부족한 고객으로부터 토지를 신탁회사가 수탁받아 해당 토지에 대한 개발계획 수립, 건설자금 조달, 공사관리, 건축물의 분양 및 임대 등 개발사업의 모든 과정을 신탁회사가 수행하고, 발생한 수익을 토지소유자에게 교부하는 신탁

참고문헌 신관식, 「내 재산을 물려줄 때 자산승계신탁·서비스」, 삼일인포마인(2022년), 34면~36면

별첨 자료 ①

[매일일보 2023년 4월 23일자, MI가 찾은 세무전문가]
OO은행 신관식 "가업승계 증여세 600억까지 상향"

신관식 OO은행 신탁부 가족신탁팀 차장은 상속·증여 등 가업승계 및 자산승계신탁 전문가다. 그는 회사를 다니면서 세무사 자격을 취득한 뚝심 있는 이력을 보유하고 있다. OO은행에 입행 전까지 보험사 및 증권사의 상품전략부서, 신탁부서를 거쳤다. 업계에서 세금, 신탁, 금융투자상품, 보험상품 등 고객 자산관리 영역의 '올라운더'로 꼽힌다.

신 차장은 가업승계에 대한 사람들의 관심이 커지면서 바쁜 시간을 보내고 있다. 한국세무사고시회에서 '세무사들을 위한 신탁의 활용방안'을 주제로 수차례 강의했다. 그는 "세무사분들이 신탁에 이렇게 많은 관심을 가지고 있을 줄은 몰랐다. 아마도 향후 신탁업 관련 자본시장법 개정 시 사업영역 확대에 대한 기대감과 가업 또는 본인 재산을 자녀들에게 물려줄 때 신탁이라는 제도가 새롭고 매력적이어서 그럴 것"이라고 전했다.

이달에는 '불멸의 가업승계 & 미래를 여는 신탁' 책을 출간했다. 신 차장은 "가업승계 세제지원 제도의 개정 내용은 물론 창업주들이 사망하고 나서 후계자에게 가업을 물려주려고 할 때 신탁을 활용하는 방법, 창업주들이 살아있을 때 후계자에게 가업을 물려주려고 할 때 신탁을 활용하는 방법, 꿈 많은 청년 자녀가 창업하려고 할 때 증여세 과세특례와 신탁을 활용하는 방법 등을 수록했다"고 밝혔다.

신 차장은 올해 가업승계와 신탁의 영역이 확대될 것이라고 예견했다. 이에 맞는 절세 전략은 필수라고 강조했다. 신 차장은 "2018년부터 2021년말까지 부동산의 시대였다면 2023년부터는 가업승계가 본격화 되는 시대가 되지 않을까 생각한다"며 "1970년대~1980년대, 30~40대의 나이로 사업을 시작한 1세대 중소·중견기업 창업주들이 고령, 질병, 산업구조의 변화 등으로 본격적인 은퇴 시점을 맞았다"고 설명했다.

특히 개선된 가업승계 세제 지원 제도가 관건이라고 했다. 신 차장에 따르면 가업상속공제 및 가업승계 주식 증여세 과세특례 적용 한도가 최대 600억원까지 확대됐다. 사후관리기간은 과거 7년(10년)에서 5년으로 단축됐다. 자산유지 및 고용유지 조건들도 완화됐다. 창업자금 증여세 과세특례 한도는 최대 50억원(신규 고용인원 10명 이상 시 100억원)으로 확대됐다. 납부유예제도도 도입됐다. 가업승계에 따른 상증세 절세 혜택을 당장 받지 않을 경우, 가업재산을 받은 상속인(또는 수증자)이 해당 재산을 실제 처분(양도·상속·증여)할 때 세금을 납부하는 제도다.

신 차장은 "신탁을 활용한 절세 방법도 주목해야 된다"고 부연했다. 1세대 1주택자, 가격이 높지 않은 토지, 정기예금 고객, 중견기업 창업주의 비상장주식, 거액 자산가의 대형 오피스 빌딩 등 신탁재산의 스펙트럼이 넓어졌기 때문이다.

신 차장은 장애인 성년 자녀를 둔 부모에게 증여세 컨설팅을 해준 최근 경험을 소개했다. 해당 부모는 장애인 자녀에게 3억5000만원 현금과 시가 4억의 아파트를 물려주려 했다. 현금은 창업중소기업 업종인 통신판매업을 창업해 증여세를 없앴다. 창업자금 증여세 과세특례를 적용한 절세법이다. 아파트는 장애인신탁을 통해 증여세를 없앴다. (장애인신탁을 활용하면) 증여재산가액은 최대 5억원 한도까지 면세되기 때문이다.

Part 2.

가업상속공제

가업상속공제 제도 연혁(변천사)

구분 (상속개시일 기준)	사전요건				사후요건						공제 한도액
	피상속인 가업영위 (대표이사 재직요건)	상속인 가업종사	중견기업 매출액	지분요건 (상장기업)	사후관리 기간	상속인 대표이사 취임	고용·급여 유지 조건	업종 변경	지분	자산 처분 한도	
2008년 1월 1일~	15년 이상 (80%)	2년 이상	적용 불가	50% (40%)	10년	2년 내 & 자녀 단독상속	고용 90%	변경 금지	유지	5년 이내 10% 미만	30억 원
2009년 1월 1일~	10년 이상 (80%)						평균 종업원수 100% (중견 120%)				· 10년↑ : 60억 원 · 15년↑ : 80억 원 · 20년↑ : 100억 원
2011년 1월 1일~	10년 이상 (60% 또는 8년)		매출액 1,500억 원 미만								
2012년 1월 1일~											· 10년↑ : 100억 원 · 15년↑ : 150억 원 · 20년↑ : 300억 원
2013년 1월 1일~			매출액 2,000억 원 미만								
2014년 1월 1일~				50% (30%)		2년 내 & 자녀 및 배우자 허용	평균 종업원수 100% (중견 120%) + 2년 내 80%	세분류 내에서 허용		사후관리 기간 전체 20% 미만	· 10년↑ : 200억 원 · 15년↑ : 300억 원 · 20년↑ : 500억 원
2016년 1월 1일~			매출액 3,000억 원 미만								
2018년 1월 1일~											
2020년 1월 1일~	10년 이상 (50% 또는 5년)				7년	2년 내 & 자녀, 배우자, 공동상속 허용	상동 + 총 급여액 80%	중분류 내에서 허용			· 10년↑ : 200억 원 · 20년↑ : 300억 원 · 30년↑ : 500억 원
2022년 1월 1일~			매출액 4,000억 원 미만								
2023년 1월 1일~			매출액 5,000억 원 미만	40% (20%)	5년		평균 종업원수 90% 이상 or 평균 총 급여액 90% 이상	대분류 내에서 허용 (예정)		5년 내 40% 미만	· 10년↑ : 300억 원 · 20년↑ : 400억 원 · 30년↑ : 600억 원
2024년 1월 1일~											

12. 열두번째 질문(Question)

가업상속공제를 받을 수 있는 요건과 절세 금액은?

 **Key Point**

가업상속공제 적용 여부에 따른 상속세 비교

- 상속세 비교

가업상속공제 적용대상이 아닌 경우	구분	가업상속공제 적용대상인 경우
600억 원	상속 재산가액	600억 원
(0원)	가업상속공제액	(600억 원)
(5억 원)	일괄공제	(5억 원)
595억 원	상속세 과세표준	0원
50%(누진공제 4.6억 원)	세율	-
292억 9,000만 원	산출세액	-
(8억 7,870만 원)	신고세액 공제	-
284억 1,130만 원	자진납부 세액	0원

* 기본 가정 : 중소기업 주식(최대주주 등 할증평가 없음), 배우자 없음, 가업상속재산(주식)만 600억 원, 일괄공제와 가업상속공제만 상속공제 적용, 가업상속공제 적용대상이 아닌 경우는 피상속인 가업영위기간 5년, 가업상속공제 적용대상인 경우에는 피상속인 가업영위기간 만 30년 이상
* 납부세액 차이 : 가업상속공제 적용시 약 284억 원 정도의 상속세를 적게 부담
* 참고 자료 : 국세청, 「가업승계 지원제도 안내(2023년 4월)」

 **답변(Answer)**

세법상 사전요건을 충족하고 사후관리요건을 준수하는 등 가업상속공제를 활용하면 피상속인의 가업영위기간이 길면 길수록 상속세를 크게 아끼실 수 있습니다.

▶ **가업상속공제를 적용 받기 위한 여러 요건들**

창업주 즉, 피상속인의 사망에 따라 피상속인의 재산에서 가업상속공제를 받기 위해서는 ① 국내 거주자인 피상속인은 주된 업종의 가업을 10년 이상 영위해야 하고, ② 가업은 업종, 규모, 업력 요건을 충족한 중소기업과 일정 기간 동안의 평균매출액이 5,000억 원 미만의 중견기업이어야 하며, ③ 상속인(상속인의 배우자 포함)은 일부 예외를 제외하고 피상속인이 사망하기 전 2년 이상 가업에 종사해야 하고, ④ 상속인은 기한 내 임원 및 대표이사에 취임해야 하며, ⑤ 공제를 받고 난 후 5년간 사후관리 요건을 준수해야 합니다.

[가업상속공제 프로세스]

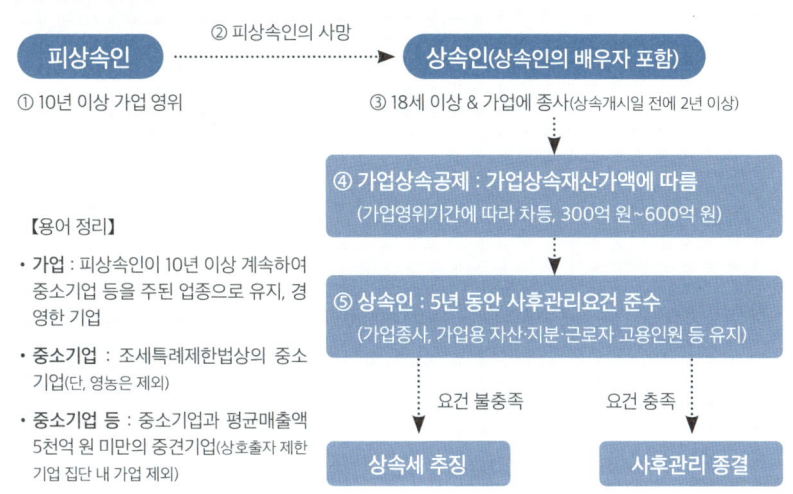

세부적으로 살펴보면 상속세를 계산할 때 돌아가신 피상속인의 상속재산가액에서 일정 금액을 빼주는 것을 상속공제라고 하고, 상속공제 중 '가업상속공제'란 세법상 국내 거주자인 피상속인이 살아 생전에 10년 이상(동일한 주된 업종) 영위한 중소기업 등을 상속인에게 정상적으로 승계하는 경우 상속세 과세가액에서 **'가업상속재산가액**[1]**'을** 공제(최대 공제 한도액 600억 원)'하여 상속세 부담을 크게 경감시켜 주는 제도입니다.

---

1) 가업상속재산가액
 - 가업상속재산가액(주식회사, 법인기업) = 상속세 및 증여세법상 주식평가액×[1-(사업무관자산가액/총자산가액)]
 - 사업무관자산(상속개시일 현재) : ① 법인세법 §55조의2(비사업용토지 등)에 해당하는 자산, ② 법인세법 시행령 §49(업무무관자산) 및 타인에게 임대하고 있는 부동산, ③ 법인세법 시행령 §61조①2호(대여금)에 해당하는 자산, ④ 과다 보유 현금(상속개시일 직전 5개 사업연도말 평균 현금 보유액의 150% 초과), ⑤ 법인의 영업활동과 직접 관련이 없이 보유하고 있는 주식 등, 채권 및 금융상품(과다 보유 현금 제외)

[피상속인의 가업영위기간에 따른 가업상속공제 한도액]

피상속인 가업영위기간	가업상속공제 한도액
10년 이상 ~ 20년 미만	300억 원
20년 이상 ~ 30년 미만	400억 원
30년 이상 ~	600억 원

가업상속재산(가액)이란 ① 주식회사(법인가업)인 경우에는 총자산가액에서 사업무관(업무무관)자산가액 비율을 뺀 상속세 및 증여세법상 주식평가액[1]을 말하고, ② 개인가업의 경우에는 가업에 직접 사용되는 토지, 건축물, 기계장치 등 사업용 자산에서 해당 사업용 자산에 담보된 채무액을 뺀 가액을 말합니다.

그렇다면, 비교 사례 모두 중소기업 주식이고 가업영위기간을 제외한 모든 조건이 동일하며 피상속인이 남긴 상속재산가액이 600억 원이라고 가정하겠습니다. 이때 ① 가업상속공제 적용 대상이 아닌 경우(가업 5년 영위)와 ② 가업상속공제 적용 대상인 경우(가업 30년 영위)의 납부세액을 비교해보면 상속세 납부세액 기준 약 284억 원의 세금 차이가 납니다. 즉, 가업상속공제를 받게 될 경우 상속세를 크게 절세할 수 있다는 것을 확인할 수 있습니다.

---

1) 주식 평가액 : 상장주식은 평가기준일 전후 2개월 종가 평균, 거래가 비활성화된 비상장주식은 세법상 보충적 평가

[가업상속공제 적용 대상이 아닌 경우 vs 가업상속공제 적용 대상인 경우 상속세 비교]

가업상속공제 적용대상이 아닌 경우	구분	가업상속공제 적용대상인 경우
600억 원	상속 재산가액	600억 원
(0원)	가업상속공제액	(600억 원)
(5억 원)	일괄공제	(5억 원)
595억 원	상속세 과세표준	0원
50%(누진공제 4.6억 원)	세율	-
292억 9,000만 원	산출세액	-
(8억 7,870만 원)	신고세액 공제	-
284억 1,130만 원	자진납부 세액	0원

* 기본 가정 : 중소기업 주식(최대주주 등 할증 평가 없음), 배우자 없음, 가업상속재산(주식)만 600억 원, 일괄공제와 가업상속공제만 상속공제 적용, 가업상속공제 적용대상이 아닌 경우는 피상속인 가업영위기간 5년, 가업상속공제 적용 대상인 경우에는 피상속인 가업영위기간 만 30년 이상
* 납부세액 차이 : 가업상속공제 적용시 약 284억 원 정도의 상속세를 적게 부담
* 참고 자료 : 국세청, 「가업승계 지원제도 안내(2023년)」

13. 열세번째 질문(Question)

가업상속공제 대상인
'가업, 중소기업, 중견기업'이란?

Key Point

가업상속공제를 받기 위한 '가업요건'

| 가업 | • 피상속인이 10년 이상 계속 경영한 기업 • 중소기업 • 중견기업 |

업종 요건
- 한국표준산업분류 또는 개별 법률에 따른 업종 충족

규모 요건
- 중소기업 : 중소기업기본법의 매출액 기준 충족
- 중견기업 : 기간내 평균매출액 5,000억 원 미만

독립성 요건
- 중소기업 : 중소기업기본법의 요건 충족
- 중견기업 : 중견기업 성장촉진에 관한 특별법 충족

자산총액 요건
- 중소기업 : 자산총액 5,000억 원 미만

 **답변(Answer)**

가업상속공제를 받기 위한 가업은 피상속인이 10년 이상 계속하여 경영한 기업을 말합니다.

특히, '중소기업 또는 중견기업'은 ① 상속세 및 증여세법 시행령에 따른 '주된 업종 영위 요건'과 ② 조세특례제한법에 따른 '자산총액, 매출액, 독립성 요건, 관계 법령 요건'을 충족해야 하고, ③ 기업회계기준에 의거 '자산총액 또는 평균매출액 미만'이어야 합니다.

▶ 가업상속공제를 받을 수 있는 '중소기업'

상속세 및 증여세법에서 중소기업은 주된 업종 요건, 자산 규모 요건, 매출액 요건, 독립성 요건 등을 모두 충족해야 합니다.

먼저 가업상속공제를 받을 수 있는 중소기업의 주된 사업 업종[1]은 Ⓐ 한국표준산업분류에 따른 업종(농업, 임업 및 어업, 광업, 제조업, 하수 및 폐기물 처리업, 원료재생업, 환경정화 및 복원업, 건설업, 도매 및 소매업, 운수업, 숙박업, 음식점 및 주점업 중에서 음식점업, 비디오물 감상실 운영업을 제외한 정보통신업, 전문/과학 및 기술서비스업, 사업시설관리 및 사업지원 서비스업, 부동산 임대업을 제외한 임대업 등) 또는 Ⓑ 개

---

1) • 둘 이상의 서로 다른 사업을 영위하는 경우 가업의 경영기간은 가업상속 대상기업의 주된 사업(업종)을 기준으로 판단함(기획재정부 재산세제과-70, 2021.01.21.)
• 가업상속공제는 피상속인이 상속개시일 현재 10년 이상 계속하여 별표에 따른 업종을 주된 사업으로 영위한 기업을 경영한 경우에 적용하는 것이며, 2이상의 서로 다른 사업을 영위하는 경우에는 사업별 사업수입금액이 큰 사업을 주된 사업으로 보는 것임(서면-2019-상속증여-4227[상속증여세과-193], 2021.03.30.)

별 법률에 따른 업종(직업 기술 분야 학원, 조특법상 엔지니어링 사업, 물류산업, 수탁생산업, 자동차정비공장 운영 사업, 선박관리업, 의료기관 운영 사업, 카지노업 및 (관광)유흥음식점업을 제외한 관광사업, 노인복지시설 운영 사업, 재가장기요양기관 운영 사업 등) 중에 어느 하나에 해당해야 합니다.

[한국표준산업분류에 따른 가업상속공제 적용 업종]

표준산업분류상 구분	가업 해당 업종
가. 농업, 임업 및 어업 (01~03)	작물재배업(011) 중 종자 및 묘목생산업(01123)을 영위하는 기업으로서 다음의 계산식에 따라 계산한 비율이 100분의 50 미만인 경우 [제15조 제7항에 따른 가업용 자산 중 토지(「공간정보의 구축 및 관리 등에 관한 법률」에 따라 지적공부에 등록해야 할 지목에 해당하는 것을 말한다) 및 건물(건물에 부속된 시설물과 구축물을 포함한다)의 자산의 가액] ÷ (제15조 제7항에 따른 가업용 자산의 가액)
나. 광업(05~08)	광업 전체
다. 제조업(10~33)	제조업 전체. 이 경우 자기가 제품을 직접 제조하지 않고 제조업체(사업장이 국내 또는 「개성공업지구 지원에 관한 법률」 제2조 제1호에 다른 개성공업지구에 소재하는 업체에 한정한다)에 의뢰하여 제조하는 사업으로서 그 사업이 다음의 요건을 모두 충족하는 경우를 포함한다. 1) 생산할 제품을 직접 기획(고안·디자인 및 견본제작 등을 말한다)할 것 2) 해당 제품을 자기명의로 제조할 것 3) 해당 제품을 인수하여 자기책임하에 직접 판매할 것
라. 하수 및 폐기물 처리, 원료 재생, 환경정화 및 복원업(37~39)	하수·폐기물 처리(재활용을 포함한다), 원료 재생, 환경정화 및 복원업 전체
마. 건설업(41~42)	건설업 전체
바. 도매 및 소매업 (45~47)	도매 및 소매업 전체
사. 운수업(49~52)	여객운송업[육상운송 및 파이프라인 운송업(49), 수상 운송업(50), 항공 운송업(51) 중 여객을 운송하는 경우]
아. 숙박 및 음식점업 (55~56)	음식점 및 주점업(56) 중 음식점업(561)

표준산업분류상 구분	가업 해당 업종
자. 정보통신업 (58~63)	출판업(58)
	영상·오디오 기록물제작 및 배급업(59) 다만, 비디오물 감상실 운영업(59142)은 제외한다.
	방송업(60)
	우편 및 통신업(61) 중 전기통신업(612)
	컴퓨터 프로그래밍, 시스템 통합 및 관리업(62)
	정보서비스업(63)
차. 전문, 과학 및 기술 서비스업 (70~73)	연구개발업(70)
	전문서비스업(71) 중 광고업(713), 시장조사 및 여론조사업(714)
	건축기술, 엔지니어링 및 기타 과학기술 서비스업(72) 중 기타 과학기술 서비스업(729)
	기타 전문, 과학 및 기술 서비스업(73) 중 전문디자인업(732)
카. 사업시설관리 및 사업지원 서비스업(74~75)	사업시설 관리 및 조경 서비스업(74) 중 건물 및 산업설비 청소업(7421)
	사업지원 서비스업(75) 중 고용알선 및 인력 공급업(751, 농업노동자 공급업을 포함한다), 경비 및 경호 서비스업(7531), 보안시스템 서비스업(7532), 콜센터 및 텔레마케팅 서비스업(75991), 전시, 컨벤션 및 행사 대행업(75992), 포장 및 충전업(75994)
타. 임대업: 부동산 제외(76)	무형재산권 임대업(764,「지식재산 기본법」제3조 제1호에 따른 지식재산을 임대하는 경우로 한정한다)
파. 교육서비스업(85)	교육서비스업(85) 중 유아교육기관(8511), 사회교육시설(8564), 직원훈련기관(8565), 기타 기술 및 직업훈련학원(85669)
하. 사회복지 서비스업(87)	사회복지서비스업 전체
거. 예술, 스포츠 및 여가 관련 서비스업(90~91)	창작, 예술 및 여가관련 서비스업(90) 중 창작 및 예술관련 서비스업(901), 도서관, 사적지 및 유사 여가관련 서비스업(902). 다만, 독서실 운영업(90212)은 제외한다.
너. 협회 및 단체, 수리 및 기타 개인 서비스업(94~96)	기타 개인 서비스업(96) 중 개인 간병인 및 유사 서비스업(96993)

* 상기 표 : 상속세 및 증여세법 시행령 [별표] <개정 2022.2.17.>

[개별 법률 규정에 따른 가업상속공제 적용 업종]

가업 해당 업종
가. 「조세특례제한법」 제7조 제1항 제1호 커목에 따른 직업기술 분야 학원
나. 「조세특례제한법 시행령」 제5조 제9항에 따른 엔지니어링사업
다. 「조세특례제한법 시행령」 제5조 제7항에 따른 물류산업
라. 「조세특례제한법 시행령」 제6조 제1항에 따른 수탁생산업
마. 「조세특례제한법 시행령」 제54조 제1항에 따른 자동차정비공장을 운영하는 사업
바. 「해운법」에 따른 선박관리업
사. 「의료법」에 따른 의료기관을 운영하는 사업
아. 「관광진흥법」에 따른 관광사업(카지노업, 관광유흥음식점업 및 외국인전용 유흥음식점은 제외한다)
자. 「노인복지법」에 따른 노인복지시설을 운영하는 사업
차. 법률 제15881호 노인장기요양보험법 부칙 제4조에 따라 재가장기요양기관을 운영하는 사업
카. 「전시산업발전법」에 따른 전시산업
타. 「에너지이용 합리화법」 제25조에 따른 에너지절약전문기업이 하는 사업
파. 「국민 평생 직업능력 개발법」에 따른 직업능력개발훈련시설을 운영하는 사업
하. 「도시가스사업법」 제2조 제4호에 따른 일반도시가스사업
거. 「연구산업진흥법」 제2조 제1호나목의 산업
너. 「민간임대주택에 관한 특별법」에 따른 주택임대관리업
더. 「신에너지 및 재생에너지 개발·이용·보급 촉진법」에 따른 신·재생에너지 발전사업

뿐만 아니라 중소기업이 되려면 ① 자산총액이 5,000억 원 미만이 되어야 하고, ② 매출액이 업종별로 「중소기업기본법 시행령 별표 1」에 따른 규모 기준 이내여야 하며, ③ 계열회사가 아닌 실질적 독립성(「독점규제 및 공정거래에 관한 법률」 제31조 제1항에 따른 공시대상기업집단에 속하는 회사 또는 같은 법 제33조에 따라 공시대상기업집단의 국내 계열회사로 편입·통지된 것으로 보는 회사는 중소기업에 해당하지 않으며, 실질적인 독립성 즉 「중소기업기본법 시행령」제3조 제1항 제2호에 해당)을 띠어야 합니다.

[「중소기업기본법 시행령」 별표1에 따른 중소기업 주된 업종별 평균매출액 한도]

해당 기업의 주된 업종	분류기호	규모 기준
1. 의복, 의복액세서리 및 모피제품 제조업	C14	평균매출액 등 1,500억 원 이하
2. 가죽, 가방 및 신발 제조업	C15	
3. 펄프, 종이 및 종이제품 제조업	C17	
4. 1차 금속 제조업	C24	
5. 전기장비 제조업	C28	
6. 가구 제조업	C32	
7. 농업, 임업 및 어업	A	평균매출액 등 1,000억 원 이하
8. 광업	B	
9. 식료품 제조업	C10	
10. 담배 제조업	C12	
11. 섬유제품 제조업(의복 제조업은 제외한다)	C13	
12. 목재 및 나무제품 제조업(가구 제조업은 제외한다)	C16	
13. 코크스, 연탄 및 석유정제품 제조업	C19	
14. 화학물질 및 화학제품 제조업(의약품 제조업은 제외한다)	C20	
15. 고무제품 및 플라스틱제품 제조업	C22	
16. 금속가공제품 제조업(기계 및 가구 제조업은 제외한다)	C25	
17. 전자부품, 컴퓨터, 영상, 음향 및 통신장비 제조업	C26	
18. 그 밖의 기계 및 장비 제조업	C29	
19. 자동차 및 트레일러 제조업	C30	
20. 그 밖의 운송장비 제조업	C31	
21. 전기, 가스, 증기 및 공기조절 공급업	D	
22. 수도업	E36	
23. 건설업	F	
24. 도매 및 소매업	G	

해당 기업의 주된 업종	분류기호	규모 기준
25. 음료 제조업	C11	평균매출액 등 800억 원 이하
26. 인쇄 및 기록매체 복제업	C18	
27. 의료용 물질 및 의약품 제조업	C21	
28. 비금속 광물제품 제조업	C23	
29. 의료, 정밀, 광학기기 및 시계 제조업	C27	
30. 그 밖의 제품 제조업	C33	
31. 수도, 하수 및 폐기물 처리, 원료재생업(수도업은 제외한다)	E(E36 제외)	
32. 운수 및 창고업	H	
33. 정보통신업	J	
34. 산업용 기계 및 장비 수리업	C34	평균매출액 등 600억 원 이하
35. 전문, 과학 및 기술 서비스업	M	
36. 사업시설관리, 사업지원 및 임대 서비스업(임대업은 제외한다)	N(N76 제외)	
37. 보건업 및 사회복지 서비스업	Q	
38. 예술, 스포츠 및 여가 관련 서비스업	R	
39. 수리(修理) 및 기타 개인 서비스업	S	
40. 숙박 및 음식점업	I	평균매출액 등 400억 원 이하
41. 금융 및 보험업	K	
42. 부동산업	L	
43. 임대업	N76	
44. 교육 서비스업	P	

▶ 가업상속공제를 받을 수 있는 '중견기업'

상속세 및 증여세법에서 중견기업이란 피상속인의 상속개시일(사망일, 실종선고일)이 속하는 세법상 사업연도가 아닌 직전 사업연도 말을 기준으로 ①~③ 요건을 모두 갖춘 중견기업을 말합니다.

중견기업은 ① 상속세 및 증여세법 시행령 별표에 따른 가업상속공제 적용 업종을 주된 사업(중소기업과 동일)으로 하고, ② 조세특례제한법 시행령 제9조 제④항을 충족(중소기업이 아닐 것 & 소유와 경영의 실질적인 독립성이 「중견기업 성장촉진 및 경쟁력 강화에 관한 특별법 시행령」 제2조 제2항 제1호 [1]에 적합할 것)해야 하며, ③ 피상속인의 상속개시일이 속한 연도의 직전 3개 소득세 과세기간 또는 법인세 사업연도 평균매출액(기업회계기준에 따른 손익계산서 매출액)이 5천억 원 미만이어야 합니다.

또한 중견기업인 경우에 한해서는 특이하게 상속인의 상속세 납부능력을 요구하고 있는데 상속재산 중에서 가업상속재산을 제외한 나머지 상

---

1) 「중견기업 성장촉진 및 경쟁력 강화에 관한 특별법 시행령」 제2조 제2항
   1. 소유와 경영의 실질적인 독립성이 다음 각 목의 어느 하나에 해당하지 아니하는 기업일 것
     가. 「독점규제 및 공정거래에 관한 법률」 제31조 제1항에 따른 상호출자제한기업집단에 속하는 기업
     나. 「독점규제 및 공정거래에 관한 법률 시행령」 제38조 제2항에 따른 상호출자제한기업집단 지정기준인 자산총액 이상인 기업 또는 법인(외국법인을 포함한다. 이하 같다)이 해당 기업의 주식(「상법」 제344조의3에 따른 의결권 없는 주식은 제외한다) 또는 출자지분(이하 "주식 등"이라 한다)의 100분의 30 이상을 직접적 또는 간접적으로 소유하면서 최다출자자인 기업. 이 경우 최다출자자는 해당 기업의 주식 등을 소유한 법인 또는 개인으로서 단독으로 또는 다음의 어느 하나에 해당하는 자와 합산하여 해당 기업의 주식 등을 가장 많이 소유한 자로 하며, 주식 등의 간접소유비율에 관하여는 「국제조세조정에 관한 법률 시행령」 제2조 제3항을 준용한다.
       1) 주식 등을 소유한 자가 법인인 경우 : 그 법인의 임원
       2) 주식 등을 소유한 자가 개인인 경우 : 그 개인의 친족

속재산이 상속인이 납부하는 상속세액의 2배를 초과하지 않아야 합니다.

▶ **기타**(과세당국의 제안)

　필자 개인적으로는 가업승계 세제지원 제도에 있어서 중소기업, 중견기업, 대기업 등 기업의 구분은 무의미하다고 생각합니다. 예를 들어 가업상속공제 한도가 최대 600억 원임을 감안할 때 대기업의 최대주주 등은 기업의 규모를 고려하면 자산 또는 주식 가치 즉, 총 상속재산가액 대비 같은 공제액이라도 비율상 가업상속공제를 덜 받게 되는 것인 반면 중소기업의 최대주주 등은 규모에 부합하여 공제를 받게 되는 것이므로 가업승계 지원 목적과 세부담의 수직적 형평성 차원에 반하지 않습니다. 뿐만 아니라 가업승계 세제지원 목적 중에 하나가 신규 고용 창출을 통한 경제발전 도모에 있다고 한다면 현실적으로 대기업을 배제시켜서는 안됩니다.

14. 열네번째 질문(Question)

가업상속공제를 받기 위한
'피상속인과 상속인'의 요건은?

 **Key Point**

가업상속공제를 받기 위한 '피상속인, 상속인 요건'

- 피상속인 및 상속인 요건(법인가업 중심)

피상속인	상속인
• 최대주주로 특수관계인 합산 40% (상장법인 20%) 이상의 지분을 10년 이상 계속 보유 • 기간에 맞게 대표이사로 재직했을 것*	• 만 18세 이상 • 상속개시일 이전 2년 이상 가업에 종사 • 상속세 신고기한 내 임원 취임 및 2년 내 대표이사 취임

*가업영위기간 중 대표이사 재직요건(어느 하나에 해당 필요, 법인등기부 기준)
① 가업영위기간 중에서 50% 이상의 기간 대표이사
② 피상속인의 상속개시일로부터 소급하여 10년 중에서 5년 이상 대표이사
③ 가업영위기간 중에서 피상속인이 10년 이상 대표이사
   (단, 상속인이 대표이사직을 승계하여 승계한 날부터 상속개시일까지 계속 재직한 경우)

 **답변(Answer)**

▶ 피상속인 요건(법인가업 중심)

먼저 ① 피상속인은 상속개시일 현재 국내 거주자이어야 합니다. 또한 ② 피상속인은 최대주주 등 [1]이어야 합니다. ③ 피상속인을 포함한 최대주주 등은 해당 기업의 발행주식 [2]총수의 40% 이상(상장법인은 20% 이상)을 10년 이상 계속 보유했어야 합니다. 뿐만 아니라 법인등기사항전부증명서(법인등기부)를 기준으로 ④ 피상속인은 가업의 영위기간 중에서 이하 표의 하나에 해당하는 기간을 '대표이사'로 재직했어야 합니다.

[대표이사(대표자) 재직 기간]   * 아래 표에서 하나만 만족하면 됨

> ① 가업의 영위 기간 중에서 50% 이상의 기간 동안 대표이사로 재직
> ② 피상속인의 상속개시일로부터 소급하여 10년 중에서 5년 이상 대표이사로 재직
> ③ 가업의 영위 기간 중에서 피상속인이 10년 이상 대표이사로 재직
>   (단, 상속인이 대표이사직을 승계하여 승계한 날부터 상속개시일까지 계속 재직한 경우에 한함)

* 기타 : 법인등기부에 대표이사 등재 기준으로 판단, 공동대표이사 재직기간도 대표이사 재직기간으로 인정

---

1) 최대주주 등 : 최대주주 또는 최대출자자를 말함
2) • 최대주주 등의 지분요건 : 주주 1인과 그의 특수관계인의 보유주식 등을 합하여 보유주식 등의 합계가 가장 많은 경우, 해당 주주 1인(최대주주)과 그의 특수관계인 지분을 합친 것을 말함(상속세 및 증여세법 시행령 제19조 제②항)
 • 최대주주 등 보유주식과 발행주식 총수에 '자기주식과 의결권 없는 주식인 우선주는 제외'함(상속증여세과-154, 2014.5.23 ; 서면-2017-상속증여-3473, 2018.3.2)

▶ 상속인 요건(법인가업 중심)

상속인은 우선 ① 만 18세 이상이어야 합니다. ② 피상속인의 상속개시일 전에 2년 이상 직접 가업에 종사[1]해야 합니다(단, 피상속인이 65세 이전에 사망하거나 천재지변 등 부득이한 사유가 있을 경우에는 2년이 안되어도 가능하며, 병역·질병·취학의 사유로 가업에 종사하지 못했다면 사유종료 후 재입사 시 사유발생일 전 가업에 종사했던 기간을 포함합니다). ③ 상속인은 상속세 신고기한(피상속인이 돌아가신 날의 말일로부터 6개월 이내)까지 회사에 '임원'으로 취임하고, ④ 상속세 신고기한으로 부터 2년 이내에 '대표이사'[2]로 취임해야 합니다(참고로 상속인의 배우자가 위 ①, ②, ③, ④ 항목을 모두 갖춘 경우에는 상속인이 그 요건을 갖춘 것으로 간주합니다). 추가적으로 해당 가업이 ⑤ 중견기업인 경우 상속인의 상속세 납부능력을 요구하고 있는데 상속재산 중에서 가업상속재산을 제외한 나머지 상속재산이 상속인이 납부하는 상속세액의 2배를 초과하지 않아야 합니다.

---

1) 상속인이 중도 퇴사한 후 다시 입사한 경우 재입사전 가업에 종사한 기간은 포함됨
2) • 2016년 2월 5일 이후 : 1개의 가업을 2인이 공동대표이사로 상속한 경우 가업승계 요건을 갖췄다면 충족한 자의 승계 지분에 대해 가업상속공제 적용(공동상속 허용)
 • 대표이사로 취임한 경우는 상속인이 대표이사로 선임되어 법인등기부에 등재되고 대표이사직을 수행하는 경우를 말하는 것(재산-166, 2010.3.18.)

▶ 피상속인 및 상속인 공통 배제 사항(상속세 및 증여세법 제18조 제⑨항)

피상속인의 상속개시일 전 10년 이내 또는 상속개시일 이후 5년 이내에 「조세범처벌법」 제3조 제①항과 「주식회사 등의 외부감사에 관한 법률」 제39조 제①항에 의거하여 피상속인과 상속인이 가업의 경영과 관련하여 조세포탈(부정행위로 조세를 환급받거나 공제받는 것 포함), 회계부정행위(분식회계, 주요 사항 기재 누락 등)으로 징역형 또는 벌금형을 선고받고 형이 확정되는 경우에는 가업상속공제를 받을 수 없거나 가업상속공제를 배제하여 계산된 상속세 및 이자상당액이 추징됩니다.

▶ 피상속인 및 상속인 요건 관련 제출할 서류(법인가업 중심)

가업상속공제를 받고자 하는 상속인은 상속세 신고기한 이내에 ① 상속세 과세표준 신고서 및 ② 가업상속공제신고서(중소기업 검토표 포함), ③ 가업상속재산 명세서, ④ 가업용 자산 명세서, ⑤ 주식 또는 출자지분을 발행한 법인의 상속개시일 현재와 직전 10년간(10년의 사업연도)의 주주현황표, ⑥ 상속인이 가업에 종사했다는 사실을 입증할 서류 일체를 관할 세무서장에게 제출하여야 합니다.

15. 열다섯번째 질문(Question)

가업상속공제의 사후관리요건이란?

Key Point

가업상속공제의 '사후관리요건'

가업상속공제를 받은 뒤 사후관리기간(5년) 내 정당한 사유없이 아래 사항을 위반하면 이자상당액을 포함한 상속세가 추징됩니다.

사후관리요건 위반사항

1. 가업용 자산의 40% 이상 처분
2. 상속인이 가업에 종사하지 않은 경우
3. 주식을 상속받은 상속인의 지분이 감소한 경우
4. 고용유지 조건*을 충족하지 못하는 경우

---

* 고용유지 조건
  - 5년간의 전체 평균 정규직 근로자수 또는 평균 총급여액이 기준조건의 90% 이상

* 기준조건
  - 상속개시일 직전 2년의 소득세 과세기간 또는 법인세 사업연도의 정규직 근로자수 평균과 총급여액 평균

 답변(Answer)

가업상속공제를 적용받으려고 하는 분들께 가업상속공제제도의 '사후관리요건'을 설명드리면 고개를 절래절래 하십니다. 아무튼 '사후관리요건(추징사유요건)'을 하나 하나씩 살펴보도록 하겠습니다.

▶ **사후관리기간**

2008년 1월 부터 2019년 12월 31일 까지 상속이 개시되어 가업상속공제를 받았을 경우의 사후관리기간은 10년 이었고, 2020년 1월 1일부터 2022년 12월 31일까지 상속이 개시된 경우 가업상속공제를 적용받았을 때는 7년, 2023년 1월 1일부터 상속이 개시되어 가업상속공제를 받았을 때는 5년으로 사후관리기간이 축소되었습니다.

2023년 이후 상속이 개시되어 가업상속공제를 받는 경우를 가정하여 설명드리면 가업상속공제를 받은 상속인이 피상속인의 상속개시일부터 5년 이내(정규직 근로자 수 및 총급여액 관련 사후관리기간은 피상속인의 상속개시일이 속한 소득세 과세기간 또는 법인세 사업연도의 말일로부터 5년 이내)에 정당한 사유 없이 이하의 어느 하나에 해당하면 상속세와 이자상당액을 추징합니다.

▶ **사후관리요건(추징사유요건)**

사후관리요건(추징사유요건)은 다음과 같습니다. ① 가업용 자산[1]의 40% 이상을 처분한 경우, ② 상속인이 대표이사로 종사하지 아니하는 경우, ③ 가업의 주된 업종을 변경하는 경우(한국표준산업분류상 대분류 내에서 허용 예정), ④ 가업을 1년 이상 휴업하거나 또는 1년 이상 실적이 없거나, 폐업하는 경우, ⑤ 상속인이 상속받은 주식을 처분하는 경우(지분이 감소한 경우), ⑥ 유상증자 등을 할 때 상속인이 실권 등의 이유로 지분율이 감소한 경우, ⑦ 상속인과 특수관계자들이 주식 등을 처분하거나 유상증자할 때 실권하여 상속인이 최대주주 등에 해당하지 않게 된 경우, ⑧ 사후관리기간 5년간의 전체 평균 기준 '정규직 근로자[2] 수의 평균' 또는 '총급여액의 전체 평균'이 '기준고용인원[3]' 또는 '기준총급여액[4]'의 90%에 미달하는 경우입니다.

---

1) 가업용 자산이란 개인가업은 상속재산 중에서 가업에 직접 사용된 토지, 건축물, 기계장치 등 사업용 자산을 의미하고, 법인가업은 가업법인의 사업에 직접 사용되는 사업용 고정자산(사업무관 및 업무무관 자산은 제외)을 의미함
2) 정규직 근로자 : 분할에 따라 가업에 해당하는 법인의 정규직 근로자의 일부가 다른 법인으로 승계되어 근무하는 경우 그 정규직 근로자는 분할 후에도 가업에 해당하는 법인의 정규직 근로자로 보며, 합병에 따라 다른 법인의 정규직 근로자가 가업에 해당하는 법인에 승계되어 근무하는 경우 그 정규직 근로자는 상속이 개시되기 전부터 가업에 해당하는 법인의 정규직 근로자였던 것으로 간주함(서면-2016-법령해석재산-5183, 서면-2015-법령해석재산-1858)
3) 기준고용인원 : 상속개시일이 속하는 소득세 과세기간 또는 법인세 사업연도의 직전 2개 소득세 과세기간 또는 법인세 사업연도의 정규직 근로자 수의 평균
4) 기준총급여액 : 상속개시일이 속하는 소득세 과세기간 또는 법인세 사업연도의 직전 2개 소득세 과세기간 또는 법인세 사업연도의 총급여액의 평균

▶ **사후관리요건(추징사유요건)에 해당할 경우 '추징세액'**

가업상속공제를 받은 이후에 정당한 사유 없이 사후관리요건(추징사유요건)에 해당할 경우에는 상속세 및 증여세법 시행령 제15조 제15항에 의거하여 가업상속공제금액에서 '기간별 추징율'을 곱한 금액을 상속개시 당시 상속세 과세가액에 산입한 후 재계산하여 상속세를 산출합니다. 뿐만 아니라 추징사유 발생일까지의 이자상당액을 합쳐 추징사유 발생일이 속하는 달의 말일로 부터 6개월 이내에 추징사유요건 신고 및 자진납부 계산서를 관할 세무서장에게 제출하고 재계산된 상속세와 이자상당액을 납부하면 됩니다. 이러한 절차를 수행하지 않을 경우 무신고가산세 또는 납부지연가산세가 추가적으로 부과될 수 있습니다.

▶ **상속세가 추징되지 않는 '정당한 사유'란?**

첫 번째는 가업용 자산을 처분할 정당한 사유가 있을 경우(공익사업에 따른 수용 또는 협의 매수와 국가 등에 양도하는 경우, 국가 등에 증여하는 경우, 법인전환 등 조직변경이 이뤄지는 경우, 내용연수가 지난 가업용 자산을 처분하는 경우, 자산을 대체취득하는 경우, 가업용 자산의 처분 금액을 조특법에 따른 연구 및 인력개발비로 사용하는 경우), 두 번째는 가업에 종사하지 못하는 정당한 사유(가업상속인이 사망한 경우, 병역/질병/요양 등 부득이한 사유가 있을 경우), 세 번째는 상속인의 지분이 감소할만한 정당한 사유가 있는 경우(자본시장법에 따라 상장기업(상장요건)이 되기 위해 불가피하게 지분이 감소되는 경우, 법원에 결정에 따라 무상으로 감자하거나 채무를 출자전환하는 경우)에는 상속세 및 이자상당액이 추징되지 않습니다.

16. 열여섯번째 질문(Question)

5년간 사후관리요건만 충족하면 별다른 세금 문제는 없겠죠?

 **Key Point**

가업상속공제를 받은 후 상속인의 재산 취득가액

[본문에서]

> '가업상속공제는 공짜가 아닙니다.' 만약 가업상속재산으로 상속인(자녀)이 공장건물 및 토지를 상속받았다고 가정해보겠습니다. 돌아가신 아버지가 공장건물 및 토지를 10억 원에 샀고, 해당 부동산은 사망 당시 100억 원이었으며 가업상속공제를 적용받아 상속세를 하나도 내지 않았다고 가정(가업상속공제 적용률 100%)하면, 아버지가 돌아가시고 나서 5년 뒤에 자녀가 부동산을 150억 원에 매각할 때, 자녀는 양도차익 140억 원(양도가액 150억 원 - 상속인 자녀의 재산 취득가액 10억 원)에 대한 양도소득세를 내야합니다.

가업상속공제를 받는 상속인(자녀)의 재산 취득가액
= [피상속인의 취득가액 × 가업상속공제 적용률*] +
　[상속개시일 현재 해당 자산가액 × (1 - 가업상속공제 적용률)]
= [10억 원 × 100%] + [100억 원 × (1 - 100%)]
= 10억 원

* 가업상속공제 적용률 = 가업상속공제 금액 ÷ 가업상속재산가액

 **답변(Answer)**

아닙니다. 5년간 사후관리요건을 모두 충족했다고 하더라도 가업상속인의 가업상속재산을 처분할 때 '소득세' 문제가 발생할 수 있습니다.

예를 들어 설명하면 공장건물 및 토지를 아버지가 20년 전 10억 원에 취득하여 소유하고 있다가 사망하였습니다. 아버지의 상속개시일을 기준으로 보면 공장건물 및 토지의 세법상 시가는 100억 원이었습니다.

만약 일반적인 상황이라면 자녀는 공장건물 및 토지 100억 원에 대한 상속세를 냈습니다. 아버지가 돌아가시고 나서 5년 뒤에 자녀는 공장건물 및 토지를 150억 원에 팔았습니다. 이때 자녀는 양도차익 50억 원(양도가액 150억 원 - 상속으로 인한 취득가액 100억 원)에 대한 양도소득세를 낼 것입니다. 왜냐하면 자녀는 공장건물 및 토지에 대해 100억 원에 대한 상속세를 냈기 때문에 공장건물 및 토지에 대한 자녀의 취득가액이 100억 원이 되는 것은 당연한 것입니다.

그러나 '가업상속공제는 공짜가 아닙니다.' 만약 가업상속재산으로 자녀가 공장건물 및 토지를 상속받았다고 가정해보겠습니다. 돌아가신 아버지가 공장건물 및 토지를 10억 원에 샀고, 해당 부동산은 사망 당시 100억 원이었으며 가업상속공제를 적용받아 상속세를 하나도 내지 않았다고 가정(가업상속공제 적용률 100%) 하면, 아버지가 돌아가시고 나서 5년 뒤에 자녀가 부동산을 150억 원에 매각할 때, 자녀는 양도차익 140억 원(양도가액 150억 원 - 상속인 자녀의 재산 취득가액 10억 원)에 대한 양도소득세를 내야합니다. 가업상속공제를 받은 재산의 세법상 취득가액은 아래와 같이 계산합니다.

[가업상속공제를 받은 후 상속인의 재산 취득가액]

가업상속공제를 받는 상속인(자녀)의 재산 취득가액
= [피상속인의 취득가액 × 가업상속공제 적용률*] +
  [상속개시일 현재 해당 자산가액 × (1 - 가업상속공제 적용률)]
= [10억 원 × 100%] + [100억 원 × (1 - 100%)]
= 10억 원

* 가업상속공제 적용률 = 가업상속공제 금액 ÷ 가업상속재산가액

    가업상속공제로 받은 재산은 돌아가신 아버지와 자녀를 하나의 유기체로 보아 당장은 상속세가 나오지 않더라도 나중에 가업상속재산을 매각하는 시점에 정산하여 소득세로 내는 개념입니다. 즉, 가업상속공제를 통해 상속세는 줄일 수 있지만, 향후 상속인들이 소득세로 세금을 납부하는 이월과세 형태를 띱니다.

세부 Q&A - 가업상속공제

* 아래 사항은 단순 참고용 자료이며,
  납세자(관계자 포함)들의 개별적인 사항에 따라 세법 적용이 달라질 수도 있음을 꼭 명심하여 주시기 바랍니다.

구분	질의	회신 (공적 의견)	근거
기업요건	(개별기업과) 관계기업이 가업상속되는 경우 중소기업 매출액 기준은?	개별기업의 매출액으로만 중소기업 판단	기획재정부 재산세제과-441, 2017.07.20 상증 서면-2016-상속증여-356 2019.5.28
기업요건	중견기업 매출액 판단시 종속기업의 매출액이 포함되는지?	연결재무제표 매출액이 아님 → 종속법인의 매출액 미포함	상증, 서면-2017-법령해석재산-0299 2017.04.12
기업요건	가업상속공제 대상 중소기업의 중소기업 여부 평가일?	상속개시일이 속한 과세연도의 직전 과세연도말 기준	상증, 재산세과-562, 2011.11.28
업종요건	2개 이상의 서로 다른 사업을 영위하는 경우 주된 사업(업종) 평가 기준?	사업수입금액이 큰 사업이 주된 사업(업종) → 주된 사업(업종)을 10년 이상 영위 必	상증, 재산세과-562, 2011.11.28
기타	가업상속공제와 배우자상속공제의 중복 가능?	요건 충족시 가업상속공제와 배우자상속공제 모두 가능	기획재정부 재산세제과-254, 2018.03.22
기타	아버지의 A가업 → 장남 상속, 어머니의 B가업 → 장남 상속, 모두 가업상속공제 가능?	요건 충족시 두 기업 모두 장남이 가업상속공제 가능	상증, 서면법규과-487, 2014.05.15
기타	상속세 신고기한까지 가업상속공제를 신청하지 못하였으나, 재산분할 확정 후 관련 서류 제출시 가업상속공제 적용 가능?	(원칙) 상속세 신고기한까지 관련 서류를 제출해야 가업상속공제를 적용받을 수 있는 것 (예외) 상속인 또는 제3자와의 분쟁으로 '상속회복청구소송' 또는 '유류분반환청구소송' 이 있어 상속세 신고기한까지 서류를 제출하지 못한 경우에는 '확정판결이 있는 날로 부터 6개월 이내 해당 서류를 제출한 경우' 가업상속공제 적용 가능	상증, 서면-2021-법규재산-358 [법규과-2763], 2022.09.28
지분요건	피상속인의 지분요건은 어떻게 계산?	피상속인과 그의 특수관계인의 주식 등을 합하여 지분요건 계산	사전-2020-법령해석재산-082 2021.06.07
지분요건	지분요건(지분율) 계산시 발행주식 총수에 자기주식은?	자기주식은 발행주식 총수에서 제외	상증, 상속증여세과-154, 2014.05.23

구분	질의	회신 (공적 의견)	근거
지분요건	의결권 없는 우선주의 가업상속공제 적용 시 발행주식 등에 포함할까?	의결권 없는 우선주는 발행주식 총수 및 피상속인 보유주식수에서 제외	상증, 서면-2017-상속증여-3473 [상속증여세과-114], 2018.03.02
지분의 간접보유	거주자 갑이 중소기업 A법인과 B법인의 최대주주로 지분 40% 이상을 10년 이상 보유 & 두 법인의 대표이사로 계속 경영하다가 B법인의 주식 전부를 A법인에 양도하여 B법인은 A법인의 완전자회사가 된 상태에서 갑이 사망하는 경우 B법인에 대해서 상속인이 가업상속공제를 받을 수 있을까?	B법인이 A법인의 완전자회사가 된 상태에서 갑의 사망에 따라 상속이 개시되는 경우 B법인은 갑의 가업에 해당되지 않는 것 (B법인 관련 가업상속공제 불가)	상증, 서면-2023-법규재산-0749 [법규과-2049], 2023.08.08
피상속인 요건	피상속인이 상속개시일 6개월 전부터 가업에 종사하지 않았는데 가업상속공제 적용 가능?	1. 원칙 : 상속개시일 현재 가업에 종사하지 아니한 경우에는 가업상속공제 적용 안됨	상증, 기획재정부 재산세제과-655, 2010.07.08
피상속인 요건		2. 예외 : 건강상 이유로 상속개시일 현재 불가피하게 가업에 종사못했다면 가업상속공제 가능	상증, 기획재정부 재산세제과-741 2014.11.14
가업영위 요건	피상속인의 가업경영기간 판단 기준은?	가업의 경영기간은 가업상속대상 기업의 '주된 사업(업종)'을 기준으로 판단함	기획재정부 재산세제과-70, 2021.01.21 서면-2017-상속증여-3054, 2021.03.31
가업영위 요건	(제조업 → 도매업) 주된 업종을 변경한 경우 가업영위기간 10년 이상의 기산일은?	주된 업종을 변경한 후 (도매업의) 재화나 용역을 최초로 공급한 날을 기산일로 함	서면-2015-법령해석재산-0227, 2015.10.28
가업영위 요건	가업상속공제 적용시 10년 이상 중소기업으로 유지되어야 하는지?	가업이란 피상속인이 10년 이상 계속하여 중소기업으로 유지 경영한 기업을 말하는 것	상증, 상속증여세과-575, 2013.10.14
가업영위 요건	본점과 지점이 있는 경우 가업영위기간의 판단 기준은?	본점을 기준으로 10년 이상 계속 가업영위 필요	상증, 서면-2017-상속증여-1602 [상속증여세과-566], 2020.07.29
가업영위 요건	(법인전환 하였음) 개인사업자로서의 가업영위기간도 포함되는지?	개인사업체를 동일업종의 법인으로 전환 시 개인사업체 가업운영기간을 포함함	서면-2017-법령해석재산-0561, 2017.06.30
가업영위 요건	인적분할할 경우 (새로 생긴) 분할신설법인의 사업영위기간은?	분할신설법인의 사업영위기간은 분할 전 분할법인의 사업개시일부터 계산	서면-2020-상속증여-4593 [상속증여세과-957], 2020.12.31
가업영위 요건	10년 이상 영위한 합병법인과 합병법인의 자회사가 합병할 경우 가업영위기간은?	합병법인을 기준으로 가업영위기간 계산 (10년 이상 가업영위기간 인정)	서면-2020-상속증여-4593 [상속증여세과-957], 2020.12.31

구분	질의	회신 (공적 의견)	근거
가업영위 요건	10년 이상 영위한 법인과 10년 미만의 법인이 합병할 경우 합병신설법인의 가업영위기간 기산일은?	합병신설법인이 합병 후 사업을 개시한 날부터 시작(10년 이상 가업영위기간 불인정)	상증, 상속증여세과-170, 2014.05.30
대표이사 요건	피상속인이 상속개시일 현재 대표이사여야만 하는가?	대표이사 재직요건은 가업영위기간을 전체로 따져서 판단할 문제로 상속개시일 현재 피상속인이 대표이사로 재직하지 않은 경우도 가업상속공제 적용 가능	상증, 재산세과-463, 2011.09.3
대표이사 요건	피상속인이 공동대표인 경우에도 적용되나?	상속인과 피상속인이 공동대표이사로 재직한 경우에도 적용	상속증여세과-579, 2013.10.14 상증, 서면-2015-상속증여-012 2015.06.09
상속인 요건	피상속인의 가업자산을 공동으로 상속받아도 가업상속공제 대상이 될까?	피상속인의 1개 기업 주식을 상속인 여러 명이 공동상속한 경우 뿐만 아니라 2개 기업인 경우라도 기업별 가업상속공제 허용	2016년 2월 25일 이후부터
상속인 요건	상속받은 가업법인 주식 중 일부만 가업상속공제 가능한지?	상속받은 가업법인 주식 중 일부만 가업상속공제 받는 것으로 선택 가능 * 가업상속공제 받지 않은 주식은 사후관리기간 이내에 처분하여도 상속세 추징대상 아님	상증, 서면-2019-법규재산-298 [법규과-3672], 2022.12.22
상속인 요건	상속인이 '비거주자'일 때 가업상속공제 가능?	1. 피상속인 : 반드시 '거주자'여야 함 2. 상속인 : 가업상속공제 요건을 갖췄다면 '비거주자'도 공제 적용 가능	국조, 서면-2019-법규국조-422 [법규과-1206], 2022.04.14
상속인 요건	(피상속인 사망 이전) 상속인이 중도퇴사하고 재입사했을 때 2년 요건?	상속개시일 전 중도퇴사한 후 재입사 하는 경우 중도퇴사 전 근무기간을 포함하여 가업종사기간 계산	상증, 서면-2020-상속증여-01 [상속증여세과-489], 2020.06.29
상속인 요건	상속인이 가업에 종사하다가 군복무로 일시 휴직하는 경우 2년 요건?	군복무로 인해 휴직한 후 군복무를 마치고 재입사하는 경우 휴직 전 근무기간을 포함하여 가업종사기간 계산 * 참고 : 군 복무 기간 자체를 가업종사기간으로 인정해 주는 것은 아님	상증, 재산세과-741, 2010.10.11
상속인 요건	상속인이 하청업체 대표이사로 재직하는 경우 가업에 종사했다고 할 수 있나?	피상속인 상속개시일 2년 전 부터 상속인이 가업의 하청업체로 대표이사로 재직한 경우 직접 가업에 종사했다고 볼 수 있음	상증, 재산세과-649, 2010.08.
상속인 요건	상속인이 감사로 종사한 경우에도 가업에 종사했다고 볼 수 있나?	상속인이 상속개시일 전 2년 전부터 계속하여 감사로서 가업에 종사했다면 직접 가업에 종사한 것으로 볼 수 있음	상증, 재산세과-3145, 2008.10.07

구분	질의	회신 (공적 의견)	근거
상속인 요건	피상속인, 상속인 대표이사 여부 판단은?	대표이사로 선임(주주총회)되고, 법인등기부등본에 등재하여야 하며, 대표이사직을 수행(실질)하는 경우 대표이사 영위기간 및 취임한 것으로 봄	상속세 및 증여세 집행기준 18-15-4
상속인 요건	상속인 1명이 가업의 전부를 상속받았으나 공동대표이사에 취임하는 경우 공제 가능?	가업상속공제 가능	상증, 재산세과-2975, 2008.09.29
상속인 요건	상속인 요건 중 대표이사 취임요건에서 상속개시 전 대표이사(피상속인과 공동대표이사)인 경우에도 공제 가능?	가업상속공제 가능	상증, 서면-2017-법령해석재산-1278[법령해석과-2722], 2018.10.16
상속인 요건	상속개시 후 상속인 1인이 특수관계 없는 자와 공동대표이사로 취임한 경우에도 공제 가능?	가업상속공제 가능	상증, 재산세과-495, 2009.10.19
상속인 요건	1개 가업을 2인의 상속인이 공동상속한 경우에도 대표이사로 취임하는 등 가업승계요건을 갖췄다면 가업상속공제 가능?	가업상속공제 가능	상증, 서면-2017-상속증여-1634, [상속증여세과-753], 2017.7.10
가업상속 재산액 계산	특수관계인인 임직원에게 지급한 가지급금은 업무무관자산에 해당하는지?	업무무관가지급금(특수관계인 대여금)은 사업무관자산에 해당	상증, 서면-2020-법령해석재산-2768[법령해석과-3308], 2020.10.15
가업상속 재산액 계산	A법인이 동종 업종인 B법인의 주식을 가지고 있을 때 A법인이 보유한 B법인 주식은?	사업무관자산에 해당	상증, 서면-2016-상속증여-4450 [상속증여세과-00962], 2016.08.31
가업상속 재산액 계산	자회사 주식의 가업상속공제 여부?	자회사 주식은 사업무관자산에 해당	상증, 서면-2022-상속증여-0750 [상속증여세과-271], 2022.05.13
가업상속 재산액 계산	여러 개의 법인을 상속받는 경우 가업상속공제액 계산방법은?	가업상속공제액을 계산함에 있어 상속인 1인이 가업에 해당하는 수개 법인의 주식을 전부 상속받는 경우 (여러 법인을 합한) 전체 법인 주식가액 합계액을 기준으로 계산	상증, 재산세과-1118, 2009.12.24
가업상속 재산액 계산	가업상속재산 계산시 법인세법을 적용받는 가업인 경우 법인의 영업활동과 관련 없이 보유한 주식, 채권, 금융상품은?	사업무관자산에 해당	상증, 서면-2019-상속증여-1446, 2019.10.07

구분	질의	회신 (공적 의견)	근거
가업상속 재산액 계산	만기 3개월 이내 금융상품(주식, 채권 등)과 만기 3개월 초과 금융상품(주식, 채권 등)?	- 만기 3개월 이내 금융상품은 '현금'으로 포함하여 과다보유현금 기준으로 공제 판단 - 만기 3개월 초과 금융상품은 업무관련성으로 평가하여 사업무관자산 여부 판단	상증, 서면-2015-법령해석재산-1287[법령해석과-2534], 2015.10.01
가업상속 재산액 계산	가업에 직접 사용되는 사업용자산의 '임차보증금'이 가업상속공제 재산에 해당될까?	사업용 자산의 임차보증금은 '가업상속공제 대상 상속재산'에 속함	상증, 기획재정부 재산세제과-13, 2022.10.21
사후관리 요건	해외현지법인에서 해외현지법인의 업무에만 종사하는 사람은 사후관리 '정규직 근로자 인원과 급여'에 포함되는지?	가업법인이 100% 지분을 보유하고 있는 해외현지법인에서 해외현지법인 업무만 하고 있는 근로자는 정규직 근로자 인원에 미포함(급여 또한 미포함)	상증, 서면-2021-법령해석재산-2053[법령해석과-3411], 2021.9.30
사후관리 요건	피상속인 상속개시일 2년 이전 부터 근무한 가업상속인도 '정규직 근로자 인원'에 포함되는지?	정규직 근로자 수에는 상속개시전부터 가업기업에서 정규직 근로자로 근무한 가업상속인도 '정규직 근로자 인원'에 포함	상증, 서면-2016-법령해석재산-5690[법령해석과-1534], 2019.06.18
사후관리 요건	가업상속공제를 받은 후 사후관리기간 이내에 합병이 발생하는 경우 정규직 근로자 관련 기준고용인원 수 계산은?	합병 후 가업법인의 기준고용인원은 합병으로 가업법인이 승계한 다른 법인의 정규직 근로자 인원을 합하여 기준고용인원 계산	상증, 서면-2017-상속증여-291[상속증여세과-491], 2020.06.
사후관리 요건	피상속인이 영위한 사업의 업종이 2이상인 경우 가업상속공제 받은 이후 사후관리기간에 '주된 업종 변경 판단'은?	사후관리기간 중 동일한 사업장에서 2개 이상의 서로 다른 업종을 영위하는 경우 주된 업종 및 변경 판단은 '사업수입금액'이 큰 사업으로 평가함	상증, 재산세과-270, 2012.07.2
사후관리 요건	공제 이후 법인의 자기주식 처분시 상속인 지분 감소 여부 판단은?	주식발행법인이 보유하는 자기주식은 발행주식총수에서 제외하는 것이므로 자기주식 처분 후에도 상속인이 최대주주 등에 해당하는 경우에는 상속인의 지분감소에 해당하지 않음	상증, 서면법규과-763, 2014.07.18
사후관리 요건	사후관리기간 이내에 균등유상감자를 하는 경우 추징 여부?	[국세청] 추징사유에 해당함(지분 감소로 봄)	상증, 서면법규과-959, 2013.09.05 상증, 기획재정부 재산세제과-15, 2022.12.23
가업상속 재산액 계산		[조세심판원] 균등유상감자 후에도 지분율이 유지되었다면 지분이 감소한 경우 아님	조심2017부5161, 2018.3.26

구분	질의	회신 (공적 의견)	근거
사후관리 요건	개인기업을 가업상속공제를 받고 사후관리 기간에 현물출자 등의 방법으로 법인전환하는 경우 상속세 추징여부?	개인기업체를 상속받아 가업상속공제를 받은 후 가업상속재산을 현물출자 등(포괄양수도방법 포함)으로 법인전환하는 경우에는 상속세 추징사유에 해당하지 않음	상증, 재정경제부 재산세제과-1563, 2007.12.31
사후관리 요건	가업승계 주식 증여세 과세특례를 적용받은 후 가업상속공제를 적용받을 수 있을까?	가업상속공제 요건(기업, 지분, 피상속인, 상속인)을 갖추고 가업승계 주식 증여세 과세특례를 적용받은 주식 등을 처분하지 않고 지분율이 낮아지지 않은 경우로서 가업에 종사하거나 대표이사로 재직하고 있다면 가능	조세특례제한법 시행령 제27조의6 제9항
사후관리 요건	가업상속공제를 받은 상속인(A)이 상속개시일 5년 이내에 공동으로 가업상속공제를 받은 다른 상속인(B)에게 주식 등을 양도하여 지분이 감소하는 경우?	가업상속공제를 받은 공동상속인간 5년 이내 지분을 양도하여 지분이 감소한 경우 가업상속공제 사후관리규정 위반으로 상속세가 추징됨	상증, 서면-2022-법규재산-1704 [법규과-2246], 2023.09.01
사후관리 요건	가업상속공제 고용유지 의무 관련 기준고용인원 및 기준총급여액 계산시 가업기업에서 근무한 '최대주주 및 그 친족'은 포함될까? 그렇다면 정규직 근로자 인원(급여액)에는 포함될까?	- 상속개시 전부터 가업기업에서 정규직 근로자로 근무한 '가업기업의 최대주주 및 친족'은 기준고용인원과 기준총급여액 계산시 포함 - 정규직 근로자 인원의 평균을 계산할 때 가업기업의 대표자는 대표자가 된 날이 속하는 월부터 정규직 근로자 인원과 총급여액(평균)에서 제외	상증, 서면-2021-법규재산-8408 [법규과-760], 2023.03.24 상증, 서면-2022-법규재산-4691 [법규과-668], 2023.03.15 상증, 서면-2022-법규재산-0547 [법규좌-667], 2023.03.15
사후관리 요건	가업상속공제 사후관리시 정규직 근로자의 범위	가업상속공제 고용유지 의무상 '정규직 근로자'의 범위 : 근로계약기간은 1년 이상을 의미하는 것이나 개인사정 등으로 1년 미만을 근무하고 퇴직한 근로자를 포함할 수도 있음(사실 판단 사항)	상증, 서면-2021-법규재산-4357 [법규과-220], 2022.01.19
사후관리 요건	1년 단위로 근로계약을 체결하는 외국인근로자는 기준고용인원과 정규직 근로자 인원에 포함될까?	고용노동부로 부터 근로계약기간 등을 승인받아 1년 단위로 계약을 체결하는 외국인근로자도 정규직 근로자 인원에 해당 (기준고용인원 및 정규직 근로자 인원에 포함)	상증, 서면-2021-법규재산-8408 [법규과-760], 2023.03.24
납부관련	가업상속공제 사후관리규정 위반으로 추징세액 신고시 연부연납 적용이 가능할까?	사후관리규정 위반으로 추징세액 신고시 해당 추징세액에 대해 연부연납기간 특례 요건에 부합한다면 '연부연납' 가능	상증, 서면-2021-법규재산-6258 [법규과-2279], 2023.09.05

신탁 활용 ③

1인 기업과 후계자가 정해졌을 때, 유언대용신탁을 활용한 가업승계

질문(Question)

저는 중소기업인 (주)○○물류(화물운송업)의 재무이사입니다. 회장님(지분 100% 보유)을 20년간 모시고 있고, 우리 기업은 가업을 승계할 후계자가(둘째 아들, 법인등기부에 대표이사로 등기, 지분 없음) 정해진 상황입니다. 그런데 회장님은 현재 후계자에게 지분을 넘기지 않고, 본인이 돌아가신 후 사모님에게 20%, 나머지는 후계자인 둘째 아들에게 80%를 넘기시려고 하십니다.

 답변(Answer)

▶ 후계자가 있다는 것만으로도 행운

　우선, 후계자가 정해졌다는 사실만으로도 참 다행이라고 말씀드리고 싶습니다. IBK경제연구소 연구원 기고[1]에 따르면 중소기업 경영자 중에서 59%가 가족, 친족에게 가업을 넘겨주려 하지만 28%는 마땅한 후계자가 없다고 토로하였으며, 최근 중소기업 창업주들의 2세들은 힘들고 열악한 기존 사업을 이어받기보다는 사업을 축소하거나 정리해서 부동산 임대사업자로 변신하고 싶어한다고 합니다.

　일례로 '산○○어' 인형으로 유명했던 완구업체 ○○실업은 인형 수출로 1977년 설립 이후 30년간 흑자 행진을 이어온 탄탄한 알짜 기업이었으나 창업주의 2세들 중에서 어느 누구도 회사를 맡을 생각이 없었고, 전문경영인 영입 및 내부 육성에도 어려움을 겪었으며, ○○실업을 인수할 만한 규모의 회사도 나타나지 않아 결국 폐업하고 말았습니다[2].

---

1) 서울파이낸스, '중소기업 경영후계자의 기업가 정신을 일깨우자', 2018년 7월 27일 기사
2) 한국경제, '평생 일군 기업, 상속세 무서워 팝니다', 2019년 4월 14일 기사

▶ 사전 준비 : 회장님과 후계자인 둘째 아들과의 '신뢰와 협력' 관계 구축

감히, 예측하건대 후계자인 둘째 아들이 대표이사로 선임되었음에도 불구하고, 회장님이 본인 지분을 증여하거나 양도하지 않으시는 것으로 보아 아직 둘째 아들에게 기업 전체를 맡기는 것이 불안하신 모양입니다.

영화 '사도'를 보면 영조대왕은 일국의 운영을 명목상 사도세자에게 넘겨 처리하게 하지만, 실제로 영조대왕은 사도세자를 믿지 못하고, 두 사람은 사사 건건 의견이 서로 달랐으며, 결국에는 파국으로 치닫게 됩니다. 이는 역사 속에만 등장하는 것이 아닙니다. 후계자인 자녀의 부족함을 강압적인 형태로 표출하는 창업주들이 많다고 합니다. 따라서 혹자는 후계자들의 70%가 창업주인 부친 등과의 갈등으로 정신적 문제를 겪고 있다[1]고 합니다.

즉, 가업승계에 있어서 세무적인 절세 관점보다 더 중요한 것이 있습니다. 바로 사전 준비이고, 사전 준비에 있어서 가장 중요한 것 중에 하나는 바로 **'창업주와 후계자 간의 신뢰와 협력'**입니다. 창업주의 대부분은 과거의 성공한 경험으로 남의 이야기를 듣지 않는 경향이 있어 어렵게 구한 후계자를 위한답시고 강한 훈육으로 일관하는 경우가 많으나 대를 이어 기업이 생존할 수 있으려면 후계자의 의견을 존중하고 원만한 관계를 유지해야 할 것입니다.

---

1) 김선화, 「가업승계 명문장수기업의 성공전략」, 쌤앤파커스(2017년), 36면

▶ 활용 : 유언대용신탁을 활용한 가업승계

> **유의사항**
>
> 창업주 1인 주주 기업으로 신탁설정 이후 신탁회사의 의결권이 15%로 제한된다고 하더라도 문제가 발생하지 않고, 이외 세법상 가업상속공제 사전요건을 모두 충족 했다는 가정하에 설명드리는 내용입니다.

해당 사례에 있어서 유언대용신탁을 활용하여 가업승계가 가능합니다. ① 창업주인 위탁자는 신탁회사와 신탁계약을 체결하고, ② 신탁재산은 주식으로써 이를 통해 주주명의(주주명부)가 신탁회사로 변경되며, ③ 위탁자는 살아있는 동안에는 수익자를 겸하면서 원본 또는 수익 등을 수취하고, ④ 위탁자인 창업주 사망시 신탁재산인 주식의 20%는 배우자에게 나머지 80%는 후계자인 둘째 아들에게 지급 및 이전되는 형태로 가업승계를 설계할 수 있습니다.

유언대용신탁을 통해 가업승계를 설계할 경우 신탁기간 동안에 ① 위탁자인 창업주는 (생전)수익자로서 신탁회사의 의무[1]에 기초하여 기업의 의결권을 행사할 수 있고, ② 종전처럼 창업주는 배당을 받을 수도 있으며, ③ 위탁자로서 후계자 둘째 아들이 기업 운영을 잘하느냐 못하느냐에 따라 사후수익자의 수익권 비율을 언제든지 조절할 수도 있고, ④ 만약 후계자를 다른 사람으로 변경하고자 할 경우 사후수익자를 교체하거나 신탁계약 자체를 해지할 수도 있습니다. 마지막으로 **위탁자인 창업주가 사망하는 경우 다른 법정상속인들의 동의가 없어도 신탁재산인 주식은**

---

1) 신탁법 제33조(충실의무) : 수탁자는 수익자의 이익을 위하여 신탁사무를 처리해야 한다.

위탁자의 생전 계획대로 배우자 및 둘째 아들인 후계자에게 이전됩니다.

신탁의 또 다른 장점은 무엇일까요? 신탁법 제22조 제①항[1]으로 설명을 대신하겠습니다. '신탁재산에 대하여는 일부 예외를 제외하고 강제집행, 담보권 실행 등을 위한 경매, 보전처분 또는 국세 등 체납처분을 할 수 없습니다.'

참고로 주식회사의 대표이사는 ① 주식회사의 대출금 채무나 거래처 대금 등 일반 채무에 대해 원칙적으로 개인 재산으로 변제할 책임이 없으나, 법인의 채무에 대해 담보 제공 또는 연대보증한 채무에 대해서는 책임이 있고, ② 법인세, 부가가치세, 원천징수세액, 국민연금, 건강보험 등을 회사가 체납할 경우 과점주주인 대표이사는 지분비율 만큼 제2차 납부의무를 지며, ③ 법령 및 정관을 위반하거나 이사의 임무를 해태한 때는 손해배상 책임이 있고, ④ 직원들의 급여와 퇴직금을 지급하지 않을 경우 대표이사는 형사상 책임을 질 수도 있습니다.

[유언대용신탁을 활용한 가업승계]

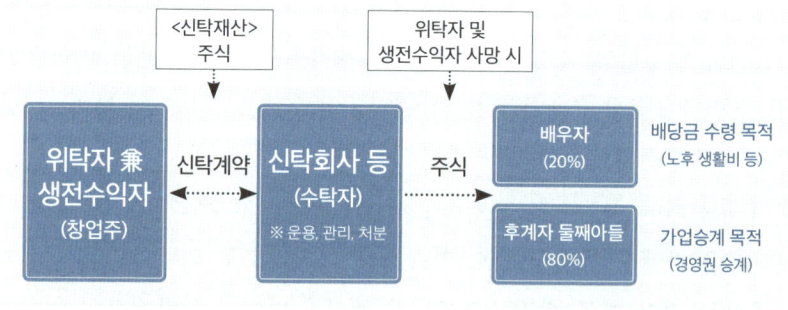

---

1) 신탁법 제22조(강제집행등의 금지) 제①항 : 신탁재산에 대하여는 강제집행, 담보권 실행 등을 위한 경매, 보전처분(이하 '강제집행 등'이라 한다) 또는 국세 등 체납처분을 할 수 없다. 다만, 신탁 전의 원인으로 발생한 권리 또는 신탁사무의 처리상 발생한 권리에 기한 경우에는 그러하지 아니하다.

신탁 활용 ④

장수기업의 초석을 다지기 위한 수익자연속신탁 설계

? 질문(Question)

저는 경비 및 경호서비스업을 운영하고 있는 (주)○○세이프의 사장입니다(남자, 90세). 저는 30년 전 60세에 경호공무원으로 퇴직하여 1992년에 이 회사를 창업했습니다. 부인은 5년 전에 세상을 떠났고, 아들(63세)은 미국에 살고 있으며 가업승계에 전혀 관심이 없습니다. 사위(65세)와 딸(61세)은 ##기업을 다니다가 현재 퇴직한 상태이고, 외손자는 1명(37세)으로 **전자에 다니고 있으며, 증손자(6세)도 있습니다.

이제는 저도 나이가 많아 사업하기 좀 벅찹니다. 그러나 가족이 아닌 다른 사람에게는 가업을 넘겨주기 싫고, 사업을 양도하기도 싫습니다. 그런데 최근 사위와 외손자는 제가 운영하고 있는 사업에 관심이 있고 특히 외손자는 아직 어리지만 똑똑한 녀석이라 잘만 배우면 괜찮을 것 같습니다.

 **답변(Answer)**

▶ 자식 기르는 법을 배운 후에 시집가는 여자는 없다

'자식 낳고 기르는 법을 배운 후에 시집가는 여자는 없다(未有學養子而後嫁者也)', '온 마음으로 정성을 다한다면 비록 적중하지 못하더라도 큰 차이는 없을 것이다(心誠求之 雖不中 不遠矣)'라는 말은 중국 고전(古典)인 대학(大學)에 나오는 말입니다.

저는 대개의 창업주들이 후계자 육성 과정을 꽤 오랜 시간 두고 나서야 회사의 경영권을 후계자에게 넘겨주려고 한다는 것을 경험했습니다. 그런데 가업승계 세제지원 제도 이외에 후계자가 언제 대표이사 사장으로 선임되어야 한다는 법이나 규정, 제도 따위는 동서양을 막론하고 없습니다. 또한 저는 준비가 되지 않은 상태에서도 일단 법인등기부등본에 대표이사로 이름을 올리고, 대표자로서 명함을 거래처에 돌리며, 영업 등을 막 시작하면서부터 비로소 대표이사 사장이 되는 것이라고 생각합니다. 다만, 후계자는 대학(大學)의 글귀처럼 회사의 주인으로서 더 좋은 회사를 만들어 보겠다는 지극한 마음과 정성, 책임감을 가져야 할 것입니다.

▶ 수익자연속신탁을 활용한 가업승계

> **유의사항**
> 신탁설정에 있어서 필수불가결한 요소인 자본시장법과 세법이 개정 및 정비된다는 가정 하(주식을 신탁할 경우 신탁회사의 의결권 제한 폐지, 신탁회사가 수탁한 주식 지분을 위탁자의 소유 지분 및 소유 기간으로 인정)에 설명드리겠습니다.

먼저 수익자연속신탁은 생존한 배우자나 가족, 그 밖의 제3자의 생활을 보장할 필요가 있거나, 기업 경영 등에 유능한 후계자를 확보하고, 가족 간의 갈등과 분쟁을 최소화하기 위한 목적으로 향후 후계 구도를 정립하는 데 필요한 신탁입니다.

수익자연속신탁을 활용한 가업승계는 이번 사례에서 위탁자(창업주) 생전에는 위탁자 본인을 수익자로 하되, 본인이 사망한 이후에는 사위를 수익자로, 사위가 사망한 후에는 외손자가, 외손자가 사망한 후에는 증손자가 수익자가 되는, 대를 잇는 연속 구조의 가업승계를 의미합니다.

[수익자연속신탁을 활용한 가업승계 구조도]

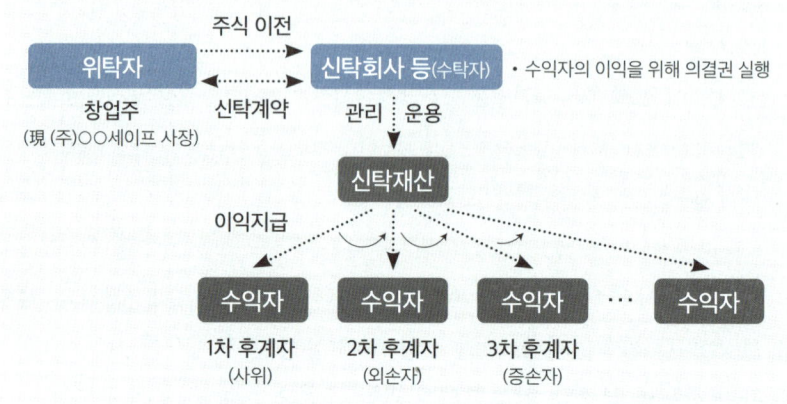

* 구조도 : 오영걸, 「신탁법 2판」, 홍문사(2023년), 39면

　다만, 창업주 사망 후 1차 후계자(사위)와 2차 후계자(외손자)들이 수익권(원본수익권)을 실행하여 주식을 처분하게 되면 승계 절차가 제대로 이뤄질 수 없기 때문에 수익자연속신탁을 활용하여 가업승계를 할 경우 ① 신탁계약 종료일(ex. 증손자가 수익자가 되는 날)을 명확히 해야할 것이고, ② 신탁을 설정한 위탁자(창업주)가 사망할 경우 위탁자 지위 이전의 절차와 대상을 명확히 할 것이며, ③ 최종 수익자인 증손자 이외의 후계자들은 이익수익자(ex. 배당금만 수령)가 바람직하나 ④ 증손자 이외 후계자(사위, 외손자)가 원본수익자가 될 경우, 원본 청구 가능 금액(신탁재산에서 후계자 본인 재산으로 이전할 수 있는 주식의 수) 한도를 반드시 정해놓아야 할 것입니다.

신탁 활용 ❺

자사주 매입, 증여와 상속을 결합하여 신탁을 활용한 가업승계

❓ 질문(Question)

　IMF 직후 퇴사하여 저(남, 64세)와 후배 2명(62세, 62세)이 의기투합하여 만든 (주)○○정공은 이제 25년을 맞게 되었습니다. 저는 (주)○○정공의 대표이사 겸 최대주주(지분율 34%)이고, 같이 창업한 후배 2명은 모두 현재 부사장(각각 33% 지분)입니다. 회사를 키워 오는데 정신이 없었고, 우리 3명은 급여도 동일하며, 그리고 다들 내 회사라고 생각해서 배당도 거의 하지 않았습니다. [2023년말 기준 현재 1주당 상속세 및 증여세법상 비상장 주식 가치 : 20만 원(대표이사인 저는 약 62억 원, 두 부사장 각각 약 60억 원), 2023년말 기준 회사의 배당가능이익 60억 원]

　최근 가업승계 관련 두 부사장들과 의논한 끝에 저의 큰아들(38세, 현재 마케팅팀 팀장)이 회사를 물려받는데 모두 동의하였고, 특히 2명의 부사장은 10년 뒤 제가 은퇴할 때 같이 은퇴하겠다고 하였는데, 가업상속공제를 받기 위한 지분 요건을 충족하기 위해서는 어떻게 해야 하는지 질문드립니다. 추가적으로 저는 (주)○○정공 주식 외에도 토지 및 소형 상가 등 부동산을 약 80억 원 정도 갖고 있습니다.

 답변(Answer)

▶ 先 자사주 매입

고객님의 상황을 고려하여 효과적인 가업승계를 위해서는 법인의 '자사주 매입'에 대해 설명드릴 필요가 있을 것 같습니다.

원래 자사주 매입은 적대적 M&A 세력을 방어하고, 경영권을 보호하며, 주가를 안정시키는 목적으로 주식회사가 회사의 자금으로 자기 회사의 주식을 사들이는 것을 말합니다. 다만, 고객님 사례에 있어서 자사주 매입[1]은 회사의 총 발행주식수를 줄여 가업상속공제 지분요건(비상장법인의 최대주주 지분 요건 : 10년 이상 지분율 40% 이상 보유)을 맞추기 위해 필요한 절차 중 가장 현실적인 대안입니다.

다만, 상법 제341조 등 관련 법령에 따르면 자사주 매입은 ① 회사의 배당가능이익(60억 원) 내에서 이뤄져야 하고, ② 주권상장법인이 아닌 비상장법인의 경우에는 두 부사장이 가지고 있는 지분 중 일부 지분을 매입한 뒤 '소각'[2] 등 법령상 합법적으로 처리해야 할 것입니다. ③ 뿐만 아니

---

1) 상속증여세과-154, 2014.5.23. : 가업상속공제를 적용함에 있어서 최대주주 지분율 40%(주권상장법인 20%) 이상 판정 시 자기주식은 발행주식총수에서 제외되는 것임.
　서면-2017-상속증여-3473, 2018.3.2. : 가업상속공제를 적용함에 있어 발행주식 총수 및 발행주식 총수의 100분의 50을 계속 보유하였는지 여부를 판정할 때, 상법에 따른 '의결권 없는 우선주'는 발행주식 총수 및 피상속인과 그의 특수관계인 이 보유하는 주식수에서 제외하는 것입니다. => 유추 적용 : 회사가 보유하는 자사주 또한 상법상 의결권이 없음
2) 상법 제343조(주식의 소각) ① 주식은 자본금 감소에 관한 규정에 따라서만 소각할 수 있다. 다만, 이사회의 결의에 의하여 회사가 보유하는 자기주식을 소각하는 경우에는 그러하지 아니하다.

라 자사주를 매입하기 위해서는 원칙적으로 주주총회 결의[1]를 거쳐야 하며, 다만 이사회 결의로 자사주를 매입할 수 있다고 정관으로 정하고 있는 경우에는 이사회 결의로써 갈음할 수 있습니다. ④ 회사 이름으로 자사주를 직접 매입하는 경우에는 주주총회 결의 또는 이사회 결의를 거쳐 확정된 수량을 법령상 기간 안에 모두 사들여야 하며, 하루에 매수할 수 있는 주식 수량은 발행주식 총수의 1%를 넘을 수 없습니다[2]. 또한 **자사주 매입이 지분요건을 맞추는 데는 좋은 대안이지만 ⑤ 피상속인의 상속개시일까지 해당 법인이 자사주를 보유할 경우 자사주는 사업무관자산으로 평가되어 가업상속공제 금액이 줄어들 수 있습니다.**

마지막으로, 법인세 '부당행위 계산 부인' 측면에서 볼 때 회사는 두 부사장과 특수관계인으로 자사주를 매입할 경우 회계법인, 세무법인 등의 공식적 절차를 거친 세법상 가액 주당 20만 원(세법상 가액의 95% 이상의 대가를 주는 것 포함)을 지급해야 문제가 없을 것이고, 소득세 측면에서 보면 두 부사장은 해당 주식의 취득가액과 회사로부터 받는 대가와의 차이(양도차익)에 대해 양도소득세(지방소득세 포함 최대세율 27.5%)를 부담하거나 혹은 주식 소각에 따른 의제배당소득으로 금융소득종합과세에 해당되어 종합소득세(지방소득세 포함 세율 최소 15.4%~최대 49.5%)를 부담할 수 있습니다.

---

1) 주주총회 또는 이사회 결의로 결정할 사항 : 취득할 수 있는 주식의 종류 및 수, 취득가액 총액의 한도, 1년을 초과하지 않는 범위 내에서 자기주식을 취득할 수 있는 기간
2) 박문각 제공 네이버 시사상식사전 '자사주 매입' 관련

▶ 증여와 상속을 결합한 신탁활용 가업승계 플랜

> **유의사항**
>
> 신탁설정에 있어서 필수불가결한 요소인 자본시장법과 세법이 개정 및 정비된다는 가정 하(주식을 신탁할 경우 신탁회사의 의결권 제한 폐지, 신탁회사가 수탁한 주식 지분을 위탁자의 소유 지분 및 소유 기간으로 인정)에 설명드리겠습니다.

고객님은 주식 외에도 부동산 자산을 개인적으로 약 80억 원 정도를 갖고 계시고, 연세도 60대 초반이시므로 ① (주)○○정공의 주식과 부동산은 후계자인 아들에게 상속(가업승계 목적, 부동산으로 상속세 물납 검토)으로 넘겨주되, ② 고객님이 갖고 있는 부동산에 대해 상속세가 나올 예정(현재 시가 기준 취득세 포함 약 40억 원 전후)이므로 주식에서 발생되는 배당금과 부동산에서 발생되는 임대수익은 상속세 재원 마련 목적으로 아들에게 생전에 미리 증여하는 것이 효과적일 수 있을 것입니다. 즉, 이를 동시에 해결할 수 있는 방법이 바로 '증여와 상속을 결합한 신탁 활용 가업승계 플랜' 입니다.

[증여와 상속을 결합한 신탁활용 가업승계 플랜]

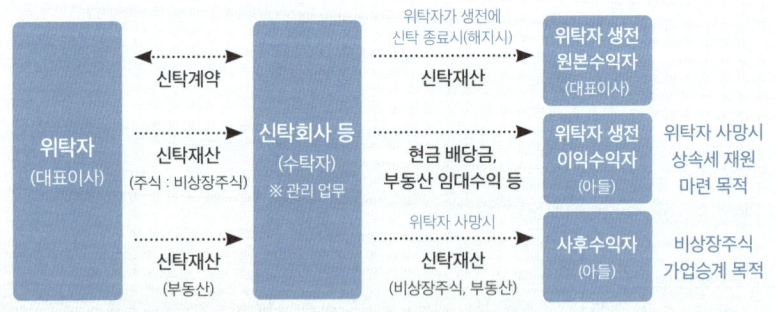

* 현금 배당금, 부동산 임대수익을 생전에 이익수익자(아들)에게 주는 경우에도 소득의 귀속 및 소득세 부담은 위탁자인 대표이사에게 발생됩니다.

신탁 활용 ❻

유류분을 감안한 가업승계와 신탁

❓ 질문(Question)

저는 72세 남성으로 28년 전에 창업한 (주)○○자동화기계(코스닥시장 상장 중소기업)의 사장입니다. 현재 부인과 함께 살고 있고, 1남 2녀를 두고 있습니다. 맏아들(48세)은 ○○중공업에 다니다가 10년 전에 그만두고 가업을 이어받겠다며 제 회사에 들어와 영업과 마케팅을 전담하고 있고 최근 코스닥시장 상장 시 결정적 기여를 하였습니다.

제 자산은 (주)○○자동화기계 주식 24만주(저의 지분은 14%이고 아내 지분은 8%로 상장주식의 최대주주 요건 20% 이상 만족, 현재 시가 기준 약 150억 원), 경기도 김포시 아파트(세법상 유사매매사례가 9억 원), 서울시 서초구 반포아파트(세법상 유사매매사례가 30억 원)을 보유하고 있습니다. 저와 제 아내는 (주)○○자동화기계 관련 가업(해당 주식)을 맏아들이 물려받는 것에 전적으로 동의하지만, 두 딸들이 불만을 갖고 제가 죽었을 때 가족 간의 분쟁(ex. 유류분)이 발생될 수도 있어서 많이 걱정됩니다. 좋은 방법이 있을까요?

[고객님 가계도]

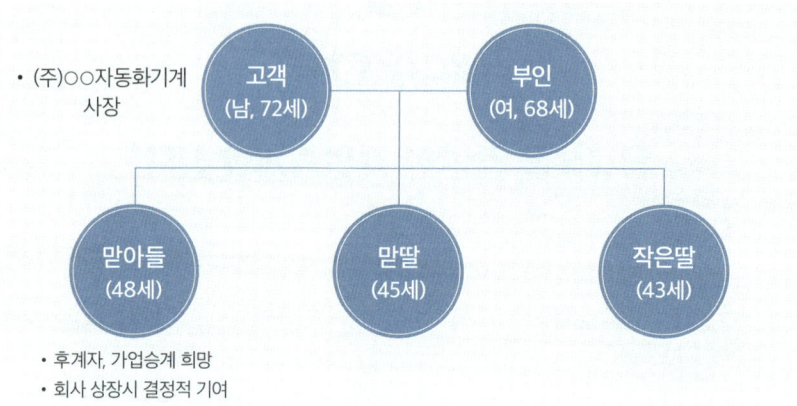

💬 **답변(Answer)**

▶ **현행 자본시장법에 따른 신탁회사의 의결권 제한 등 고려사항**

　신탁계약을 하게 되면 신탁재산인 주식의 경우 자본시장법에 따라 지분율 15% 초과 주식에 대해 신탁회사의 의결권이 배제[1]되기 때문에 적대적 M&A 세력이나 경영권을 노리는 주주 등에게 회사의 경영권 등이 넘어갈 수 있습니다. 다만, 다행히도 고객님은 아내 지분과 합산하여 가업상속공제를 적용받을 수 있는 상장주식 최대주주 요건을 충족하면서도 고객님 지분은 15% 이하이므로 신탁회사에 주식을 신탁한다고 해도 의결권 제한에 해당되지 않습니다. 그러나 대주주 및 주요 주주의 주식

---

1) 자본시장법 제112조(의결권등) (중략)
　③ 신탁회사는 신탁재산에 속하는 주식이 다음 각 호의 어느 하나에 해당하는 경우에는 그 주식의 의결권을 행사할 수 없다.
　1. 동일법인이 발행한 주식 총수의 100분의 15를 초과하여 주식을 취득한 경우 그 초과하는 주식(이하, 생략)

수, 소유 지분 변동을 금융위원회(주요 주주 5% Rule 및 주요 주주 1% 변동사항 보고, 금융감독원 Dart에 공시)에 보고해야 하고, 주주명이 신탁회사로 바뀌는 등 명의개서가 이뤄집니다.

▶ 유류분을 고려하여 가업승계시 신탁 활용

먼저 유류분이란 피상속인의 의사와는 관계없이 피상속인의 상속재산(유증재산, 민법상 유류분 산정에 포함되는 증여재산 포함) 중에서 법정상속인[1]들이 법적으로 받을 수 있는 최소한의 비율(권리가액)을 말하고, 법정상속인들은 법정상속분 중에서 최소한의 비율(권리가액)[2]에 미치지 못하는 부분에 대해 다른 상속인 또는 법원에 그 반환을 청구할 수 있습니다. 이를 유류분 반환청구라고 합니다.

따라서, 신탁설정 시 신탁재산이 유류분 산정의 기초재산에 포함되는지 미포함되는지 그 부분은 추후 후술하기로 하고, 현실적인 상황에서 유류분을 고려하여 ① 고객님이 배우자보다 먼저 사망하는 경우를 가정하고, ② 고객님이 배우자 및 자식들에게 사전에 증여한 재산이 없다고 가

---

[1] 민법 제1000조(상속의 순위) ① 상속에 있어서는 다음 순위로 상속인이 된다.
   1. 피상속인의 직계비속
   2. 피상속인의 직계존속
   3. 피상속인의 형제자매
   4. 피상속인의 4촌 이내의 방계혈족
[2] 민법 제1112조(유류분의 권리자와 유류분) 상속인의 유류분은 다음 각호에 의한다.
   1. 피상속인의 직계비속은 그 법정상속분의 2분의 1
   2. 피상속인의 배우자는 그 법정상속분의 2분의 1
   3. 피상속인의 직계존속은 그 법정상속분의 3분의 1
   4. 피상속인의 형제자매는 그 법정상속분의 3분의 1

정하며, ③ 고객님이 사망하실 때까지 재산의 가격 변동 및 물가 상승률, 이율 변경이 없다고 가정하고, ④ 배우자는 유류분에 대해 권리 주장을 하지 않는다고 할 경우에 고객님 주식의 80%(㈜○○자동화기계의 총 발행주식 수 기준 약 11%)는 맏아들에게 물려 주고, 나머지 부동산은 세 명의 자식들 끼리 균등 분배하는 형태로 신탁계약을 설정한다면 유류분 문제도 어느 정도 해결하면서 원만히 가업승계를 하실 수 있습니다.

[유류분을 고려한 가업승계 목적의 신탁계약 플랜] (단위 : 원)

고객 재산 현황 및 가액	법정상속인 (법정상속비율)	법정 상속분	유류분 (법정상속분의 2분의 1)	신탁계약 관련 사후수익권 비율	
				주식	이외
약 189억 (주식 약 150억, 김포 아파트 약 9억, 반포 아파트 약 30억)	배우자(부인) (재산의 3분의 1)	63억	31.5억	-	-
	맏아들 (재산의 9분의 2)	42억	21억	80% (120억)	3분의 1 (13억)
	맏딸 (재산의 9분의 2)	42억	21억	10% (15억)	3분의 1 (13억) ◀ 합산 28억 (유류분 초과)
	작은딸 (재산의 9분의 2)	42억	21억	10% (15억)	3분의 1 (13억) ◀ 합산 28억 (유류분 초과)

* 단, 신탁재산가액 변동 등에 따라 유류분 관련 수익권 비율을 조절해야 할 수도 있습니다. 이때 신탁은 위탁자와 수탁자간의 합의를 통해 계약서 수정만으로도 언제든지 수익자의 수익권 비율을 유연하게 바꿀 수 있습니다. 이 점이 공정증서 유언(유언공증) 대비 유언대용신탁 등 신탁의 장점입니다.

별첨 자료 ②

가업승계 성공사례 살펴보기[1]

▶ 쿠쿠전자

쿠쿠전자는 1978년 설립 시부터 1998년 쿠쿠전자 브랜드 출시까지 LG전자 밥솥을 OEM방식으로 제조 납품하던 제조회사였습니다. 하지만 장남 ○○○ 대표가 회사의 경영에 참여하면서 부친은 제품 개발에 매진하고 장남은 유통 및 판매를 하는 쿠쿠홈시스를 설립하였고, '쿠쿠' 브랜드가 국내 밥솥 업계 1위가 되면서 쿠쿠홈시스 실적은 급성장했습니다.

'쿠쿠' 자체 브랜드로 매출이 급성장함에 따라 부득이 내부거래 비중도 90%에 육박했습니다. 쿠쿠홈시스는 쿠쿠전자의 지분을 33%까지 지속적으로 사들였고, 이후 2012년 12월 쿠쿠홈시스는 쿠쿠전자에 흡수합병 되었습니다. 이로써 장남 ○○○ 대표의 지분율은 33.10%, 차남 ### 씨의 지분율은 29.36%가 되었고, 쿠쿠홈시스가 보유하던 쿠쿠전자 지분 16.84%는 자사주가 되었으며, 부친 ○회장의 지분율은 9.32%로 떨어져서 자연스럽게 가업승계가 이뤄졌습니다.

---

[1] 세무법인 넥스트 조남철 대표 세무사 블로그에서 발췌 : https://blog.naver.com/cnchul/222703934173

결국 부친은 제품의 연구 개발에만 매진하고 장남은 유통·마케팅·고객관리 브랜딩으로 자녀가 대주주로 있는 자회사의 가치를 높이고, 모기업의 기업 가치는 낮춰 흡수합병을 통해 가업승계를 상속세 없이 마무리 했습니다. 단, 현행 세법과 관련 법령에 따라 이런 형태의 가업승계는 일감 몰아주기 등 증여세로 과세될 수 있습니다.

▶ 삼진어묵

중소기업은 크게 대기업의 하청을 받는 B2B 중심의 종속기업과 독립적으로 직접 소비자들에게 판매를 하거나 다양한 판매업체를 상대하는 독립기업으로 구분할 수 있습니다. 종속기업은 소수의 거래처에 안정적으로 매출 실적을 올릴 수 있는 장점이 있고, 단점은 공급처인 대기업이나 산업의 흐름이 변하게 되면 기존의 수십 년간 유지되어 온 공급 체인이 제대로 작동하지 않아 기업 생존에 심각한 타격을 줄 수 있습니다.

또한 가업승계 관련 많은 컨설턴트들이 입을 모아 하는 이야기가 있습니다. 요즘과 같이 급변하는 경제 환경(생태계) 속에서는 어떠한 변수에 대해서도 신속하게 대응을 할 수 있는 경영 전략이 필요한데, 우선 기업은 미션이 있어야 하고, 미션에 대한 목표(Aiming)는 대의가 있고 공공성을 가지고 있어야 하며, 그래야만 어떤 풍파에도 기업의 본질, 기업의 아이덴티티가 흔들리지 않고 목표를 향해 달려갈 수 있다고 말입니다. 그런 점에서 삼진어묵 박○○ 대표는 "육류를 대체할 수산·단백질 회사가 전세계 인류의 구원자가 될 것이다."라고 당찬 포부를 밝혔으며, 이런 점에서 삼진어묵은 중소기업 가업승계의 표본이 될 가능성이 높습니다.

삼진어묵은 1953년부터 3대째 어묵으로 가업을 승계한 기업입니다. 기존의 어묵은 밑반찬이나 떡볶이 등의 부수 재료로만 생각했었는데 이러한 고정관념에서 탈피하여 2013년 어묵고로케를 만들어 베이커리 사업으로 크게 성공했습니다. 2013년 매출은 92억 원이었지만 불과 6년 후인 2019년 912억 원으로 성장했고, 직원도 25명에서 550명으로 증가했습니다. 6년간 1200%의 성장을 한 셈입니다.

하지만 2019년 ○○○ 대표는 커진 회사 규모에 맞는 시스템을 갖춰야 할 때가 왔다고 판단했고, ○○F&B 임원 출신인 ### 대표에게 제조법인 삼진식품(주)과 판매법인 삼진어묵(주) 국내사업의 총괄 대표직을 물려주고, 본인은 해외사업법인인 삼진인터네셔널(주)만을 유지하면서 해외사업을 하기로 결정했습니다. 즉, 3대를 이어 온 오너 경영자이지만 본인은 본인이 가장 좋아하고 잘하는 기획·마케팅·해외사업을 하고, 나머지는 대기업 수준의 시스템 갖춰 전문경영인을 두어 관리하게 한 점은 많은 사람들로부터 후한 평가를 받고 있습니다.

별첨 자료 ③

OECD국가의 상속세 최고세율과
가업승계 시 실질세율

　우리나라 상속세 및 증여세는 누진과세 형태이긴 하지만 명목상 최고세율은 50%입니다. 이는 최근 Worldwide Estate and Inheritance Tax Guide(EY), Worldwide Tax Summaries(PWC)[1] 조사 자료에 따르면 경제협력개발기구(이하, OECD)에 속해 있는 국가들 중에서 일본 다음으로 높습니다. 특히 우리나라 상속세 및 증여세의 최고세율은 OECD 국가들의 최고 상속세율 평균 27.1%보다 22.9%p(포인트) 높은 수치이고, 독일, 영국, 미국 등 주요 선진국보다도 높은 수치입니다.

　다만, 세율은 상속 및 증여재산의 가액에서 각종 공제 및 비용 등이 차감된 과세표준에 곱해지는 것이기 때문에 실제는 어떤지 살펴볼 필요가 있습니다. 우리나라 통계청(KOSIS) 자료에 따르면 2021년 기준 한해 31만 7,680명이 돌아가셨고, 국세청 통계연보에 따르면 2021년에 상속세를 신고한 분은 14,951명(총 사망자 기준 약 4.7%)입니다. 상속세 신고를 한 분들을 제외하고 약 30만 명(95.3%)은 상속세가 나오지 않는 면세점 이내 있다고 추정할 수 있습니다.

---

1) 머니투데이(2022.8.21 기사), '[더차트] 이재용도 못 피한 韓상속세, OECD 중 2위…1위는' 참조

상속세 및 증여세의 명목상 최고세율이 매우 높은 우리나라에서 가장 부작용이 심한 지점은 '가업을 승계할 때'입니다. 어떤 곳에서는 우리나라의 경제 발전과 활력 도모를 위해서 건실한 중소기업 및 중견기업들이 100년 이상 가야하는데 상속세 등이 너무 많다고 하고 있고, 또 다른 곳에서는 기업의 오너 또는 최대주주는 회사 직원들의 노력으로 불로소득 형태로 재산을 축적하였기 때문에 가업을 승계할 때 세금을 많이 부여해야 한다고 하고 있습니다. 그럼에도 불구하고 우리나라가 가업승계할 때 상속세가 부담스러운 것은 사실입니다.

[OECD 국가별 상속세율]   * 순서, 단위 : 자녀의 명목세율 기준 내림차순, %

국가	상속세 최고세율	배우자	자녀 (↓)	제3자
일본	55	0	55	55
우리나라	50	50	50	50
프랑스	60	0	45	60
독일	50	30	43	50
영국	40	0	40	40
미국	40	0	40	40
스페인	34	34	34	34
아일랜드	33	0	33	33
벨기에	80	30	30	80
칠레	35	25	25	35
네덜란드	40	20	20	40
핀란드	33	19	19	33
터키	30	15	15	30
덴마크	36	0	15	36
그리스	40	10	10	40
이탈리아	8	4	4	8
헝가리	18	0	0	18
리투아니아	10	0	0	10
폴란드	20	0	0	20
포르투갈	10	0	0	10
슬로베니아	39	0	0	39

* 자료 출처 : OECD(2021년)

[**주요국 가업승계시 상속세 현황**[1]]

국가	명목 최고세율	공제혜택	실제 부담 최고세율
독일	50%	- 지분·임금지급 유지시 85~100% 공제	4.5%
영국	40%	- 상장주식 50% · 비상장주식 100% 공제	20%
스페인	34%	- 가족 소유 기업의 경우 주식가치의 95% 공제 - 17개 지방정부 중 6곳은 상속세 면제	1.7%
아일랜드	33%	- 주식가치의 90% 공제	3.3%
네덜란드	40%	- 상속 후 5년 이상 경영 등 법적요건 충족시 - 107만 유로 초과는 83% 공제 - 107만 유로 이하는 100% 공제	3.4%
한국	50%	- 중견 · 중소기업에 한해 제한적 공제 - 대기업은 공제대상 미포함	최대 60%

* 자료 : 한국경영자총협회

[**가업승계 과정에서 겪었거나 예상되는 주된 어려움**[1]]　　　　　　(단위 : %)

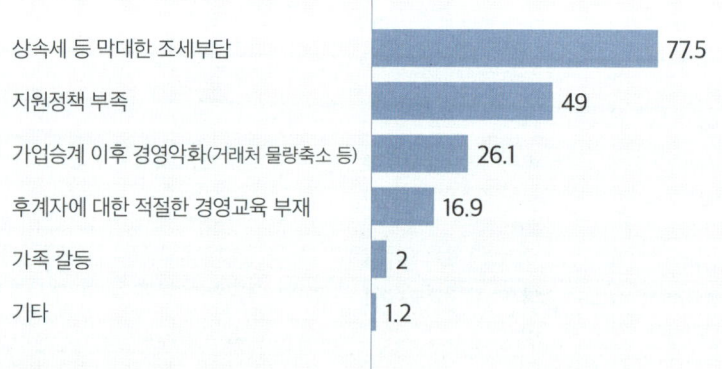

* 자료 : 중소기업중앙회(2019년 기준)

---

1) 머니투데이(2020.11.19 기사), '상속세 개편' 고민하는 국회…"자본이득세 고민할 시점" 참조

Part 3.

가업승계 주식 증여세 과세특례

가업승계 주식 증여세 과세특례 연혁(변천사)

구분 (증여일 기준)	사후관리 요건			증여재산 한도액
	사후 관리기간	공동 증여	업종 변경	
2008년 1월 1일~	10년	공동 증여 불가	변경 금지	30억 원
2014년 2월 21일~			세분류 내에서 허용	100억 원
2015년 1월 1일~				
2016년 2월 5일~	7년		소분류 내에서 허용	
2020년 1월 1일~				
2020년 2월 11일~		공동 증여 허용	중분류 내에서 허용	
2023년 1월 1일~	5년			• 10년↑ : 300억 원 • 20년↑ : 400억 원 • 30년↑ : 600억 원
2024년 1월 1일~			대분류 내에서 허용 (예정)	

17. 열일곱번째 질문(Question)

가업승계 주식 증여세 과세특례가 무엇인가요?

 **Key Point**

가업승계 주식 증여세 과세특례 개요

> 창업주 등이 상속 이전에 미리 가업주식을 수증자에게 증여하는 경우
> 가업승계 주식 증여세 과세특례를 적용받을 수 있습니다.

가업승계 주식 증여세 과세특례 특징

① 가업주식에 대해 최대 600억 원 한도로 특례 적용 가능
② 증여재산공제 : 일괄 10억 원 적용
③ 특례세율 적용 : 10%(과세표준 120억 원 초과분 20%)

일반적인 증여	구분	가업승계 주식 증여세 과세특례 적용
300억 원	증여세 과세가액	300억 원
0.5억 원	- 증여재산공제	10억 원(일괄 적용)
299.5억 원	= 증여세 과세표준	290억 원
50%(누진공제액 4.6억 원)	× 세 율	10%(과세표준 120억 원 초과 부분 20%)
145억 1,500만 원	= 산출세액	46억 원
약 4억 3,545만 원	- 신고세액공제(3%)	-
약 140억 7,955만 원	납부세액	46억 원 (일반 증여 대비 94억 7,955만 원 절약)

 **답변(Answer)**

　가업상속공제는 중소기업 등 가업을 영위한 피상속인이 사망하였을 때 상속세를 절감할 수 있는 제도였다면, '가업승계 주식 증여세 과세특례'는 주식회사 형태의 중소기업 등 가업을 경영하고 있는 증여자가 살아있으면서 수증자(후계자)에게 가업주식을 승계할 때 활용할 수 있는 제도입니다.

　일단, '가업승계 주식 증여세 과세특례'는 중소기업·중견기업 경영자의 고령화에 따라 경영자가 살아있을 때 가업주식을 자녀에게 계획적으로 물려줄 수 있도록 지원함으로써 가업의 영속성을 유지하고 경제활력을 도모하기 위한 제도[1]이며, 증여세 과세가액 최대 600억 원(가업영위기간 10년 이상 300억 원, 20년 이상 400억 원, 30년 이상 600억 원 한도)을 한도로 증여세 과세표준에서 기본세율(10%~50%)로 과세하는 것이 아니라 10%(과세표준 120억 원 초과시 20%)로 저율과세하여 증여세를 절세할 수 있습니다. 단, 증여시기에 상관없이 증여자가 사망할 경우 증여자인 피상속인의 상속세를 계산할 때 당연 포함되어 정산합니다.

[가업승계 주식 증여세 과세특례 구조]

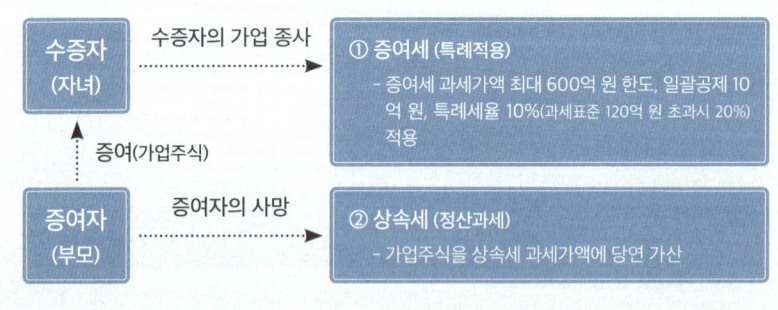

---
1) 국세청 「가업승계 지원제도 안내(2023년)」

예를 들어, 세법상 가액이 300억 원인 주식을 일반적으로 증여했을 때와 가업승계 주식 증여세 과세특례를 적용받았을 때의 납부세액을 비교하면 특례를 활용할 때 약 94억 7,955만 원의 증여세를 아낄 수 있습니다.

[일반 증여 vs 가업승계 주식 증여세 과세특례]

일반 증여	구분	가업승계 주식 증여세 과세특례 적용
300억 원	증여세 과세가액	300억 원
0.5억 원	- 증여재산공제	10억 원(일괄 적용)
299.5억 원	= 증여세 과세표준	290억 원
50%(누진공제액 4.6억 원)	× 세율	10%(과세표준 120억 원 초과 부분 20%)
145억 1,500만 원	= 산출세액	46억 원
약 4억 3,545만 원	- 신고세액공제(3%)	-
약 140억 7,955만 원	납부세액	46억 원 (일반 증여 대비 94억 7,955만 원 절약)

* 증여재산공제 : 일반적인 증여에서 수증자가 성년자이고, 증여자로부터 10년 이내에 旣증여금액이 없음
　　　　　　　가업승계 주식 증여세 과세특례에서는 10억 원을 공제함(2023년 1월 1일 이후 증여부터)
* 신고세액공제 : 가업승계 주식 증여세 과세특례의 경우에는 신고세액공제가 적용되지 않음

18. 열여덟번째 질문(Question)

제가 가업승계 주식 증여세 과세특례를 적용 받을 수 있을까요?

 **Key Point**

가업승계 주식 증여세 과세특례 요건

가업승계 주식 증여세 과세특례를 적용받기 위해서는
가업 요건, 증여자 요건, 수증자 요건을 모두 충족해야 합니다.

가업 요건	증여자 요건	수증자 요건
• 증여자가 10년 이상 계속 경영한 기업 • 중소기업 : 주식회사 • 중견기업 : 주식회사	• 만 60세 이상 부모 (부모 사망시 조부모 포함) • 최대주주로서 특수관계인 포함 40% (상장법인 20%) 이상의 지분을 10년 이상 계속 보유	• 만 18세 이상의 자녀 • 수증자인 자녀 : 국내 거주자 • 증여세 신고기한까지 가업 종사

* 유의사항 : 증여일 전 10년 전부터~증여 후 5년 까지 증여자 또는 수증자가 탈세·회계 부정으로 징역형 또는 벌금형을 받은 경우 가업승계 주식 증여세 과세특례 적용 배제

상세 질문 내용

저는 미국 ○○대 MBA 과정에 있습니다(30세, 여자). 저희 엄마(64세)는 14년 전 대기업 임원으로 퇴직하신 뒤, 12년 전 식품 제조 및 가공업체인 ○○푸드를 창업(개인사업)하셨고, 동일한 업종으로 8년 전 법인으로 전환하여 지금까지 중소기업 (주)○○푸드를 운영(대표이사, 법인전환 후부터 현재까지 지분율 100%)하고 계십니다.

엄마 말씀에 따르면 (주)○○푸드의 코스닥시장 상장을 준비하고 있다고 합니다. 그런데 상장되기 전에 본인이 갖고 있는 (주)○○푸드의 주식 전부를 저에게 증여해 주시겠다고 합니다. 만약 그렇게 될 경우 제가 '가업승계 주식 증여세 과세특례'를 적용받을 수 있을까요?

 **답변(Answer)**

▶ **가업요건**(가업영위기간 중심)

　엄마가 운영하는 기업이 주식회사로서 세법상 중소기업(중견기업 포함) 및 중소기업 업종에 해당되어야 합니다. 이를 충족하였다고 전제할 경우 고객님의 상황에서 엄마의 가업영위기간을 꼼꼼히 살펴봐야 합니다.

　개인사업체(주식회사가 아닌 경우)의 경우에는 가업승계 주식 증여세 특례를 받을 수 없습니다. 해당 기업은 8년 전에 주식회사 법인으로 전환하였기 때문에 가업승계 주식 증여세 과세특례를 받기 위한 가업영위기간(증여자가 10년 이상 가업 영위)이 문제가 될 수 있습니다. 다만, 국세청 서면 해석(재산-625, 2009.3.25. 서면4팀-998, 2008.4.22)에 따르면 '가업을 10년 이상 계속하여 영위하였는지를 판단할 때, 증여자가 개인사업자로서 영위하던 가업을 동일업종의 법인으로 전환한 경우로서 증여자가 법인설립일 이후 계속하여 당해 법인의 최대주주 등에 해당하는 경우에는 개인사업자로서 가업을 영위한 기간을 포함하여 계산하는 것'으로 해석하고 있습니다. 따라서 엄마의 가업영위기간은 특례 요건을 충족합니다.

▶ **증여자 요건**(엄마)

　증여자인 (주)○○푸드의 대표이사 엄마는 국세청 서면 해석에 따라 ① 고객님의 설명이 맞다면 가업승계 주식 증여일 현재 중소기업 등 가업을 10년 이상 경영한 국내 거주자인 60세 이상 부모(증여 당시 부모가 사망한 경우 조부모·외조부모 포함)여야 하는데 만족할 것으로 보이고, ② 엄마가 모든 지분을 갖고 있으나 법인의 발행주식 총수의 40% 이상을 10년 이상 계속 보유해야 하는데 주식회사로의 법인전환이 8년 전에 이뤄졌기 때문에 애매합니다.

▶ 수증자 요건(고객)

가업승계 주식 증여세 과세특례를 적용받기 위해서 ① 수증자는 증여일 현재 18세 이상이고, 거주자인 증여자의 자녀여야 하는데 다른 부분은 다 만족한다고 치더라도 세법상 '거주자' 요건 확인이 필요합니다.

우리나라 소득세 및 상속세법상 거주자는 '국내에 주소를 두거나 국내에 183일 이상 거소를 둔 개인'이라고 규정하고 있습니다. 거주자의 여부는 국적 또는 영주권의 개념과 다르므로 미국 시민권자 또는 영주권자라고 하더라도 주소 또는 183일 이상 거소 중에서 하나만 인정되면 거주자에 해당하고 반면 우리나라 국민이라고 하더라도 위 두 가지 요건에 해당하지 않을 경우에는 비거주자에 해당할 수 있습니다. 따라서 고객님과 생계를 같이 하는 가족, 국내 소재 자산의 유무 등 생활관계, 국내 체류일 수, 직업 등을 면밀히 따져 보아야 할 것입니다(비거주자로 판정될 경우 특례를 적용받을 수 없습니다).

만약, 고객님이 거주자라면 ② 가업승계 주식을 증여받은 고객님은 증여세 신고기한(가업승계 주식을 증여받은 날의 말일로부터 3개월)까지 가업에 종사하고, 증여일로부터 3년 이내에 대표이사에 취임(5년간 대표이사직 유지)해야 가업승계 주식 증여세 과세특례를 적용받아 증여세를 절세할 수 있습니다. 세부적으로 수증자인 고객님이 '대표이사로 취임한다는 것은 상법상 적법한 절차를 거쳐 Ⓐ 대표이사로 선임되고, Ⓑ 법인등기부(법인등기사항전부증명서)에 대표이사로 등재되며 Ⓒ 실질적으로도 대표이사직을 수행하는 등 요건(재산세과-551, 2010.7.27)'을 갖추는 경우를 말합니다. 만약 가업승계 주식을 증여받기 전에 수증자인 고객님이 먼저 대표이사에 취임하는 경우에도 특례를 적용(서면-2017-상속증여-1132, 2017.9.26)받을 수 있으니 참고하여 주시기 바랍니다.

> **참고 사항**
> 2020년 1월 1일 이후부터는 주식을 증여받고 가업을 승계한 거주자가 2명 이상인 경우에도 가업승계 주식 증여세 과세특례를 적용받을 수 있습니다.

▶ 공통 배제 사항

증여일 전 10년 전부터~증여 후 5년 까지 증여자 또는 수증자가 탈세·회계 부정으로 징역형 또는 벌금형을 받은 경우 가업승계 주식 증여세 과세특례 적용이 배제되거나 사후관리요건에 위배되어 증여세 및 이자상당액이 추징됩니다.

19. 열아홉번째 질문(Question)

가업승계 주식 증여세 과세특례를 적용 받을 경우 증여세는 어떻게 계산합니까?

Key Point

가업승계 주식 증여세 과세특례 증여세 계산 프로세스

증여재산가액
※ 가업승계 주식가액 중 **가업자산상당액**

−

채무부담액
↓

증여세 과세가액

+

과세특례가 적용된 기증여재산의 과세가액
※ 특례적용 대상 증여세 과세가액은 해당 증여세 과세가액과 과세특례가 적용된 기증여재산의 과세가액의 합계액임
- 가업승계 주식 : 최대 600억 원 한도

−

증여공제
※ 가업승계 주식 증여세 과세특례 : 10억 원 공제

−

감정평가 수수료
※ 부동산 감정평가법인의 수수료 등

↓

증여세 과세표준

×

세율
※ 특례세율
 - 가업승계 주식 : 10% (과세표준 120억 원 초과분은 20%)

↓

산출세액
※ 과세표준 × 세율

−

세액공제 등
※ 납부세액공제·외국납부세액공제
※ **신고세액공제는 적용하지 않음**

↓

납부할 증여세액
※ 조세특례제한법 제30조5 제13항과 제30조6 제4항에 따라 납부방식은 상속세 및 증여세법을 준용하므로 '연부연납, 분납' 가능

 답변(Answer)

▶ 특례 적용에 따른 증여세 계산 프로세스 및 신고 기한

가업승계 주식 증여세 과세특례의 세액 계산 과정의 특이사항을 살펴보고자 합니다. 순서대로 살펴보면 ① 이번에 증여한 가업승계 주식관련 **가업자산상당액이 증여재산가액**이 됩니다. 가업자산상당액은 아래 표와 같이 이번에 **증여한 주식가액을 기준으로 회사의 총 자산가액에서 업무무관자산가액의 비율을 뺀 금액**을 말합니다.

[가업자산상당액 계산[1)]]

$$※ 가업자산상당액 : 증여한\ 주식가액 \times \left(1 - \frac{업무무관\ 자산가액}{총\ 자산가액}\right)$$

여기에 ② 이번에 가업승계 주식을 증여하면서 부담부증여(채무와 함께 증여)를 했을 경우 해당 채무를 차감하고, ③ 증여세 과세가액(증여자의 가업 영위기간에 따라 300억 원~600억 원 한도) 내에서 이번에 증여받은 주식 이외에 미리 과세특례를 적용받은 주식의 과세가액을 합산하며, ④ 증여공제 10억 원과 감정평가수수료를 차감하여 과세표준을 계산합니다. ⑤ 공제액을 제외한 과세표준에 세율 10%(과세표준 300억 원을 초과하는 경우 세율 20%)를 적용하여 세액이 산출되며, 여기에 ⑥ 이미 증여받은 가업승계 주식에서

---

1) 사업무관자산은 상속세 및 증여세법 시행령 제15조 제⑤항에 따르며, 특히 법인이 일시 보유 후 처분할 목적인 자기주식(자사주)은 사업무관자산에 해당합니다(서면-2015-법령해석재산-1711 [법령해석과-3004], 2015.11.13).

발생했던 기납부세액 등을 차감하여 실제 납부할 세금이 계산됩니다. 다만, 일반적인 재산 증여 및 자진신고시 적용되는 신고세액공제액(산출세액의 3%)은 차감하지 않습니다.

가업승계 주식 증여세 과세특례 제도에서 특이한 점은 ① 증여받은 가업승계 주식은 다른 일반 증여재산과 합산하여 증여세를 계산하지 않습니다(가업승계 주식은 가업승계 주식대로 합산하고, 10년 이내 일반증여재산은 일반증여재산에 합산). ② 가업승계 주식 증여세 과세특례와 창업자금 증여세 과세특례는 중복하여 적용받을 수 없습니다. 가장 중요한 점은 가업승계 주식 증여세 과세특례를 적용받은 후 향후 증여자가 사망하여 상속이 개시되는 경우 ③ 증여자인 피상속인의 상속개시일 당시 세법상 가업상속공제 요건을 모두 갖췄다면 '가업상속공제'를 받을 수 있고, ④ 가업승계 주식 증여세 과세특례를 적용받은 주식의 증여재산가액은 증여시기에 상관없이 증여자인 피상속인의 상속세 과세가액에 가산하여 상속세로 정산 및 납부해야 합니다.

[가업승계 주식 증여세 과세특례 적용 증여세 계산 프로세스]

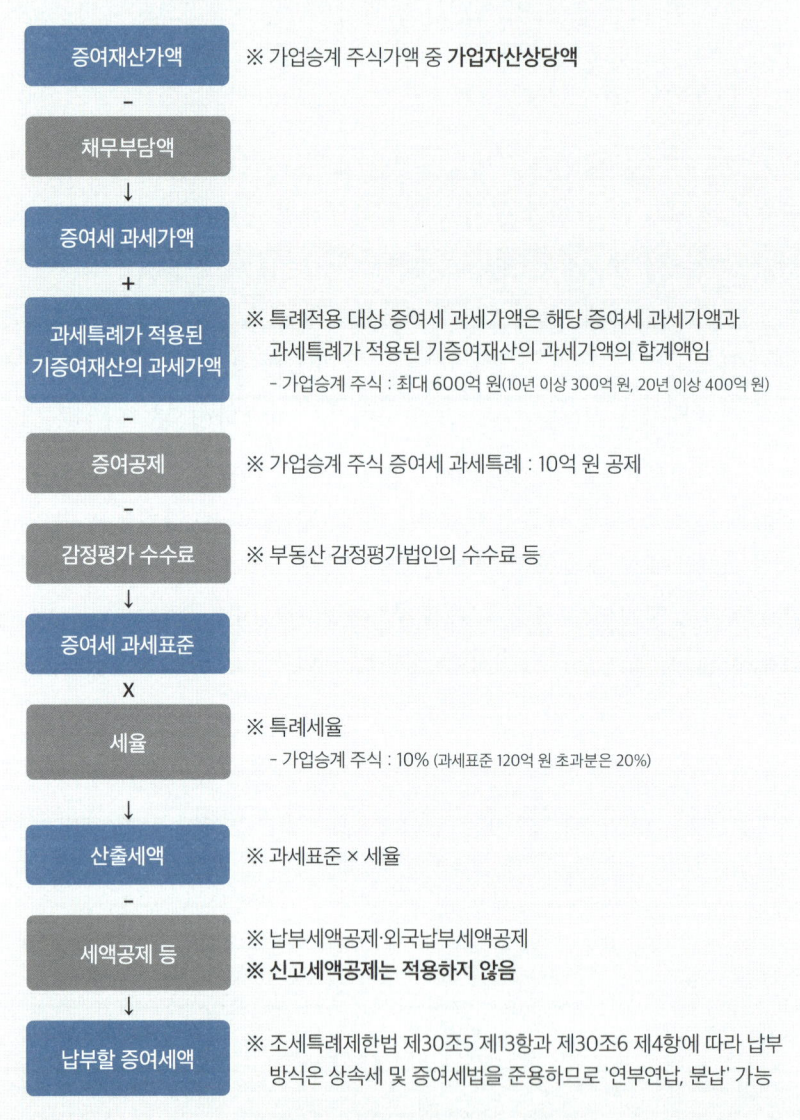

추가적으로 가업승계 주식 증여세 과세특례를 적용받기 위해서는 증여세 신고기한(주식 및 출자지분을 증여받은 날이 속하는 달의 말일로부터 3개월 이내)까지 ① 증여세 과세표준 신고서와 ② 주식 등 특례신청서를 수증자의 주소지 관할 세무서장에게 제출하여야 합니다. 반드시 증여세 신고기한 내에 특례신청을 하여야 하며 이 기한을 지나서 신청할 경우에는 가업승계 주식 증여세 과세특례를 적용받을 수 없습니다.

20. 스무번째 질문(Question)

가업승계 주식 증여세 과세특례의 사후관리요건은 어떻게 될까요?

 **Key Point**

가업승계 주식 증여세 과세특례 '사후관리요건'

가업승계 주식 증여세 과세특례를 적용받은 후
5년간 정당한 사유 없이 사후관리요건(추징사유요건)에
해당될 때는 이자상당액을 포함한 증여세가 추징됩니다.

- 증여세 신고기한까지 가업에 종사하지 않은 경우

- 증여일로부터 3년 이내 대표이사에 취임하지 않거나 5년간 대표이사 직을 유지하지 않은 경우

- 가업을 1년 이상 휴업(무실적 포함) 또는 폐업하는 경우

- 수증자가 주식을 처분하거나 유상증자 등으로 지분율이 낮아진 경우

- 가업의 주된 업종을 변경하는 경우(대분류 내에서는 가능)

 답변(Answer)

▶ **사후관리요건(=추징사유요건) 이란?**

가업승계 주식 증여세 과세특례를 적용받은 후 수증자(수증자의 배우자를 포함, 이하 후계자)가 지켜야 할 사후관리요건은 다음과 같습니다. 강조하여 말씀드리면 후계자인 수증자는 다음의 모든 요건(①~⑥)을 5년간 반드시 지켜야 합니다.

우선, ① 후계자인 수증자는 증여세 신고기한까지 가업에 종사해야 하고, ② 가업승계 주식(출자지분 포함, 이하 가업주식 등)을 증여받은 날로부터 3년 이내 상법 및 정관 등 규정에 따라 적법한 절차를 통해 대표이사로 선임되고, 법인등기부에 대표이사로 기재되며, 실제로 대표이사로서 업무를 수행해야 합니다. 또한 5년간 대표이사직을 유지해야 합니다.

③ 물려받은 가업의 주된 업종을 변경[1]하지 않아야 하는데 다만, 한국표준산업분류에 따른 대분류 내에서 업종을 변경하거나 법령[2]상 평가심의위원회의 심의 및 승인을 거쳐 업종을 변경하는 것은 허용되고, ④ 물려받은 가업을 1년 이상 휴업(실적이 없는 경우 포함)하거나 폐업[3]하지 않아야 합니다.

---

1) 2개의 서로 다른 사업을 영위하는 중소기업의 주식을 증여받은 후 사업별 수입금액이 적은 사업부문을 물적 분할하는 경우에는 주된 업종을 변경한 경우에 해당하지 않아 증여세를 부과하지 않습니다(재산세과-92, 2011.2.23).
2) 상속세 및 증여세법 시행령 제49조의2
3) 가업용 자산인 공장시설을 확장, 이전하기 위해 기존 공장을 처분하고 새로운 공장을 취득하는 경우에는 증여세를 부과하지 아니합니다(서면법규과-150, 2014.2.18).

⑤ 증여일로 부터 5년간 가업주식을 처분하지 않아야 합니다. 다만 합병, 분할 등 조직변경에 따라 가업주식을 처분한 이후에도 최대주주 등에 해당하는 경우와 자본시장법 제390조 제①항에 따라 상장요건을 갖추기 위해 지분을 감소시킨 경우에는 예외적으로 허용됩니다. ⑥ 일부 예외[1]를 제외하고 유상증자 등을 하는 과정에서 실권 등으로 수증자인 후계자의 지분율이 낮아지면 안됩니다.

▶ 사후관리요건 미이행 시 이자상당액도 부담

가업주식을 '증여받은 날로부터 5년이 될 때'까지 정당한 사유없이 세법상 사후관리요건을 충족하지 않으면 증여세뿐만 아니라 이자상당액이 부과됩니다. 구체적으로 설명드리면 ① 가업주식을 일반 증여재산으로 간주하고, ② 세율도 특례세율 10%(과세표준 120억 원 초과 20%)가 아니라 기본세율 10%~50%를 적용하여 증여세를 다시 부과 및 징수하며, ③ 가업승계 주식 증여세 과세특례에 대한 증여세 신고기한의 다음날부터 사후관리요건을 위반한 날(이하, 사유발생일)까지 누적된 이자상당액(증여세 결정세액 × 증여세 신고기한의 다음 날로부터 사유발생일 까지의 일수 × 일자당 0.022%)을 추가적으로 더 부과합니다.

가업주식을 증여받은 후계자가 가업승계 주식 증여세 과세특례의 사후관리요건을 위반할 경우 사유발생일이 속하는 달의 말일로부터 3개월

---

[1] 수증자인 후계자가 법인의 최대주주 등에 해당하는 범위 내에서 예외 사항 : ① 법인의 시설투자, 사업규모의 확장 등에 따른 유상증자로서 수증자인 후계자의 특수관계자 외의 자에게 신주를 배정하기 위해 실권하는 경우 ② 법인의 채무가 출자전환됨에 따라 수증자인 후계자의 지분율이 낮아지는 경우

이내 기본세율을 적용한 증여세 과세표준 신고서 및 특례 추징 사유 신고서, 증여세 자진납부 계산서를 관할 세무서에 제출하고 이자상당액을 포함한 증여세를 납부해야 합니다.

▶ 증여세 및 이자상당액 부과 배제 사유(정당한 사유)

가업주식을 증여받은 후계자가 아무리 사후관리요건을 잘 지키려고 해도 지킬 수 없는 정당한 사유가 발생할 수 있는데 이럴 때는 증여세 및 이자상당액을 부과하지 않습니다. 정당한 사유로는 조세특례제한법 시행령 제27조의6 제④항 각 호인 다음의 어느 하나에 해당하면 됩니다.

① 수증자인 후계자가 사망한 경우로서 상속세 및 증여세법 제67조에 따라 상속세 과세표준 신고기한까지 당초 수증자의 지위를 수증자의 상속인이 승계하여 가업에 종사하는 경우 또는 ② 수증자인 후계자가 증여받은 주식 등을 국가 또는 지방자치단체에 증여하거나, ③ 기획재정부령으로 정한 사유 즉, 병역의무 이행, 질병, 요양, 취학상 형편 등으로 가업에 직접 종사할 수 없게 된 경우(단, 사유 종료시 가업에 종사해야 하는 조건)입니다.

21. 스물 한번째 질문(Question)

가업승계 주식을 언제 증여하면 좋을까요?

 **Key Point**

가업승계 주식 언제 증여해야 할까요?

• 비세무적 관점 [본문에서]

> 창업주들 중에서 주식 증여를 통해 가업승계를 하게 된다면 언제가 가장 좋을지 묻는 분들이 많습니다. 그러면 저는 주저하지 않고 '**국민 연금을 받을 수 있는 연령**(통상 65세)**부터 보험사 종신보험에 가입할 수 있는 최대 연령**(통상 75세)**까지**'라고 대답합니다. (중략) 결국, 창업주가 정신적으로 온전할 때 맺은 계약이 최선의 결과로 이어질 수 있기 때문입니다. 한마디로 치매가 발병하기 전까지 증여해야 합니다.

• 세무적 관점 [본문에서]

> 일반적으로 비상장주식의 가치는 상속세 및 증여세법상 '보충적 평가방법'에 의해 산출됩니다. 따라서 회사의 **주식 가치를 합리적으로 만들기 위해서는 3가지의 합법적 조정 과정**(순이익 조정, 순자산 조정, 업무무관자산 조정)**이 필요합니다.** (중략) 합법적으로 정리해야 하는데 단기간 준비해서는 불가능하고 긴 호흡으로 매년 재무제표를 점검하고 세무사 등 전문가와 상의 후 자산보유현황을 조정 및 정리하는 것이 바람직할 것입니다.

❓ 고객의 세부 질문

저는 올해 70세로 18년 전부터 콜센터 및 텔레마케팅 회사인 (주)○○서비스(비상장기업, 중소기업)를 창업하여 현재까지 운영하고 있습니다. 저는 회사 지분 50%를 갖고 있습니다(저의 지분 이외 배우자 30%, 제3자 20%).

10년 전에 독립했지만 아직 결혼을 하지 않은 딸(40세, 타 회사에서 근무 중)을 한 명 두고 있고, 최근 딸에게 제 회사인 (주)○○서비스를 이끌어 갔으면 좋겠다고 말하였습니다. 딸이 동의하였고 이후 국세청에 문의하니 가업승계 주식 증여세 과세특례를 적용받을 수 있다고 하였습니다.

다만, 오랫동안 거래해 온 세무사가 올해 주식을 증여하면 주식가치가 너무 높기 때문에 증여시기를 조절하자고 합니다. 그렇다면 주식을 언제 증여하면 좋을까요?

 **답변(Answer)**

▶ 비세무적 관점 : 치매와 65세부터 75세 까지를 기억하자!

창업주들 중에서 주식 증여를 통해 가업승계를 하게될 때 언제가 가장 좋을지 묻는 분들이 많습니다. 그러면 저는 주저하지 않고 '**국민연금을 받을 수 있는 연령**(통상 65세)**부터 보험사 종신보험에 가입할 수 있는 최대 연령**(통상 75세)**까지**'라고 대답합니다. 왜냐하면 증여는 증여자인 창업주와 수증자인 후계자 간의 계약이고, 계약은 흔히 말하는 밀당의 과정을 거치게 되는데 결국, 창업주가 정신적으로 온전할 때 맺은 계약이 최선의 결과로 이어질 수 있기 때문입니다. 한마디로 치매가 발병하기 전까지 증여해야 합니다.

통계청 자료에 따르면 우리나라는 2017년 10월 고령사회로 진입하였습니다. 고령사회란 UN기준에 따라 총인구에서 65세 이상인 사람들(이하, 시니어)이 차지하는 비율이 14%를 넘는 국가나 사회를 의미합니다. 2022년 말 기준 우리나라의 시니어 인구는 약 901만 명입니다.

보건복지부 자료에 따르면 시니어 중에서 치매가 발병한 사람은 약 94만 명(치매 발병률 10.4%)에 이릅니다. 보건복지부가 발간한 동일한 자료에 따르면 전국 65세 이상의 치매 발병자 수는 2030년에는 약 136만 명, 2040년에는 약 217만 명, 2050년에는 약 302만 명에 이를 것으로 추정하고 있습니다.

현대의학으로 치매를 완벽히 치유할 수는 없다고 합니다. 다만, 유수의

의학 전문가들은 치매를 조기에 발견하여 의사들의 조언과 처방에 따라 적절히 치료한다면 치매의 진행을 더디게 할 수 있고, 치매 증상을 개선시킬 수 있다고 합니다. 따라서 건강검진을 주기적으로 받는 것처럼 시니어 분들은 정기적으로 치매 진단을 받아 보시는 것이 좋을 것 같습니다.

치매 진단은 통상 3단계를 거칩니다. '1단계는 선별검사(MMSE-DS, 인지선별검사 (CIST))'라고 하는데 인지기능 저하 여부를 간단하고 신속하게 측정하는 대표적인 검사입니다. 우리나라 보건소(치매안심센터, 치매지원센터 등)에서는 만 60세 이상의 분들에게 해당 인지선별검사(CIST)를 무료로 지원하고 있습니다.

만약, 1단계 선별검사에서 'MMSE-DS 총점 23점 이하 인지기능장애 또는 인지저하'로 판정되는 경우 보건소와 협약된 병원(일정 소득 이하인 경우 검사비가 지원됨)이나 신경과 등 병원에 가서 '2단계 진단검사(CDR, GDS 등)'을 받을 수 있습니다. 대표적으로 CDR(Clinical Dementia Rating) 검사는 치매 전문의가 실시하는 치매척도검사로써 여러 평가 항목(기억, 오리엔테이션, 판단 및 문제 해결, 커뮤니티, 가정 및 취미)을 통해 치매의 단계 및 정도를 판단하는 검사입니다. CDR 검사를 받으면 통상 CDR 0등급~CDR 3등급 사이에서 평가됩니다. 'CDR 0'은 정상을 의미하고, 'CDR 0.5'는 경증인지장애(불확실, 가벼운 인지장애), 'CDR 1'은 경도치매, 'CDR 2'는 중등도치매, 'CDR 3'은 고도치매라고 합니다(CDR 4는 심각한 치매, CDR 5는 치매 말기).

[CDR 척도]

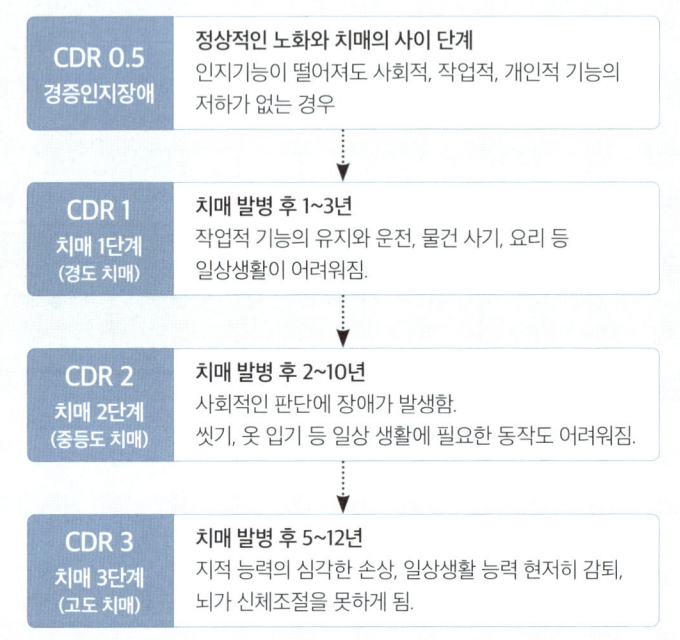

2단계 진단검사에서도 치매가 의심되는 경우라면 '3단계 감별검사 (혈액검사, 요검사, 뇌 영상 검사 등)'을 진행할 수 있습니다. 특히, 뇌 영상 검사 (MRI, CT, SPECT, PET)는 뇌 세포 부위의 이상 유무와 위축 상태 등을 직접 확인할 수 있기 때문에 알츠하이머치매 등 치매의 원인을 구별하는데 특히 도움이 된다고 합니다.

창업주분들께 다시 한번 강조하여 말씀드리고 싶습니다. 가업주식을 자식들에게 증여하기로 결정했다면 빠를수록 좋긴 하지만 최적의 타이밍은 '치매가 발병하기 전 65세부터 75세까지' 라고 말입니다.

▶ 세무적 관점 : 회사의 주식 가치를 합법적으로 조정한 뒤 증여하자!

우리사주조합을 만들어 조합원들끼리 비상장주식을 사고 팔게 한다든지, 금융감독원에 공시된 자료를 바탕으로 프리보드 또는 통일주권 발행 등을 통해 특수관계인이 아닌 자들 간의 거래가 된다면 회사의 주식가치가 합리적 가격, 즉 '시가'로 책정이 될 수 있습니다. 그러나 일반적으로 비상장주식의 가치는 상속세 및 증여세법상 '보충적 평가방법'에 의해 산출됩니다. 따라서 **회사의 주식가치를 합리적으로 만들기 위해서는 3가지의 합법적 조정 과정**(순이익 조정, 순자산 조정, 업무무관자산 조정)[1]이 필요합니다.

첫 번째는 순이익을 합법적, 윤리적으로 조정하는 방법입니다. 급여, 상여, 퇴직금을 직원들에게 많이 지급할 경우 회사 비용이 증가하므로 회사의 이익이 감소하고, 이익이 감소하면 주식가치가 떨어질 수 있습니다. 다만, 임원의 상여금, 퇴직금을 지급할 경우에는 정관, 임원상여금 및 퇴직금 지급규정, 현실적 퇴직 기준 등 세법 규정 등을 꼼꼼히 확인하여 지급 액수 및 지급 시기를 잘 고려해야 할 것입니다. 마지막으로 비상장주식을 평가할 때 3년간의 순이익을 보게 되므로 순이익을 합법적으로 조정하는 데 최소한 3년 정도의 시간이 필요하다는 점도 인지하여 주시기 바랍니다.

두 번째는 순자산을 합리적, 합법적으로 조정하는 방법입니다. 부동산 보유비율이 높은 것이 유리한지 불리한지 세무사 등 전문가들과 상의하여 업무상 활용가치가 떨어지는 부동산은 처분하는 것이 바람직하고, 미처분이익잉여금(유보금)이 많이 쌓여 있다면 상법상 요건이 허용하는 범위

---
1) 김기백, 『가업승계, 100년 기업을 만든다』, 행복한미래(2016년), 235면 및 236면

내에서 주주들에게 배당을 늘리거나 상법상 배당가능이익 내에서 자사주를 매입하여 소각하는 등의 과정이 필요할 것으로 보입니다. 미수채권 및 사용할 수 없는 재고자산 정리도 고려해봄 직합니다.

세 번째는 업무무관자산 조정과 정리가 필요합니다. 우선, 업무무관자산이란 ① 토지 등 양도소득에 대해 법인세가 추가 과세되는 자산(타인에게 임대 형태로 빌려준 부동산 등), ② 대여금(업무무관가지급금), ③ 직전 5개 사업연도 평균보유현금을 초과하여 보유하고 있는 현금, ④ 영업활동과 직접 관련없이 보유하고 있는 주식·채권·금융상품 등을 합법적으로 정리해야 하는데 단기간 준비해서는 불가능하고 긴 호흡으로 매년 재무제표를 점검하고 세무사 등 전문가와 상의 후 자산보유현황을 조정 및 정리[1]하는 것이 바람직할 것입니다.

---

[1] 안성희, "(전문가칼럼) 성공적인 가업승계를 위한 7가지 방법", 조세금융신문, 2022.04.06.

22. 스물 두번째 질문(Question)

가업승계 주식 증여세 과세특례와
가업상속공제를 모두 적용받을 수 있을까요?

 **Key Point**

> 가업승계 주식 단계적 증여 플랜 등

[본문에서]

(주)○○기업의 지분율 변동(예시)

구분		질문 시점일 현재		배우자 증여 (아내 → 고객님)		아내로부터 주식을 증여받은 뒤 10년 후 딸에게 주식 증여 (고객님 → 딸)		1차 승계 완료 (가업주식 증여, 자사주 매입 활용)	
주주	관계	주식수	지분율	주식수	지분율	주식수	지분율	주식수	지분율
고객님	본인	7만주	70%	8만주	80%	7만주	70%	-	-
아내	배우자	1만주	10%	-	-	-	-	-	-
부사장	-	1만주	10%	1만주	10%	1만주	10%	자사주 매입	
전무	-	1만주	10%	1만주	10%	1만주	10%		
딸	자녀	-	-	-	-	1만주	10%	8만주	100%
		대표이사		고객님		고객님		공동대표이사 (증여 후 3년 이내) : 고객님, 딸		공동대표이사 : 고객님, 딸	

고객의 세부 질문(Question)

현재 (주)○○기업(제조업, 중소기업)을 맡고 있는 홍길동(만 50세, 10년째 영위, 등기 대표이사)입니다. 6년 전 아버지로부터 부동산 등 재산을 물려받을 때 한꺼번에 나오는 상속세 때문에 고생한 적이 있습니다. 그래서 제 자식 중에 제일 똑똑한 맏딸(만 24세, ○○은행 근무)에게 회사 주식을 정기적으로 조금씩 물려주고, 회사의 경영권도 맏딸이 원하다면 일정 시점에는 넘겨주고 싶습니다. 이럴 때 증여세 등 세금을 가장 아낄 수 있는 방법이 무엇일지 검토하여 주시기 바랍니다. 가업상속공제도 받을 수 있도록 설계해 놓고 싶습니다.

우리 회사의 지분 구조는 ① 제가 70%(7만주, 약 70억 추정)를 소유하고 있고, ② 아내가 10%(전업주부), ③ 부사장 김○○이 10%, ④ 전무 박##이 10%를 갖고 있으며, 최근 회계법인에 의뢰한 결과 상속세 및 증여세법상 우리 기업의 총 주식가치는 현재 기준 약 100억 원(1주당 평가액 10만 원, 총 10만 주)이라고 합니다.

한 마디로 요약하면 가업승계 주식 증여세 과세특례를 활용하여 증여세를 절세하고, 기업을 잘 관리하여 향후 고객님 사망 시에도 가업상속공제를 받아 상속세까지도 절세하기 위해서는 중장기적 플랜을 설계해 놓으셔야 합니다.

2023년 1월 1일부터 가업승계 주식 증여세 과세특례의 증여세 과세가액 한도가 상향 조정되었습니다(10년 이상 가업 영위 : 종전 최대 100억 원 → 300억 원 한도). 따라서 고객님은 우선 맏딸에게 가업주식을 증여하기로 마음을 먹고 계시므로 해당 특례 요건을 맞추도록 노력 및 실행해야 합니다.

우선 가업승계 주식 증여세 과세특례에서 요구되는 증여자의 조건 ① 만 60세 이상의 부(父) 또는 모(母)가 ② 세법상 중소기업 업종에 해당하는 사업을 주된 사업으로 하여 10년 이상 실제 경영하였고(단, 꼭 대표이사일 필요는 없음), ③ 부모는 해당 법인(주식회사)의 최대주주 등으로서 발행주식 총수 기준 지분율 40%(상장회사 20%, 특수관계인 지분 포함) 이상을 10년 이상 보유해야 하는데 고객님은 다른 조건들은 다 만족하지만 증여자 연령 조건에 미달(현재 만 50세)하므로 지금부터 10년 뒤에 주식을 증여할 때 특례를 적용받을 수 있습니다.

따라서, 고객님이 특례를 적용받을 수 있는 연령 즉, 만 60세까지 해야 할 일은 우선 기업의 소유지분 구조를 조정해야 합니다. 즉, 아내, 부사장, 전무 소유지분을 증여, 양수도, 자사주 매입 및 소각 등 합법적인 방법을 통해 단순화시킬 필요가 있습니다. 이 중에서 고객님의 아내는 회사의 대주주 중에 한 명이지만 전업주부로서 회사의 운영에 직접 참여한 적이 없으므로 딸에게 주식을 증여하는 경우에는 일반 증여재산으로 간주됩니다(가업승계 주식 증여세 과세특례 대상 아님).

[아내가 딸에게 주식을 증여할 경우 증여세]   * 10년 이내 최초 증여 가정

구분	금액
증여재산가액(증여세 과세가액)	10억 원
- 증여재산공제	(0.5억 원)
= 과세표준	9.5억 원
x 기본세율	30% (누진공제 0.6억 원)
산출세액	2억 2,500만 원
- 신고세액공제 (3%)	(675만 원)
= 증여세 납부세액	2억 1,825만 원

현 시점의 아내의 상증세법상 주식가치는 약 10억 원으로 추정(비상장주식의 상증세법상 보충적 평가액 약 100억 원 × 지분율 10%)됩니다. 따라서 증여세 부담 최소화 관점에서 볼 때 ① 아내의 지분을 고객님이 증여받는 것이 가장 먼저 선행되어야 할 것입니다(부부 간 증여 즉, 배우자 증여재산공제 6억 원 활용).

[아내가 고객님(배우자)에게 주식을 증여할 경우 증여세]   * 10년 이내 최초 증여 가정

구분	금액	비고
증여재산가액 (증여세 과세가액)	10억 원	
- 증여재산공제	(6억 원)	딸은 5천만 원만 공제
= 과세표준	4억 원	
x 기본세율	20% (누진공제 0.1억 원)	
산출세액	7,000만 원	
- 신고세액공제 (3%)	(210만 원)	
= 증여세 납부세액	6,790만 원	딸에게 증여했을 때 대비 1억 5,035만 원 절세

② 고객님은 아내로부터 증여받은 주식을 부부 간의 증여일로부터 10년 뒤[1]에 딸에게 먼저 증여하면 가업승계 주식 증여세 과세특례를 적용받아 증여세를 절세할 수 있습니다(주식 가치가 변동하지 않는다는 가정하에 주식 10억 원 - 일괄공제 10억 원 = 과세표준 0원, 세금 없음). ③ 그 이후 3년 이내 딸은 고객님과 더불어 공동대표이사로 취임하고, ④ 정기적으로 또는 한꺼번에 고객님의 지분을 딸에게 가업승계 주식 증여세 과세특례를 (재차)활용하여 증여(나머지 70% 지분 증여, 특례 활용 최대세율 20%로 주식 증여 및 증여세 부담)하며, ⑤ 부사장, 전무의 지분은 기업의 배당가능이익 내에서 합법적으로 자사주 매입 등을 통해 지분관계를 정리하게 되면 1차 승계가 완료됩니다.

---

1) 상속세 및 증여세법 제18조의2 제①항에 따라 가업을 경영하는 자가 가업을 경영하지 아니한 배우자로부터 증여받아 10년이 경과하지 아니한 주식에 대하여는 조세특례제한법 제30조의6에 따른 가업승계 주식 증여세 과세특례가 적용되지 않는 것입니다(상속증여-1744, 2018.08.07.).

[가업승계 주식 증여세 과세특례를 활용하여 딸에게 주식 증여 시 총 증여세]

* 아내로부터 증여받은 주식 포함

구분	금액	비고
증여세 과세가액	80억 원	본인 주식 8만 주 (아내로부터 증여받는 1만주 포함)
- 증여재산공제	(10억 원)	일괄공제 10억 원
= 과세표준	70억 원	
x 특례세율	10%	과세표준 120억 원 이하 세율 10%
산출세액	7억 원	신고세액공제 적용 불가
= 증여세 납부세액	7억 원	

[㈜OO기업의 지분율 변동(예시)]

구분		질문 시점일 현재		배우자 증여 (아내 → 고객님)		아내로부터 주식을 증여받은 뒤 10년 후 딸에게 주식 증여 (고객님 → 딸)		1차 승계 완료 (가업주식 증여, 자사주 매입 활용)	
주주	관계	주식수	지분율	주식수	지분율	주식수	지분율	주식수	지분율
고객님	본인	7만주	70%	8만주	80%	7만주	70%	-	-
아내	배우자	1만주	10%	-	-	-	-	-	-
부사장	-	1만주	10%	1만주	10%	1만주	10%	-	자사주 매입
전무	-	1만주	10%	1만주	10%	1만주	10%	-	
딸	자녀	-	-	-	-	1만주	10%	8만주	100%
대표이사		고객님		고객님		공동대표이사 (증여 후 3년 이내) : 고객님, 딸		공동대표이사 : 고객님, 딸	

1차 승계가 완료된 후에 딸은 가업승계 주식 증여세 과세특례와 관한 사후관리요건을 준수하는 동시에 고객님 사망 시 상속세 정산에 대비하여 가업상속공제 요건에 충족할 수 있도록 고객님과 딸은 ① 세법상 중소기업으로 가업을 유지하고, ② 세법상 중소기업의 주된 업종을 견지하며, ③ 최대주주로서 지분을 유지하고, ④ 실제 가업에 종사하며 고객님과 딸은 공동대표이사를 역임하고 있어야 할 것입니다. 왜냐하면 **가업승계 주식 증여세 과세특례 제도는 딸이 증여시점에는 증여세를 덜 내지만 덜 낸 세금을 고객님 사망 시 상속세로 정산하는 제도이기 때문입니다.** 즉, 가업상속공제까지 적용받고 상속세까지 아껴야 비로소 2차 최종 승계가 완료되는 것입니다.

23. 스물 세번째 질문(Question)

가업승계에 있어서 주된 업종이 중요한가요?

 **Key Point**

주된 업종과 인적분할

[본문에서]

최근 10년간 두 업종의 매출액 규모   (단위: 억 원)

연도	총 매출액	건설업 매출액	비중	물류산업 매출액	비중
2014년	32	32	100%	-	-
2015년	38	38	100%	-	-
2016년	31	31	100%	-	-
2017년	33	33	100%	-	-
2018년	40	36	90.0%	4	10.0%
2019년	45	40	88.9%	5	11.1%
2020년	48	40	83.3%	8	16.7%
2021년	40	28	70.0%	12	30.0%
2022년	43	21	48.8%	22	51.2%
2023년	50	24	48.0%	26	52.0%

(중략) 가업이란 피상속인이 중소기업을 동일 업종으로 10년 이상 유지 경영한 기업을 말하는 것(재산세과-1135, 2009.06.09.) 주된 업종이 2022년에 건설업에서 물류산업으로 변경되었기 때문에 (중략) 현재 시점에는 가업승계 주식 증여세 과세특례를 적용받기 어려워 보입니다.

(중략) 건설업 부문과 물류산업 부문을 인적분할하는 방안을 고려해 보시기 바라며 (중략) 인적분할 후 두 아들에게 각 회사의 주식을 각각 승계하여 가업승계 주식 증여세 과세특례를 모두 받을 수 있도록 하는 것이 가족 간의 분쟁을 예방하는 현명한 가업승계 전략이 될 것입니다.

💬 고객의 세부 질문(Question)

저는 경기도 ○○시 ##읍에 본사를 두고 (주)○○건설물류(표준산업분류에 따라 ① 건설업, ② 물류산업(화물 보관 및 창고업))를 20년째 운영하고 있는 대표이사 정○○(남, 만 68세, 지분율 100%)입니다. 예전에는 빌라 건설공사가 많아 건설업에서 돈을 많이 벌었고, 6년 전에 건설자재 창고를 화물 물류 보관 창고로 전환 및 업종을 추가하여 사업을 하고 있습니다. 특히 최근에는 창고업에서 돈을 더 많이 벌고 있습니다.

저는 아내가 있고 두 아들(큰 아들 42세, 작은 아들 40세)이 있는데 두 아들 모두 제가 운영하고 있는 회사에서 부장으로 일하고 있습니다. 그런데 맏아들이 (주)○○건설물류 주식을 물려달라고 하는 상황으로 재무담당이사에게 물어보니 매출액 기준으로 가업승계 주식 증여세 과세특례를 적용받기 위한 '주된 업종(건설업 vs 물류산업)'과 관련하여 문제가 있을 것 같다고 합니다. 어떻게 해결하면 좋을까요?

[최근 10년간 두 업종의 매출액 규모] (단위 : 억 원)

연도	총 매출액	건설업 매출액	비중	물류산업 매출액	비중
2014년	32	32	100%	-	-
2015년	38	38	100%	-	-
2016년	31	31	100%	-	-
2017년	33	33	100%	-	-
2018년	40	36	90.0%	4	10.0%
2019년	45	40	88.9%	5	11.1%
2020년	48	40	83.3%	8	16.7%
2021년	40	28	70.0%	12	30.0%
2022년	43	21	48.8%	22	51.2%
2023년	50	24	48.0%	26	52.0%

 **답변(Answer)**

가업승계 주식 증여세 과세특례를 적용받기 위해서 일단 요건 충족 여부를 살펴보도록 하겠습니다. 우선 고객님이 주신 정보에 따라 ① 기업규모 및 업종 요건을 살펴보면 고객님의 주식회사는 조세특례제한법 시행령 제2조 제①항 제1호와 제3호, 제4호의 요건을 충족하는 중소기업에 해당하며, 건설업과 물류산업(화물 보관 및 창고업) 두 업종 모두 특례를 적용받을 수 있는 업종 요건에 부합하는 것으로 판단됩니다. ② 고객님은 중소기업인 주식회사를 20년째 대표이사로 운영하고 있고, 국내 거주자로 보이며, 만 60세 이상의 부모이기 때문에 증여자 요건도 충족하고 있습니다. ③ 아들들도 현재 국내 거주자로서 해당 기업에서 근무하고 있고, 만 18세 이상이기 때문에 수증자 요건도 만족하고 있습니다. ④ 지분요건과 관련하여 고객님은 지분율 100%로 해당 기업의 최대주주이자 발행주식 총수의 40% 이상을 보유하고 있으므로 해당 요건도 충족합니다.

다만, ⑤ 증여자인 부모가 가업을 10년 이상 계속하여 영위하였는지에 대해 상속세 및 증여세법 제18조의2 제①항의 가업이란 동법 시행령 제15조 규정에 따라 피상속인이 중소기업을 동일 업종으로 10년 이상 계속하여 유지 경영한 기업을 말합니다(재산세과-1135, 2009.06.09.). 다만 고객님이 경영하는 기업의 주된 업종이 2022년에 건설업에서 물류산업으로 변경되었기 때문에, 세법의 엄격 해석상 주된 업종이 변경된 2022년(건설업에서 물류산업으로 변경된 시점[1])부터 10년간 주된 업종의 변경없이 계속하여 동

---

[1] 동일한 사업장에서 2이상의 서로 다른 사업을 영위하는 경우에는 사업별 사업수입금액(매출액)이 큰 사업을 주된 사업으로 보아 주된 업종의 변경 여부를 판단하는 것입니다(재산세과-270, 2012.07.24.).

일 업종으로 경영한 기업에 해당되지 않으므로 현재 시점에는 가업승계 주식 증여세 과세특례를 적용받기 어려워 보입니다.

따라서 고객님과 같은 상황은 수입금액의 변동(매출액)이 세법상 주된 업종 영위(가업 영위)에 영향을 미치는 동시에 가업승계 주식 증여세 과세특례 요건에도 영향을 주기 때문에 이와 같은 불확실성을 제거하기 위해 건설업 부문과 물류산업 부문을 인적분할[1]하는 방안을 고려해 보시기 바라며[2] 인적분할 후 두 아들에게 각 회사의 주식을 각각 승계하여 가업승계 주식 증여세 과세특례를 모두 받을 수 있도록 하는 것이 가족 간의 분쟁을 예방하는 현명한 가업승계 전략이 될 것입니다.

---

1) 인적분할 : 기존의 회사(분할법인)의 주주들이 지분율 대로 분할신설법인의 주식을 나눠 갖는 방식의 기업분할로써, 주주의 인적구성은 변하지 않고 회사만 수평적으로 나눠지는 기업분할 방식
2) K-BIZ 중소기업중앙회, 「2021 중소기업 가업승계 세제 상담 사례집」, 중소벤처기업부(2021년), 99면

24. 스물 네번째 질문(Question)

비상장주식을 증여 받은 후 주식시장에 상장하게 되면 어떤 문제가 발생합니까?

Key Point

비상장주식 증여 후 주식시장 상장 시 증여세 문제

[본문에서]

> (중략) 최대주주 또는 지분율 25% 이상인 자로부터 특수관계인이 해당 법인의 주식을 증여받거나 취득한 경우 그 **주식을 증여받은 날**(취득한 날)로부터 5년 이내에 자본시장법에 따라 증권시장에 **상장**됨에 따라 그 주식의 **가액이 증가**된 경우로서 증여받은 시점의 증여세 과세가액 또는 취득가액을 초과하여 **세법상 기준금액 이상의 이익을 얻었을 때**는 그 이익에 상당하는 금액을 **증여재산가액**으로 합니다(상속세 및 증여세법 제41조의3 주식 등의 상장 등에 따른 이익의 증여).

고객의 세부 질문(Question)

반도체 제조업체인 (주)○○○시스템(2001년 설립, 대표이사 손##(만 71세))의 재무이사로 일하고 있는 손○○(만 42세, 대표이사 손##의 둘째 딸, 13년째 해당 기업에서 근무중) 입니다.

대표이사인 아버지의 회사 지분은 총 발행주식수 기준 82%(2023년말 상속세 및 증여세법상 보충적 평가방법 기준으로 약 656억 원)이며 이 중에서 31%(약 203억 원)를 가업승계 주식 증여세 과세특례를 활용하여 후계자인 제가 증여받을 예정입니다.

그런데 아버지의 소망이 우리 회사를 국내 주식시장에 상장시키는 것으로 2년 전부터 기업공개(IPO, Initial Public Offering)를 준비하고 있고, 향후 1년 내에 마무리될 것으로 보입니다. 다만, 기업공개를 주관하고 있는 ○○증권사에서 기업공개를 하게 되면 저는 이중으로 증여세를 부담할 수 있다고 조언해 주었는데 맞는 내용일까요?

 **답변(Answer)**

▶ 비상장주식을 주식시장에 상장할 경우 발생되는 증여세 문제

　기업의 경영 등에 관하여 공개되지 않은 정보를 이용할 수 있는 지위에 있다고 볼 수 있는 ① 최대주주 또는 지분율 25% 이상인 자로부터 특수관계인이 해당 법인의 주식을 증여받거나 취득한 경우 그 ② 주식을 증여받은 날(취득한 날)로부터 5년 이내에 자본시장법에 따라 증권시장에 상장하여 그 주식의 가액이 증가된 경우로서 ③ 증여받은 시점의 증여세 과세가액 또는 취득가액을 초과하여 세법상 기준금액[1] 이상의 이익을 얻었을 때는 ④ 그 이익에 상당하는 금액을 증여재산가액으로 합니다(상속세 및 증여세법 제41조의3 주식 등의 상장 등에 따른 이익의 증여). 즉, 이 규정은 비상장주식을 증여받고 5년 이내 상장 시 증여세를 정산과세함으로써 변칙적인 증여 행위 등을 차단하기 위한 목적입니다.

　만약, 비상장기업일 때 증여받은 주식(증여세 과세가액 약 203억 원)은 가업승계 주식 증여세 과세특례를 적용(1차 적용)받고, 해당 주식을 증여받은 후 5년 이내 국내 증권시장에 상장하여 세법상 주식 상장에 따른 증여이익(세법상 기준금액 이상의 이익에 한함)이 발생하면 가업승계 주식 증여세 과세특례를 적용받은 '주식가액'과 증권시장 상장에 따른 '증여이익'을 합하여 최대 100억 원까지는 재차 가업승계 주식 증여세 과세

---

[1] 비상장법인이 증권시장에 상장을 한 후 3개월이 되는 날(정산기준일)을 기준으로 평가한 주식의 가격과 증여받거나 취득할 당시 비상장주식의 가격 차액이 증여(취득) 당시에 비해서 30% 이상 상승하였거나 그 차액이 3억 원 이상인 경우

특례를 적용받아 증여세를 절세할 수 있습니다(조세특례제한법 시행령 제27조의6 제8항).

그러나 해당 사례에서는 가업승계 주식 증여세 과세특례를 받으려고 하는 '주식가액이 이미 100억 원을 초과'하므로 특례를 적용받은 후 5년 이내 증권시장 상장에 따른 '증여이익'은 일반 증여재산(세율 10%~50%)으로 간주되어 증여세가 계산됩니다(참고로 조세특례제한법 시행령 제27조의6 제8항에서 한도가 아직 100억 원으로 남아있는 것은 입법 미비로 보입니다).

▶ 주식시장 상장에 따라 지분이 감소하는 경우 증여세가 추징될까요?

비상장기업일 때 주식을 증여받아 가업승계 주식 증여세 과세특례(1차 적용)를 받은 고객님은 5년간 정당한 사유없이 증여받은 주식 지분이 줄어드는 경우(수증자가 증여받은 주식을 처분하는 경우, 유상증자 등을 하는 과정에서 실권 등으로 수증자의 지분율이 낮아지는 경우, 수증자와 특수관계에 있는 자의 주식 처분 또는 유상증자 등을 하는 과정에서 실권 등으로 최대주주 등에 해당되지 않는 경우)에는 일반 증여재산으로 증여세를 재계산하고 이자상당액을 추가로 부담합니다.

다만, ① 자본시장법 제390조 제1항에 따른 상장규정 또는 상장요건을 맞추기 위해 지분을 감소시킨 경우, ② 법인의 시설투자, 사업규모 확장 등에 따른 유상증자로서 수증자의 특수관계인 이외의 사람에게 신주를 배정하기 위해 실권하였으나 여전히 수증자가 최대주주 등인 경우, ③ 법인의 채무가 출자전환되어 수증자의 지분율이 낮아졌으나 여전히 수증자가 최대주주 등인 경우에는 조세특례제한법 시행령 제27조의6 제

7항에 따라 증여세 및 이자상당액이 추징되지 않습니다(상증, 기획재정부 재산세제과-651, 2015.10.05.).[1]

---

[1] K-BIZ 중소기업중앙회, 「2021 중소기업 가업승계 세제 상담 사례집」, 중소벤처기업부(2021년), 101면 참조

세부 Q&A - 가업승계 주식 증여세 과세특례

* 아래 사항은 단순 참고용 자료이며,
  납세자(관계자 포함)들의 개별적인 사항에 따라 세법 적용이 달라질 수도 있음을 꼭 명심하여 주시기 바랍니다.

구분	질의	회신 (공적 의견)	근거
쟁점 사항	가업승계 주식 증여세 과세특례를 적용받은 수증자가 증여자보다 먼저 사망하는 경우 증여자의 상속세 과세가액에 가업승계 주식의 가액은 어떻게 될까?	(법률) 증여자의 상속세 과세가액에 당연 포함 (해당 사례) 특례를 적용받은 수증자가 증여자 보다 먼저 사망한 경우, 증여자의 상속세 과세가액에 미포함	상증, 서면-2022-법규재산-4436 [법규과-2400], 2023.09.14
쟁점 사항	아버지의 사망으로 '장남(A)'가 주식을 승계받으며 가업상속공제를 적용 받은 후 사내이사로 경영에 참여한 어머니로 부터 차남(B)가 주식을 증여받을 경우 가업승계 주식 증여세 과세특례 적용 가능?	부친의 사망으로 장남(A)가 가업상속공제를 적용 받은 후 모친으로 부터 차남(B)가 주식을 증여받는 경우에는 가업승계 주식 증여세 과세특례 적용 불가	조특, 기획재정부 재산세제과-722, 2023.05.25
쟁점 사항	<같은 증여자의 재차증여 건> 아버지(갑)의 가업승계 주식을 (최초) 증여 받은 이후 아버지(갑)이 재차 주식 증여시 가업승계 주식 증여세 과세특례를 받을 수 있을까?	(최초) 특례를 적용받은 후 자녀가 과세특례 한도 내에서 요건을 갖추어 동일인인 아버지로 부터 재차 주식을 증여받을 때도 특례 적용 가능	상증, 서면-2016-법령해석재산-2916 [법령해석과-4005], 2016.12.12
쟁점 사항	<아버지와 어머니의 각각 증여 건> 부와 모가 공동사업을 하던 가업의 모의 지분을 자녀(A)가 증여받아 특례를 적용받은 후 → 부의 지분을 자녀(A)가 증여받을 때 특례 가능?	가업의 모 지분을 자녀(A)가 증여받아 특례를 적용받은 후에 부 지분을 자녀(A)가 증여받을 때는 특례 적용 불가 * 가업승계 주식 증여세 과세특례에서는 증여자 부부는 동일인이 아님(각각 증여자임)	조특, 서면-2021-법규재산-4361 [법규과-1938], 2022.06.29
가업 영위 기간	개인사업을 영위하다가 사업양수도 방법으로 법인전환한 경우 가업영위기간은?	법인전환 후 법인설립일 이후 (증여자가) 법인의 최대주주에 해당하는 경우에는 '개인사업자로서의 가업영위기간도 포함'	상증, 재산세과-32, 2012.02.01
가업 영위 기간	가업승계 주식 증여세 과세특례에 있어서 10년 이상 계속하여 기업을 경영한 경우일 때 가능한데 이때 '경영'의 의미는?	지분 소유 요건 충족(형식) + '경영이란 단순히 지분을 소요하는 것을 넘어 가업을 효과적이고 효율적인 관리 및 운영을 위해 실제 가업 운영에 참여한 경우(실질)'를 의미	상증, 기획재정부 재산세과-825, 2011.09.30
가업 영위 기간	증여자가 대표이사로 꼭 재직해야 하는지?	증여자의 대표이사 재직요건을 요구하지 않음 단, 증여일 전 10년 이상 계속하여 부 또는 모가 가업을 실제 경영한 경우 적용하는 것	상증, 상속증여세과-585, 2013.10.28

구분	질의	회신 (공적 의견)	근거
가업 영위 기간	합병의 경우 가업영위기간 판단?	15년간 운영한 A법인을 3년 간 운영해온 B법인에 합병한 경우 : 합병 후 사업을 개시한 날 부터 계산	상증, 재산세과-729, 2010.10.05
		B법인을 A법인에 흡수합병하고, A법인의 주된 업종을 B법인의 주된 업종으로 변경 : 업종 변경된 재화 또는 용역을 처음 공급한 날부터 가업영위기간 계산	상증, 재산세과-755, 2010.10.14
재산 요건	대주주 이지만 가업을 경영하지 않은 배우자(어머니)로 부터 증여받은 주식은 과세특례가 적용되나?	가업을 경영하지 않은 배우자(어머니)로 부터 증여받은 주식은 가업승계 주식 증여세 과세특례가 적용되지 않음	상증, 서면-2015-상속증여-1550 [상속증여세과-920], 2015.09.08
재산 요건	개인사업자도 가업승계 주식 증여세 과세특례 적용 가능?	불가(중소기업 법인의 주식만 가능)	상증, 재산세과-282, 2011.06.10
재산 요건	(증여자가 가업을 경영하지 않은 다른 사람으로 부터) 증여로 취득한 10년 미만 주식은?	(경영을 하지 않은 배우자 등으로 부터 주식을) 증여받아 10년이 경과하지 않은 주식은 특례 적용 불가	상증, 기획재정부 재산세제과-385, 2014.05.14
지분 요건	아버지(A법인 지분율 50%)와 어머니(A법인 지분율 20%) 중 먼저 아버지로부터 주식을 증여받고 10년 뒤 어머니 주식을 증여받을 때도 과세특례 대상인지?	최대주주 또는 최대출자자로 부터 증여받은 경우만 과세특례를 적용받을 수 있기 때문에 어머니는 최대주주(출자자)에 해당되지 않아 적용 불가 * 지분요건 : 최대주주 등과 특수관계인 합산 * 증여자 요건 : 최대주주 또는 최대출자자만	상증, 서면-2020-상속증여-0193 [상속증여세과-372], 2020.05.26
지분 요건	가업승계 주식 증여세 과세특례 지분요건은?	가업승계 주식 증여세 과세특례 적용대상 비상장법인 기업은 최대주주인 증여자와 그의 특수관계인의 주식 등을 합하여 해당 기업 발행주식총수의 40% 이상을 10년 이상 계속 보유하는 경우에만 특례 적용 * 지분요건 : 최대주주 등과 특수관계인 합산 * 증여자 요건 : 최대주주 또는 최대출자자만	상증, 서면-2018-상속증여-0588 [상속증여세과-222], 2019.03.11
수증자 요건	2인 이상 수증자가 증여받은 주식인 경우에도 특례 적용이 가능한지?	(2020년 1월 1일 이후 증여분 부터) 2인 이상의 수증자가 기업별로 증여받거나 1개 기업을 공동으로 증여받은 경우 수증자가 대표이사로 취임하는 등 요건을 충족하는 경우 특례 적용 가능 * 단, 가업을 승계한 거주자가 2인 이상일 경우에는 각 거주자가 증여받은 주식을 1인이 모두 증여받은 것으로 보아 증여세 계산	상증, 서면-2020-상속증여-5330 [상속증여세과-284], 2021.04.30 상증, 서면-2020-법규재산-5942 [법규과-1077], 2022.03.30

구분	질의	회신 (공적 의견)	근거
수증자 요건	수증자가 이미 지분율 40% 이상을 보유한 후 부모로 부터 가업주식을 증여받는 경우에도 특례 적용이 가능한지?	(수증자가 이미 지분요건(대표이사 요건)을 갖춘 경우) 부 또는 모가 10년 이상 계속하여 경영한 기업으로 특례 요건을 충족하면 부 또는 모로 부터 증여받은 가업주식은 특례를 적용받을 수 있음	조특, 기획재정부 재산세제과-683, 2016.10.26
수증자 대표 이사 요건	수증자가 배우자와 함께 공동대표이사에 취임하는 경우에도 특례 적용 가능?	수증자가 증여세 과세표준 신고기한 까지 가업에 종사하고 5년 이내 (배우자와) 공동대표이사 또는 각자 대표이사에 취임하는 경우에도 특례 적용	상증, 서면-2016-상속증여-5733 [상속증여세과-1336], 2016.12.21
수증자 대표 이사 요건	수증자가 대표이사로 취임한다는 것은?	- 형식 : 수증자가 대표이사로 선임되고, 법인등기부에 등재되며, - 실질 : 실제 대표이사직을 수행하는 경우 * 형식과 실질을 모두 갖추어야 함	조특, 재산세과-551, 2010.07.27
수증자 대표 이사 요건	수증자가 증여일 이전에 대표이사로 취임한 경우도 적용 가능?	수증자가 증여일 이전에 대표이사로 취임한 경우에도 특례 적용	상증, 서면-2017-상속증여-1132 [상속증여세과-1036], 2017.09.26
수증자 대표 이사 요건	가업승계 주식 증여세 과세특례를 적용받은 후 법인을 인적분할하는 경우 대표이사는?	(가업승계 주식을 증여받은 후 인적분할하는 경우) 수증자는 분할 및 신설법인에 모두 대표이사로 취임해야 함	상증, 서면-2019-상속증여-2995 [상속증여세과-647], 2020.09.01
사업무관자산	가업승계 주식 증여세 과세특례 적용시 '퇴직연금운용자산(DB)'는 사업무관자산인가?	확정급여형 퇴직연금제도(DB)를 설정한 법인의 퇴직연금운용자산은 사업관련자산임	상증, 기획재정부 재산세제과-1121, 2022.09.14
사업무관자산	가업주식 주식 증여세 과세특례에서 '가업주식의 가액 중 가업자산상당액(사업무관자산 비율 차감)'을 계산할 때 안분계산은?	(가업이 보유한 자산에서 가업자산과 사업무관자산이 혼재된 자산의 경우) 건물 : 기준시가 기준으로 안분, 토지 : 건물 부수토지에 상당하는 면적 비율로 안분	사전답변 : 법규재산2014-1894, 2014.11.19
사업무관자산	법인이 보유한 자기주식은?	가업에 해당하는 법인이 일시 보유후 처분할 목적인 자기주식은 사업무관자산	조특, 서면-2015-법령해석재산-1711 [법령해석과-3004], 2015.11.13
사업무관자산	가업법인인 모회사가 보유한 가업법인의 자회사 주식은?	가업에 해당하는 법인(모회사)이 보유한 자회사가 발행한 주식은 사업무관자산	상증, 서면-2015-상속증여-0456, 2015.04.21
사업무관자산	상호출자주식의 사업무관자산 해당 여부 - 가업법인이 보유한 타회사 발행 주식은?	가업에 해당하는 법인이 보유중인 다른 회사가 발행한 주식 즉, 법인의 영업활동과 직접 관련 없이 보유하는 타회사 주식은 사업무관자산	상증, 서면-2015-상속증여-1677 [상속증여세과-00945], 2015.09.14

구분	질의	회신 (공적 의견)	근거
사업 무관 자산	가업법인이 투자목적(영업활동과 직접 관련 없이)으로 보유한 주식, 채권 등 금융상품은?	상속세 및 증여세법 시행령 제15조 제5항 마목에 따라 법인의 영업활동과 직접 관련 없이 보유하고 있는 금융상품은 사업무관자산	상증, 서면-2015-상속증여-1678 [상속증여세과-955], 2015.09.15
특례 신청 (기한)	가업승계 주식 증여세 과세특례 신청 관련	'증여세 과세표준 신고기한 까지 특례신청(특례 과표 신고서 등)으로 하여야'함. 만약, 기한 내에 특례 신청을 하지 않은 경우 특례를 적용하지 아니함	상증, 서면-2017-상속증여-1848 [상속증여세과-843], 2017.07.28
사후 관리 요건	과세특례를 적용받은 후 5년 이내에 대표이사에 취임하지 않은 경우?	가업승계 주식 증여세 과세특례를 적용받은 사람이 '증여일로 부터 5년 이내에 대표이사에 취임하지 않는 경우'에는 증여세와 이자상당액이 과세됨	조특, 기획재정부 재산세제과-784, 2020.09.10
사후 관리 요건	과세특례를 적용받은 후 5년 이내에 경영악화로 폐업하는 경우?	가업승계 이후 경영사정으로 폐업하는 경우에도 증여세 부과 대상임 → 증여세를 미부과하는 부득이한 사유 아님 → 부득이한 사유 : 병역 이행, 질병·요양, 취학상 형편	조특, 재산세과-225, 2010.04.07
사후 관리 요건	특례를 적용 받은 후 가업 확장에 따라 기존 공장을 처분하고 새로운 공장을 취득하는 경우?	가업용 자산인 공장시설을 확장, 이전하기 위해 기존 공장을 처분하고 새로운 공장을 취득하는 경우에는 정당한 사유에 해당 → 부득이한 사유로 인정 : 증여세 부과 대상 아님	상증, 서면법규과-150, 2014.02.18
사후 관리 요건	가업승계 특례 적용 후 가업을 인적분할 하여 지주회사로 전환시 분할존속법인이 사업을 영위하지 않는 경우?	가업승계 이후 가업을 인적분할하여 가업을 이어받은 분할존속법인이 해당 사업을 영위하지 않는 경우에는 사후관리위반사유에 해당하고 증여세와 이자상당액을 추징함	조특, 서면-2015-법령해석재산-2528 [법령해석과-3063], 2016.09.29
사후 관리 요건	수증자가 특례를 적용 받기 전(증여 전)에 보유한 주식을 특례를 적용받은 후(증여 후) 처분하는 경우에도 증여세 부과?	(수증자가 특례 적용 전 보유한 주식을 가업승계 이후 처분하는 경우) 처분 이후에도 최대주주 등에 해당하면 증여세 미부과	상증, 서면-2019-상속증여-1646, 2019.08.08
사후 관리 요건	수증자가 가업승계 특례 적용 후(증여일 이후) 추가로 취득한 주식을 처분하는 경우 증여세 부과 여부?	(수증자가 특례 적용 이후 취득한 주식을 처분하는 경우) 처분 이후에도 최대주주 등에 해당하면 증여세를 부과하지 않음	상증, 서면-2016-상속증여-5744 [상속증여세과-838], 2017.07.28 재산세과-1931, 2008.07.28

구분	질의	회신 (공적 의견)	근거
사후 관리 요건	과세특례를 적용받은 후 사후관리기간 이내에 유상증자를 하면서 지분율이 줄어든 경우?	사후관리기간 이내 유상증자(균등유상증자 포함)를 하면서 정당한 사유 없이 수증자의 지분이 감소하는 경우에는 증여세 및 이자 상당액을 추징함	상증, 상속증여세과-281, 2014.07.31
사후 관리 요건	가업승계 주식 증여세 과세특례를 적용하여 증여세를 계산할 경우 동일인으로 부터 증여 받은 다른 일반증여재산과 합산하지 않는데, 만약, 사후관리 위반시에는 동일인으로 부터 증여받은 다른 일반증여재산과 합산해서 증여세를 계산할까?	사후관리 위반으로 증여세를 부과하는 경우 동일인으로 부터 증여받은 다른 일반증여재산과 합산하여 증여세 계산	조특, 서면-2019-법령해석재산-1464 [법령해석과-3771], 2021.10.28
사후 관리 요건	가업승계 주식 증여세 과세특례를 적용하여 증여세를 계산할 경우 '신고세액공제'가 적용되지 않는데, 만약, 사후관리 위반시 증여세를 재계산할 때는 신고세액공제가 적용될까?	사후관리 위반으로 증여세가 부과되는 경우에도 신고세액공제는 적용하지 않음	조특, 서면-2019-법령해석재산-1464 [법령해석과-3771], 2021.10.28
기타	창업자금 증여세 과세특례 제도와 중복으로 적용받을 수 있는지? → 실제 질의 : 창업자금에 대한 증여세 과세특례를 적용 받은 자가 일반세율을 적용하여 증여세를 수정신고한 경우라면 가업승계 주식 증여세 과세특례 적용 가능?	창업자금에 대한 증여세 과세특례를 적용받은 거주자는 일반세율로 수정신고를 할 경우라도 가업승계 주식 증여세 과세특례를 적용받을 수 없음	상증, 상속증여세과-395, 2013.07.22

신탁 활용 ⑦

가업승계의 시작은
신탁계약과 단계적 주식 증여부터

질문(Question)

저는 충북 ○○군에서 김치 공장(##식품㈜)을 운영하고 있습니다(여, 만 74세, 지분율 100%). 최근 주변 지인들이 하나 둘씩 자녀들이나 심지어 손자들에게 기업을 물려주고 있어서 고민이 됩니다. 평생 좋은 김치를 만드는 노력만 해오다 보니 누구한테 기업을 물려줄 생각은 안해봤는데 큰딸(만 49세)이 저랑 같이 10년 째 일하고 있습니다. 그래서 큰딸에게 기업을 물려주려고 하는데 무엇부터 시작하는 것이 좋을까요? 어떻게 하는 것이 좋을까요?

 **답변(Answer)**

▶ 가업승계의 시작은 공개적으로 후계자를 공표하고 신탁계약서를 작성하는 것부터

국내 가업승계 전문 컨설턴트인 김기백 대표는 본인의 책 「가업승계, 100년 기업을 만든다」에서 '가업승계는 공개적으로 시작해야 하고, 반드시 문서로 시작해서 문서로 끝내라'고 조언하고 있습니다. 저는 이 말에 전적으로 동의합니다.

가업승계의 시작을 공개적으로 알리는 것 중에 가장 효율적인 방법은 신탁을 설정하는 것입니다. 고객님은 신탁계약의 위탁자로서 신탁회사 등 수탁자와 신탁계약을 체결하고, 본인의 주식을 수탁자에게 맡기며, 수익자는 후계자인 큰딸이 됩니다. 그리고 이 신탁계약 내용을 대내외적으로 공개하는 것이 중요합니다. 이렇게 되면 가업승계에 따른 이해관계자(고객님의 가족, 금융기관, 거래처, 관련 기관 종사자)들에게 후계구도를 명확히 각인시켜 줄 수 있으며, 창업주인 고객님의 급작스런 사망 등 불확실성에도 미리 대비할 수 있습니다.

▶ 신탁의 장점 활용 : 공감대 형성과 단계적(조건성취시) 주식 증여

고객님에 신탁계약(위탁자 : 고객님, 수익자 : 맏딸, 신탁재산 : 주식)의 신탁기간은 최소 10년 이상이 바람직합니다. 신탁기간 동안 고객님은 후계자인 맏딸의 업무역량, 경영능력을 확인하고 사내 직원들과의 공감대를 형성하여 내 핏줄에게 기업을 물려주는 이기적인 가업승계가 아니라는 인식을 심어줘야 합니다. 즉, 가족기업이 전문경영인을 두는 기업보다 장점이 많다는 것(경영자의 확고한 주인 의식, 장기 경영을 통한 안정성 확보, 지속 가능한 성장을 위해 과감한 투자, 신속한 의사결정 가능[1])을 증명하는 시간이 필요합니다.

따라서 **한꺼번에 주식을 물려주는 것이 아니라 신탁을 통해 신탁기간 전체에 걸쳐서 증여 조건 성취 시**(예를 들면 기업의 매출액이 이전보다 5% 이상씩 증가할 때마다 신탁재산인 주식의 일부를 수익자에게 이전·증여) **후계자이자 신탁계약의 수익자인 딸에게 주식을 단계적으로 물려주는 것이 효과적**일 수 있습니다. 신탁을 활용하면 고객님이 기억하지 않아도 신탁회사 등 수탁자가 매년 또는 정기적으로 조건 등을 파악 및 검토하여 주식 소유권을 맏딸에게 이전할 수 있습니다.

추가적으로 신탁을 활용하면 가성비 높은 보수와 비용 구조로 신탁회사의 전문가(법률 전문가, 회계 및 세무전문가, 자산운용 전문가, 가업승계 전문가)들로 부터 양질의 컨설팅 서비스를 지속적으로 받을 수 있는 장점 또한 있습니다.

---

1) 김선화, 「가업승계, 명문장수기업의 성공전략」, 쌤앤파커스(2017년), 24면
 짐콜린스, 「위대한 기업은 다 어디로 갔을까」, 김영사(2010년)

[신탁을 활용한 단계적 주식 증여 구조도 예시]

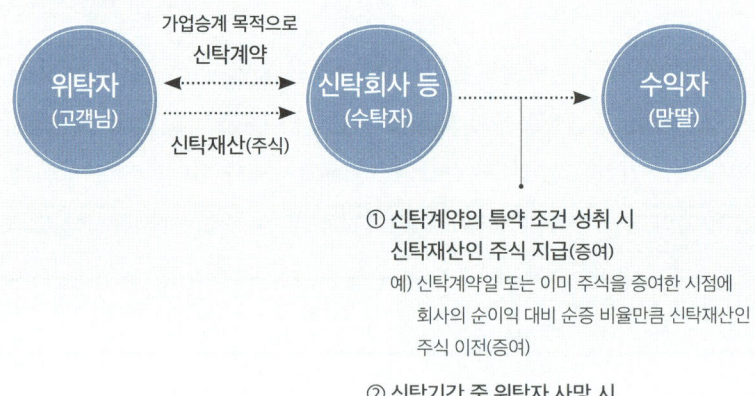

① 신탁계약의 특약 조건 성취 시
   신탁재산인 주식 지급(증여)
   예) 신탁계약일 또는 이미 주식을 증여한 시점에
       회사의 순이익 대비 순증 비율만큼 신탁재산인
       주식 이전(증여)

② 신탁기간 중 위탁자 사망 시
   신탁잔여재산을 수익자에게 전부 이전

`신탁 활용 8`

주식을 증여하더라도
자녀에게 대접받는 방법과 신탁

질문(Question)

저는 68세 옥외광고 디자인 업체인 ○○디자인㈜의 대표이사입니다. 대표이사 겸 최대주주로서 회사를 13년째 경영해 오고 있었으나 최근 당뇨 등 합병증으로 인해 건강이 썩 좋지 않습니다. 제 아들(40세)은 ○○대학교 시각디자인학과를 졸업하고 현재는 대형 광고회사에 다니고 있습니다. 그래서 아들에게 제 회사 주식(지분율 75%, 세법상 비상장주식 평가액 약 60억 원, 직원 20명)을 증여하여 가업을 이어가게 하고 싶습니다.

다만, 아들은 제가 기존에 해오던 옥외 광고 디자인 사업은 그것대로 하면서 본인의 특기인 영상 디자인 분야를 키운다고 합니다. 바람직한 일이지만 회사도 작고 직원 수도 많지 않을 뿐더러 십년간 저와 함께 동고동락한 직원들에게 영상 디자인 분야는 생소한 분야라 불안감이 클 것으로 예상됩니다. 따라서 회사 주식을 증여한 후에도 당분간은 아들의 기업경영에 조언을 해주고 싶습니다.

 **답변(Answer)**

▶ 도약기에 기업을 넘겨받는 아들이 꼭 생각해야 하는 것

우리나라 가업승계 전문가들은 우리나라 기업들의 라이프사이클을 4단계로 구분하였습니다. 1단계 생존기, 2단계 성장기, 3단계 도약기, 4단계 성숙기[1]로 말이지요. 그런데 고객님의 현실과 아들에게 놓여진 상황, 기업의 환경이 3단계 도약기에 해당할 것 같습니다.

도약기의 특징은 사업 분야 즉 비즈니스의 포트폴리오가 다양해지고, 부서나 사업도 세분화되며, 구성원들의 결속이 약해지고 소통이 어려워지는 단점이 있다고 합니다.

그러면서 도약기에는 ① 경영자가 세대교체 되어도 조직원들이 불안해하지 않게 강력한 기업 문화를 구축하고, ② 사업 다각화 전략을 통해 지속적인 성장기반을 마련하되 중견관리자들에게 실질적인 권한을 위임하는 것이 중요하다고 합니다.

따라서 후계자인 고객님의 아들은 ③ 영상 디자인 사업 부문을 조금 더 정밀하게 구상하되, ④ 창업주인 고객님과 동거동락했던 임직원들이 불안해 하지 않도록 기업의 미래 비전을 중견관리자 및 직원들과 함께 공유하고 공감대를 형성하는 것이 매우 중요할 것으로 판단됩니다.

---

1) 김선화, 「가업승계, 명문장수기업의 성공전략」, 쌤앤파커스(2017년), 95면

▶ 아들이 불안해 보이는 창업주인 고객님에게 드리는 말씀

가업의 주식을 상속이 아닌 증여를 통해 승계하려고 할 때 증여자인 창업주들의 공통점은 본인이 키운 기존 사업 외에 후계자인 자녀가 하려는 새로운 사업에 매우 부정적이라는 것입니다.

우리나라 가업승계 전문가들은 우리나라 기업들이 가업승계에 실패하는 이유로 ① 환경과 기술, 시장 변화에 기민하게 대응하지 못하였거나 ② 과도한 상속세로 기업의 활력이 저하 및 위축되었거나, ③ 후계자의 준비가 미흡했거나, ④ 가족구성원 간의 이해관계가 충돌하여 가족분쟁이 발생하였거나 ⑤ 세대 간 경영철학과 사업방식의 차이로 갈등이 발생하여 경영진뿐만 아니라 직원들의 응집력이 약화된 경우 등 크게 5가지를 꼽았습니다[1].

고객님의 이야기만 듣고는 고객님의 아들이 후계자로서 자질과 준비가 미흡하다고 평가할 수 없습니다. 다소 분야가 다르긴 하나 광고회사에서 쌓아온 실력과 경험을 고객님의 회사에 잘 녹일 수만 있다면 더할 나위없이 좋을 것입니다. '변화를 거부하는 경영자는 반드시 실패한다[1]'는 것을 기억하시면서 후계자인 아들을 믿어 보시되, 아들의 경영 활동을 현명하게 조언할 수 있는 '선(先)증여 주식 신탁'을 활용해 보시기 바랍니다.

---

1) 김선화, 「가업승계, 명문장수기업의 성공전략」, 쌤앤파커스(2017년), 27면

▶ 선(先)증여 주식 신탁 활용

가업승계 주식 증여세 과세특례를 보면 후계자인 자녀는 주식을 증여받은 날로부터 3년 이내에 대표이사에 취임하면 된다고 명시되어 있습니다. 그럴 때 증여계약과 신탁계약을 같이 활용하신다면 창업주인 고객님이 주식 증여 후 최대 3년까지는 후계자인 아들의 경영 활동을 점검하고 조언할 수 있을 것 같습니다.

증여계약과 신탁계약을 활용하는 프로세스 및 절차는 이렇습니다. ① 주식을 증여하기 전에 조건부 증여계약서를 가업승계 전문가들과 함께 꼼꼼히 점검하셔야 합니다. 예를 들면 증여계약서에 써야할 조건은 '증여받은 주식은 전부 신탁할 것, 신탁의 종료(해지)는 영상 디자인 부문의 매출액이 기업 총매출액에 3분의 1 이상이 될 때, 신탁계약기간의 만기가 도래할 때, 신탁관리인의 동의가 있을 때' 등이 담겨있어야 합니다. ② 창업주와 후계자는 조건부 증여계약서를 실제 작성하고 교부하며, 주식을 증여받은 후계자는 신탁회사 등 수탁자와 신탁계약을 체결하고, ③ 조건이 달성되거나 창업주이자 신탁관리인인 고객님의 동의를 통해 신탁계약을 종료(해지)하여 진정한 주식의 소유자로서 후계자는 회사를 경영할 수 있습니다.

[선(先)증여 주식 신탁을 통한 가업승계 플랜]

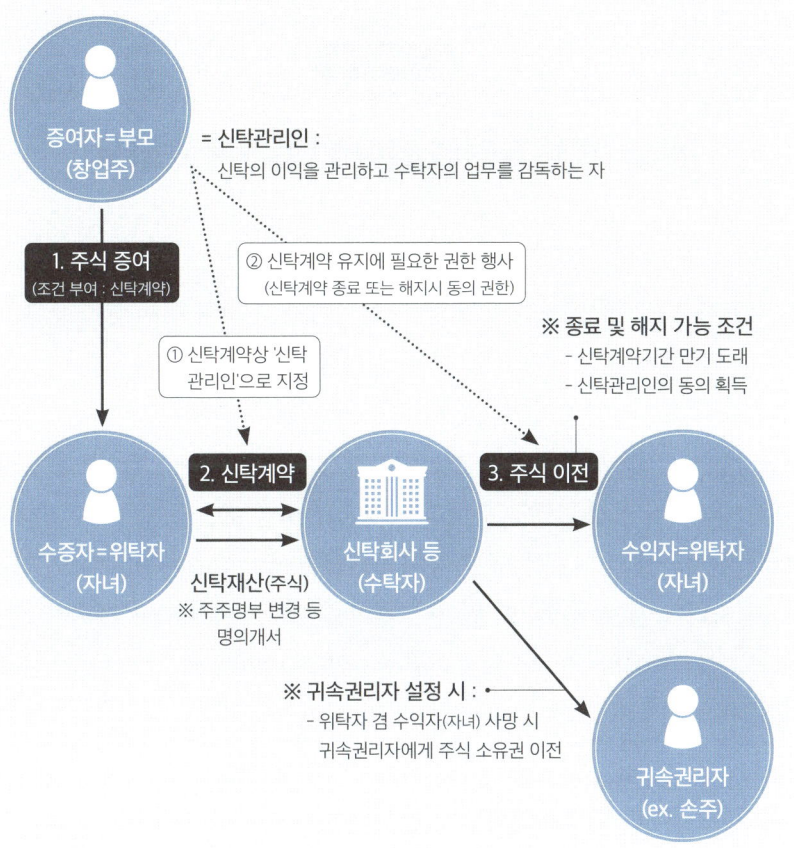

> **유의사항**
> 상기 플랜은 수증자인 위탁자가 주식을 신탁회사 등 수탁자에게 신탁하는 것이 위탁자의 지분감소로 보지 않는다는 세법개정 또는 과세당국의 공식적인 의견이 있을 때만 완전한 실행이 가능하다는 점을 인지하여 주시기 바랍니다.

별첨 자료 ④

혼인 예정 자녀를 위한 타익신탁의 활용

2024년에 개정된 세법 사항 중 단연코 세간의 주목을 받은 사항은 '혼인에 따른 증여재산 공제금액 신설' 입니다.

'증여재산 공제금액'이란 국내 거주자가 타인으로부터 증여받은 증여재산가액에서 일정 금액을 공제하는 것으로 수증자별 증여재산 공제금액 이내로 재산을 증여받을 때는 증여세가 발생하지 않습니다. 2023년까지 성년 자녀가 혼인을 앞두고 있거나, 혼인을 했다고 하더라도 부모가 자녀에게 재산을 물려주게 되면 10년간 최대 5,000만 원까지만 증여재산 공제금액을 적용하고 있었습니다.

'혼인에 따른 증여재산 공제금액 신설(상속세 및 증여세법 제53조의 2)'로 인해 2024년 부터는 직계존속인 부모가 혼인을 앞두고 있거나(혼인신고일 기준 이전 2년부터), 혼인을 한(혼인신고일 이후 2년 이내) 국내 거주자인 자녀에게 재산을 물려주는 경우 5천만 원까지의 증여재산 공제금액과는 별개로 증여재산 공제금액을 최대 1억 원까지 더 늘려주겠다는 것을 골자로 합니다. 이렇게 되면 혼인신고일 전후 2년 이내 자녀 본인과 배우자(예정 배우자)가 각각 부모로부터 최대 1억 5천만 원(자녀 본인과 배우자 합산 총 3억 원)을 증여 받아도 증여세가 발생하지 않게 됩니다.

그리고 혼인신고일 전 미리 재산을 증여받고 혼인 관련 증여재산 공제 금액을 적용받은 자녀가 만약 혼인을 할 수 없는 불가피한 상황(법령상 정당한 사유)이 생기는 경우 사유발생일이 속한 달의 말일부터 3개월 이내에 부모에게 증여받은 재산을 반환하면 처음부터 증여가 없었던 것으로 보는 내용도 포함되어 있습니다.

[혼인에 따른 증여재산 공제금액 신설에 따른 증여세 비교]

총 증여금액 (총 증여가액)	~2023년 증여세 합계액 (①)	2024년~ (혼인 증여재산 공제금액 적용시) 증여세 합계액 (②)	절세액 (①-②)
5천만 원	0만 원	0만 원	0만 원
1억 원	485만 원	0만 원	485만 원
1억 5천만 원	970만 원	0만 원	970만 원
2억 원	1,940만 원	485만 원	1,455만 원

* 수증자 : 세법 요건에 해당하는 혼인한(혼인예정) 국내 거주자, 상기 증여 이외에 10년 이내 기증여 없음, 증여재산 공제와 신고세액공제만 적용

타익신탁이란 신탁을 설정하는 위탁자와 신탁재산의 원본과 이익에 대한 권리가 있는 수익자가 동일인이 아닌 신탁을 말합니다. 수익자는 원본수익자와 이익수익자로 구분할 수 있는데 신탁재산 원본을 받을 권리가 있는 사람을 원본수익자라고 하고, 신탁재산에서 발생하는 수익을 받을 권리가 있는 사람을 이익수익자라고 합니다.

세금 측면에서 보면 위탁자가 타익신탁을 설정할 때는 증여세가 발생하지 않고 신탁계약 이후 수익자가 실제 신탁재산 원본 또는 수익을 받을 때 증여 및 증여세 납세의무가 발생합니다. 따라서 타익신탁을 통해, 수익자인 자녀가 실제 혼인신고를 할 때를 신탁계약의 신탁 종료 시점으로 하여 위탁자인 부모는 자녀에게 재산을 증여하게 되는 것입니다.

　따라서 ① 혼인 예정 자녀를 둔 부모는 ② 직계비속의 증여재산 공제금액(10년 간 5천만 원)과 혼인 관련 증여재산 공제금액(최대 1억 원) 이내의 재산을 ③ 신탁회사 등 수탁자에게 맡겨 신탁을 설정하면서 ④ 신탁재산 자체를 받아 갈 원본수익자를 혼인 예정 자녀로 하고(이익수익자는 위탁자 본인 : 부모), ⑤ 혼인신고 예정일을 신탁기간 만기일로 정해 ⑥ 향후 자녀 혼인일에 맞춰 유연하게 재산을 증여할 수 있습니다(단, 신탁을 설정한 위탁자 부모가 변심하여 신탁계약을 해지하려고 할 때는 원본수익자인 자녀의 동의를 얻어야 합니다).

[원본만 증여하는 타익신탁 구조도]

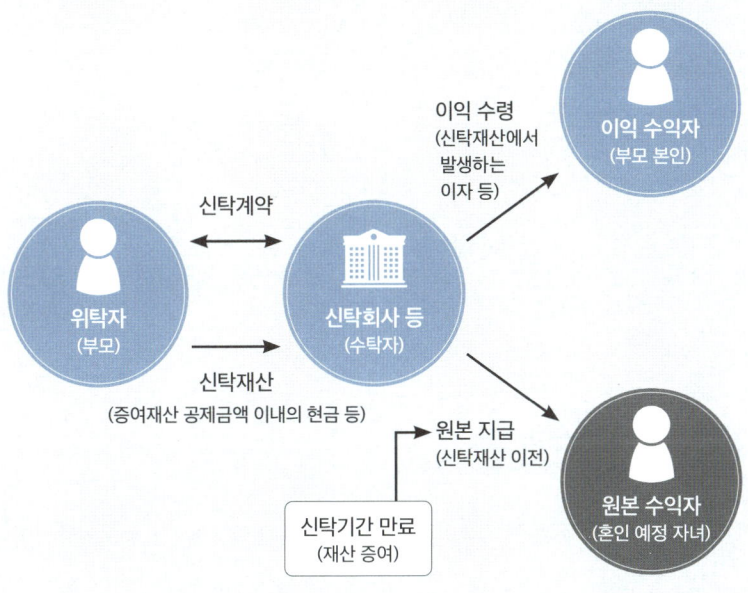

Part 4.

창업자금 증여세 과세특례

25. 스물 다섯번째 질문(Question)

창업자금 증여세 과세특례가 무엇인가요?

 **Key point**

창업자금 증여세 과세특례 개요

중소기업 창업을 활성화하여 투자와 고용을 촉진시키기 위해 자녀의 창업자금 지원에 대한 증여세 혜택을 부여하고 있습니다.

창업자금 증여세 과세특례 특징

① 양도소득세 제외 대상 재산만 특례(증여) 가능
② 증여세 과세가액 한도 : 50억 원(10명 이상 신규 고용 시 100억 원)
③ 증여재산공제 : 일괄 5억 원 적용
④ 특례세율 적용 : 단일세율 10%

일반 3억 원 증여	구분	창업자금 증여세 특례 3억 원 증여
3억 원	증여세 과세가액	3억 원
- 0.5억 원	증여재산 공제금액 (최초 증여 기준)	- 5억 원
2.5억 원	증여세 과세표준	0 원
기본세율 20%(누진공제 0.1억 원)	세율	단일 특례세율 10%
4,000만 원	산출세액	0 원
- 120만 원	신고세액공제	적용하지 않음
3,880만 원	자진납부세액	0 원

 답변(Answer)

▶ 창업자금 증여세 과세특례 취지

창업을 하려고 할 때 청년 자녀들이 가장 크게 어려움을 겪는 부분은 초기 자본금 마련입니다. 2023년말 현재 기준금리가 지속적으로 상승하고 있는 상황에서 창업을 하려고 하는 자식들의 상당수가 무리하게 대출을 받기 보다는 부모의 도움을 받아 자금을 조달하려고 할 것입니다. 이때 일반적으로 재산을 증여한다면 증여세가 만만치 않게 나올 수 있고, 자식들은 창업 초기부터 어려움을 겪을 수 있습니다.

정부 및 과세당국은 청년들의 창업자금 확보와 벤처기업 등 창업 활성화를 통해 투자 및 고용을 촉진하고, 국내 경제 활력을 도모하기 위해 2006년 1월 '창업자금 증여세 과세특례' 제도를 도입하였습니다.

▶ 창업자금 증여세 과세특례의 프로세스 및 증여세 계산 등

창업자금 증여세 과세특례 요건과 특징을 간략하게 설명드리면 ① 국내 거주자인 만 18세 이상의 자녀가 ② 세법상 업종 요건에 부합하는 중소기업(개인사업, 법인 모두 가능)을 창업할 목적으로 ③ 만 60세 이상의 부모로부터 ④ 양도소득세가 과세되지 않는 재산을 증여받고, ⑤ 증여받은 창업자금 중 증여세 과세가액 50억 원(10명 이상 신규 고용 시 100억 원 한도)을 한도로 ⑤ 증여세 과세가액에서 5억 원을 공제하고 ⑥ 단일 특례세율 10%로 하여 증여세를 부과하는 제도를 말합니다.

[일반적인 현금 3억 원 증여 vs 창업자금 증여세 과세특례 3억 원 증여 시 세금 비교]

일반 3억 원 증여	구분	창업자금 증여세 특례 3억 원 증여
3억 원	증여세 과세가액	3억 원
- 0.5억 원	증여재산 공제금액 (최초 증여 기준)	- 5억 원
2.5억 원	증여세 과세표준	0 원
기본세율 20%(누진공제 0.1억 원)	세율	단일 특례세율 10%
4,000만 원	산출세액	0 원
- 120만 원	신고세액공제	적용하지 않음
3,880만 원	자진납부세액	0 원

 다만, 창업자금 증여세 과세특례 제도는 증여시기에 상관없이 창업자금으로 증여한 재산에 대해 증여자인 고객님의 상속재산에 당연 포함되므로 당장 증여세를 절세할 수는 있으나 향후 고객님 사망 시 상속세로 세금을 정산하는 형태입니다.

[창업자금 증여세 과세특례 구조도]

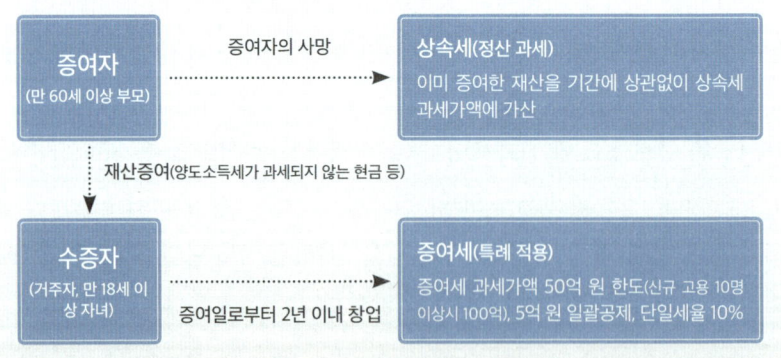

26. 스물 여섯번째 질문(Question)

창업자금 증여세 과세특례를
적용 받을 수 있는 요건은 무엇입니까?

 **Key point**

창업자금 증여세 과세특례를 받을 수 있는 요건	
증여자	• 만 60세 이상의 부모 • 부모가 모두 사망한 경우 조부모, 외조부모 포함
증여가능 재산	• 금전, 예금, 소액주주의 상장주식, 채권 등 양도소득세가 과세되지 않는 재산
창업업종	• 조세특례제한법 제6조 제3항에 해당하는 중소기업 업종 창업
수증자	• 만 18세 이상 거주자 • 수증자 인원에 관계없이 특례 적용

🅠 고객의 세부 질문(Question)

저는 최근 ○○대학교 수의학과를 졸업하였습니다. 부모님은 재정 형편이 넉넉하지 못해 도와주실 수 없다고 하셨으나, 친할아버지는 3층짜리 상가 건물을 소유하고 계셨고 할아버지 상가 건물 2층에 동물병원을 내기로 하였습니다. 할아버지는 2층 사무실(시가 3억 5,000만 원)이 구분 등기되어 있으니 저에게 증여해 주신다고 합니다. 그런데 사무실을 할아버지로부터 증여받아도 창업자금 증여세 과세특례를 적용받을 수 있는지 궁금합니다.

 **답변(Answer)**

한마디로 요약해서 말씀드리면 ① 증여자 요건, ② 증여재산(물건) 요건, ③ 창업 업종 요건 모두 적합하지 않으므로 '창업자금 증여세 과세특례'를 적용받을 수 없습니다.

▶ **증여자 요건**

증여자는 만 60세 이상의 부모이어야 합니다. 다만, 증여 당시에 부모 모두 사망한 경우에는 조부모 또는 외조부모로부터 증여받은 경우에도 특례를 적용받을 수 있으나, 고객님의 사례에서는 부모님이 현재 생존해 계시므로 할아버지로부터 받는 증여재산(사무실로 쓰이는 부동산)에 대해서는 특례를 적용받을 수 없습니다.

▶ **증여재산(물건) 요건**

특례를 적용받기 위한 증여재산은 소득세법상 양도소득세 과세대상이 아닌 재산이어야 합니다. 소득세법 제94조 제①항에 따라 토지, 건물, 부동산에 관한 권리(지상권, 전세권 등), 주식 또는 출자지분(주권상장법인의 소액주주 제외), 기타자산(사업용 자산과 양도하는 영업권, 시설물 이용권)은 양도소득세가 과세됩니다. 따라서 할아버지가 증여해주려고 하는 상가 건물 사무실은 양도소득세 대상 재산이므로 특례를 적용받을 수 없습니다. 특례를 적용받기 위한 재산으로는 현금, 예금, 소액주주의 상장주식, 국공채 등 채권이 될 수 있겠습니다.

▶ **창업 업종**(조세특례제한법 제6조 제③항)

창업자금을 증여받은 수증자는 증여재산을 증여받은 날로부터 2년 이내에 조세특례제한법 제6조 제③항에 해당하는 업종을 창업하여야 합니다. 그런데 고객님께서 창업하려고 하는 동물병원의 업종은 전문, 과학 및 기술서비스업 중에서도 특례를 적용을 받을 수 없는 '수의업'에 해당될 것으로 보입니다.

참고로 커피전문점을 창업하려는 분들이 많은데 현행 세법상 커피전문점은 비알콜 음료점업에 해당하므로 창업자금 증여세 과세특례를 적용받을 수 없으며(서면-2017-상속증여-0204, 2017.2.14.), 해석상 논란이 있으나 부동산임대업자가 본인의 건물에 음식점업을 창업하고 아버지로부터 현금을 증여받는 경우에는 특례를 적용하지 않습니다(서면-2017-상속증여-0050, 2017.1.24.).

▶ **수증자 요건 등 기타 유의 사항**

창업자금 증여세 과세특례 제도를 받기 위해서 ① 재산을 증여받는 수증자는 국내 거주자이면서 만 18세 이상의 자녀이어야 하고, ② 증여세 신고기한(재산을 증여받은 날의 말일로부터 3개월 이내)까지 증여세 과세표준신고서와 창업자금 특례신청 및 사용내역서(10명 이상 신규 고용시에는 '신규 고용명세서'도 첨부)를 관할세무서장에게 제출해야 합니다. 기한 내에 제출하지 않으면 과세특례를 적용받을 수 없습니다.

또한 '세법상 창업이란 새롭게 사업자 등록을 하고 사업용 자산을 취득하거나 확장한 사업장의 임차보증금 및 임차료를 지급하는 것'을 의미합니다. 따라서 ① 합병, 분할, 현물출자 또는 사업의 양수도를 통해 종전의 사업을 승계하거나 종전의 사업에 사용하던 자산을 인수 또는 매입하여 같은 종류의 사업을 하는 경우, ② 이미 개인사업으로 하던 사업을 법인으로 전환하여 새로운 법인을 설립하는 경우, ③ 폐업 후 사업을 다시 재개하여 폐업 전의 사업과 같은 종류의 사업을 하는 경우, ④ 기존 업종에 다른 업종을 추가하는 등 새로운 사업을 최초로 개시하는 것으로 보기 곤란한 경우에는 세법상 창업으로 보지 않기 때문에 과세특례를 적용받을 수 없습니다.

만약, 창업자금을 2회 이상 증여받거나, 부모 각각으로부터 각각의 재산을 증여받은 경우에는 동일 증여 건, 동일인으로 보아 증여세 과세가액에 합산하여 특례를 적용합니다(ex. 1인 기업 창업시 부모로부터 각각 20억 원씩 증여받은 경우 합산 40억 원에 대해 5억 원을 공제한 후 특례세율 10%로 과세). 재산을 증여받은 수증자가 2명 이상인 경우 각각의 수증자는 창업자금 증여세 과세특례를 적용받을 수 있습니다(재산세과-4457, 2008.12.30. ex. 60세 이상 부모가 18세 이상 자녀 A, 자녀 B에게 각각 50억 원 씩 증여하는 경우 요건에 충족되면 각각 50억 원씩 특례 적용 가능[1]).

창업자금 증여세 과세특례를 적용받아 증여세 납부세액을 계산할 때는 산출세액에서 3%를 빼주는 신고세액공제를 적용받을 수 없으나 납부세액의 분납, 최대 5년간의 연부연납이 가능합니다(조세특례제한법 제30조5 제13항). 과세특례가 적용된 창업자금은 일반 증여재산과 합산하지는 않으

---

1) 김창영, 「2022 가업승계를 위한 상속·증여 특례제도」, 돈텍스(2022년), 6면

나 특례를 적용받은 증여재산은 증여시기에 관계없이 증여자(피상속인) 사망시 상속세 과세가액에 합산되어 상속세로 정산됩니다. 또 창업자금 증여세 과세특례와 가업승계 주식 증여세 과세특례는 중복으로 적용받을 수 없습니다.

27. 스물 일곱번째 질문(Question)

창업 절차와 창업자금 증여세 과세특례의 사후관리요건은 어떻게 될까요?

 **Key point**

창업자금 증여세 과세특례의 '사후관리요건'

창업자금에 대한 증여세 과세특례를 적용받는 경우에는
아래의 사후관리요건을 반드시 충족해야 합니다.

사후관리요건

1. 증여일로부터 2년 이내 창업중소기업 등 중소기업 업종 창업
2. 증여일로 부터 4년 이내 창업자금을 목적에 맞게 전부 사용
3. 창업자금을 증여받은 후 10년 이내에 창업목적 용도로만 사용
4. 10년 이상 해당 사업을 유지
5. 근로자 고용 유지(50억 원 초과 금액에 대해 특례를 적용받은 경우 限)

❓ 고객의 세부 질문(Question)

저는 26세 여성으로 고등학교를 졸업하고 미용사 자격을 취득한 뒤 4년 전부터 서울시 강남구 ○○동에 소재한 헤어샵에 직원으로 근무하고 있습니다. 최근 저를 찾는 단골 손님도 늘고 제가 직접 헤어샵을 운영하고 싶어 근처 상가 건물을 임차하여 사업자로 등록하고 개업하기로 마음을 먹고 있습니다.

예상 비용은 임차보증금 등을 비롯하여 5억 원이 예상되는데 제가 모은 자금과 신용대출 등을 고려하여도 2억 원 정도 밖에 모을 수가 없어서 오랜 설득 끝에 아빠(만 60세)로부터 3억 원을 두 달 후에 증여받기로 하였습니다. 다만, 해당 금액을 증여받으면서 창업자금 증여세 과세특례를 적용받으려고 합니다. 또한 제가 고려해야 하는 세금 등이 무엇이 있는지 궁금합니다.

 **답변(Answer)**

고객님 본인 명의로 사업자등록을 하고 헤어샵을 창업(개업)하신다고 하니 우선 축하드립니다. 다만, 신경써야 할 것이 한 두 가지가 아니므로 꼼꼼히 챙기셔서 성공한 헤어디자이너, 사업가가 되시기를 기원합니다.

▶ 사업자등록 관련 사업자 유형 검토

우선, 사업자등록을 하려고 할 때 여러 형태를 고민하셔야 합니다. 개인사업자로 사업자등록을 할지 아니면 법인사업자로 사업자등록을 할지 결정하셔야 하는데요. 개인사업자와 달리 법인사업자로 사업자등록을 하려면 상법에 따라 법인 설립 등기를 거쳐야 합니다.

또한 일반과세자로 등록할지 간이과세자로 등록할지 고민하셔야 합니다. ① 미용업은 부가가치세 과세 대상 용역을 제공하는 과세사업이므로 면세사업자로는 등록할 수 없고, ② 간이과세자는 연간 매출액이 8,000만 원(부동산임대업 또는 과세유흥업의 경우에는 간이과세 배제)에 미달할 것으로 예상되는 소규모 사업자일 때 등록이 가능하지만 ③ 초기 헤어샵 인테리어 공사, 미용 장비 구입 등 초기 비용이 많이 발생하는 경우, 매출세액보다 매입세액이 클 때 간이과세자는 부가가치세를 환급받을 수 없는 단점이 발생할 수 있습니다.

일반과세자는 공급가액에 부가가치세 세율 10%가 적용되고, 매입세금계산서 등 세법상 요건을 갖춘 경우 부가가치세 매입세액을 100% 공제받거나 환급을 받을 수도 있습니다. 세금계산서 등을 발급할 수도 있습니다.

▶ 사업자등록 절차 및 사업자등록증 발급

개인사업자로 등록하려면 사업개시일로부터 20일 이내 사업장이 소재한 지역을 관할하는 세무서에 신청하면 됩니다. 세무서에 제출할 서류로는 ① 사업자등록신청서 1부, ② 사업허가증, 등록증 또는 신고필증(관련 관청에 허가, 등록, 신고를 해야하는 사업의 경우에 한하는데, 미용업은 신고필증 첨부, 즉 사업자등록 전 시군구청을 방문하여 영업신고부터 해야하고, 공중위생관리법률에 근거하여 위생교육 등도 이수해야 함), ③ 임대차계약서 사본 1부(사업장을 임차한 경우), ④ 건물 도면 1부(상가임대차보호법 대상 건물을 임차한 경우) 등 입니다.

법인사업자로 등록하려면 사업개시일로부터 20일 이내 사업장이 소재한 지역을 관할하는 세무서에 신청하면 됩니다. 세무서에 제출할 서류로는 ① 법인설립신고 및 사업자등록신청서 1부, ② 법인등기부등본 1부, ③ 사업허가증, 등록증 또는 신고필증(관련 관청에 허가, 등록, 신고를 해야하는 사업의 경우에 한하는데, 미용업은 신고필증 첨부, 즉 사업자등록 전 시군구청을 방문하여 영업신고부터 해야하고, 공중위생관리법률에 근거하여 위생교육 등도 이수해야 함), ④ 임대차계약서 사본 1부(사업장을 임차한 경우), ⑤ 건물 도면 1부(상가임대차보호법 대상 건물을 임차한 경우), ⑥ 주주명부 또는 출자명세서 1부 등 입니다.

사업자등록을 신청하면 신청일로 부터 2일 이내로 사업자등록증이 발급됩니다. 다만 세무서에서 사업장을 직접 확인해야 하는 경우에는 신청일로부터 7일 이내로 사업자등록증이 발급됩니다.

▶ 창업자금 증여세 과세특례 '사후관리요건'

창업자금의 목적으로 재산을 증여받은 수증자(창업자)인 고객님은 재산을 ① 증여받은 날로 부터 2년 이내에 창업중소기업 등에 해당하는 업종(조세특례제한법 제6조 제3항)으로 중소기업(개인, 법인)을 창업(사업자 등록)하고, ② 증여받은 날로 부터 4년 이내에 증여받은 재산을 모두 창업자금 목적으로 써야 합니다. 그렇지 않으면 증여받은 재산에 대해서 기본세율(10%~50%)로 증여세를 다시 과세(추징)합니다.

만약 ③ 창업중소기업 등에 해당하는 업종이 아닌 것으로 창업 또는 경영하며, ④ 당초 창업한 사업 및 사업목적에 창업자금을 쓰지않고 관련없는 사업에 쓰는 경우, ⑤ 창업자금을 증여받은 날로부터 4년이 되는 날까지 창업자금을 다 쓰지 못한 경우, ⑥ 증여일로부터 10년 이내 창업자금(창업으로 인한 가치증가분 포함)을 해당 사업용도 외에 사용한 경우, ⑦ 창업(사업자 등록) 후 10년 이내에 해당 사업을 폐업하거나 휴업한 경우, ⑧ 창업(사업자등록) 후 10년 이내 창업자인 수증자가 사망한 경우, ⑨ 신규 고용 근로자 수가 10명 이상으로 최대 100억 원을 한도로 특례를 적용받았으나 창업일이 속하는 과세연도의 종료일부터 5년 이내에 매년 과세연도의 근로자 수가 산식에 의한 근로자 수보다 적은 경우 [산식에 의한 근로자 수 = 창업한 날의 근로자 수 - (창업을 통하여 신규 고용한 인원 수 - 10명)] 에는 전체 창업자금 또는 사업목적으로 쓰지 않은 금액, 다 못쓴 금액, 50억 원을 초과하는 금액에 대해서 기본세율(10%~50%)로 증여세를 다시 과세(추징)합니다.

만약, 사후관리요건을 위반하는 경우에는 ① 창업자금을 일반적인 증여재산으로 보아 기본세율(10%~50%)을 적용한 결정세액을 계산하고,

② 계산된 세액에 이자상당액(증여세 결정세액 × 증여세 신고기한의 다음 날로부터 사유발생일 까지의 일수 × 일자당 0.022%)을 가산한 금액을 증여세로 납부해야 합니다.

다만, 사후관리요건을 위반했다 하더라도 불가피한 상황 즉 ① 부채가 자산을 초과하여 폐업하는 경우, ② 최초 창업 후 영업상 필요 또는 사업전환을 위하여 1회에 한해 2년 이내의 기간 동안 휴업 또는 폐업한 경우, ③ 수증자가 창업자금을 증여받고 증여일로부터 2년 이내에 창업하기 전에 사망한 경우로서 수증자의 상속인이 수증자의 지위를 승계하여 창업하는 경우, ④ 수증자인 창업자가 창업한 후 창업자금을 창업목적에 맞게 사용하기 전이나 사용한 후 사망한 경우로서 수증자의 상속인이 당초 수증자인 창업자의 지위를 승계하여 창업하는 경우에는 증여세가 추징되지 않습니다.

▶ **창업자금 증여세 과세특례 관련 기타 준수 사항**

창업자금 증여세 과세특례를 적용받은 창업자는 창업일이 속하는 달의 다음달 말일까지 뿐만 아니라 창업일이 속하는 과세연도부터 4년 이내의 과세연도까지 매년 '창업자금 사용내역서'를 세무서에 제출해야 합니다(만약 신규 직원 고용 등으로 50억 원을 초과하는 금액에 대해서 특례를 적용받은 경우라면 고용명세서도 같이 제출해야 함). 만약 창업자금 사용내역서를 제출하지 않거나 제출된 창업자금 사용내역 금액이 불분명한 경우에는 미제출된 금액 또는 불분명하게 사용한 금액을 기준으로 하여 가산세가 부과됩니다.

▶ **창업한 해를 포함한 5년 동안 소득세(법인세)를 감면 받을 수도 있습니다.**

고객님과 같이 ① 만 15세~만 34세 이하인 청년의 창업, ② 창업중소기업 업종(이용 및 미용업)을 개인사업자로 창업하거나 법인사업자로 창업하되 최대주주(최대출자자)인 경우, 또는 ③ 최초 소득 발생 과세연도와 그 다음 4년의 과세연도 중에 수입금액(매출액)이 연간 4,800만 원 이하일 때에는 최대 5년간 소득세, 법인세를 감면(수도권 과밀억제권역 이외의 지역에서 창업시 : 100% 감면, 과밀억제권역 : 50% 감면) 해줍니다. 이 부분을 놓치는 창업자분들이나 세무대리인들이 간혹 계시는데 꼭 기억하기 바랍니다.

[창업중소기업 등에 대한 법인세·소득세 감면율 현황]

창업 중소기업						창업벤처 중소기업	창업보육 센터 사업자	에너지 신기술 중소기업
수도권과밀억제권역 외			수도권과밀억제권역					
청년창업	수입금액 4,800만 원 이하	그 외	청년창업	수입금액 4,800만 원 이하	그 외			
5년 100%	5년 100%	5년 50%	5년 50%	5년 50%	없음	5년 50%	5년 50%	5년 50%

* 수도권 과밀억제권역 내 / 창업벤처중소기업 / 창업보육센터사업자 / 에너지신기술중소기업 : 업종별 최소 고용인원(제조업·광업·건설업·운수업은 10인, 기타업종 5인)을 충족하고 상시 근로자 수가 직전연도보다 증가하는 경우에는 고용증가율에 따라 법인세·소득세의 25%~50%를 추가로 감면함

만약 창업자인 고객님이 중소기업을 창업하고 취득하는 부동산에 대해서는 창업한 지역과 창업 형태 및 목적(창업중소기업, 창업벤처중소기업, 창업보육센터사업자)에 따라 취득세를 경감받을 수 있지만 서울은 수도권 과밀억제권역 내에 있기 때문에 취득세 감면대상에는 해당되지 않을 것으로 판단됩니다.

28. 스물 여덟번째 질문(Question)

창업자금 증여세 과세특례와
가업승계 주식 증여세 과세특례를 비교해보면?

 **Key point**

창업자금 증여세 과세특례 vs 가업승계 주식 증여세 과세특례

구분		창업자금 증여세 과세특례	가업승계 주식 증여세 과세특례
취지		부의 조기이전을 통해 경제 활력 증진	가업승계를 통해 중소기업의 영속성 지원
요건	당사자	60세 이상 부모 → 18세 이상인 거주자	가업상속공제 규정에 따른 가업을 10년 이상 계속하여 영위한 60세 이상 부모 → 18세 이상인 거주자
	증여대상	양도소득세 과세 제외 재산 50억 원(고용요건 준수 시 100억 원) 한도	주식 등의 가액 중 가업자산상당액에 대한 증여세 과세가액[최대 600억 원 한도]
	기타사항	2년 이내 창업 4년 이내에 창업자금 모두 사용	수증자가 증여세 과표신고기한까지 가업에 종사하고, 증여일로부터 3년 이내에 대표이사에 취임
과세특례		(증여세 과세가액 - 5억 원) × 10%	가업자산상당액에 대한 (증여세 과세가액 - 10억 원) × 10%(20%)
사후관리	가산세 부과	창업자금사용내역 제출 및 명세서 미제출가산세 = 미제출분·불분명한 금액×0.3%	-
	증여세 추징 (이자 상당액 가산)	- 2년 이내 창업하지 아니한 경우 - 적용업종 외의 업종을 영위 - 4년 이내 모두 해당 목적에 미사용하거나, 증여받은 후 10년 이내 사업용도 외의 용도로 사용한 경우, 창업 후 10년 이내에 사업을 폐업하거나 수증자가 사망한 경우	- 5년 이내 대표이사직을 상실한 경우 - 5년 이내 주된 업종을 변경*하거나 1년 이상 휴업·폐업 * 대분류 내 업종 변경 가능(이외 평가심의위원회 승인 후 업종 변경 가능) - 5년 이내 수증자의 지분이 감소한 경우
대상 중소기업		법인사업자, 개인사업자 모두 가능	주식회사인 법인만 가능

 **답변**(Answer)

　창업자금 증여세 과세특례와 가업승계 주식 증여세 과세특례 제도는 ① 과세특례 적용 후 증여자의 상속개시시점에 상속세로 정산하고 ② 일반적인 증여재산과 합산하지 않으며, ③ 증여세 과세가액에서 일괄적으로 5억 원(가업승계 주식 증여세 과세특례는 10억 원)을 차감하여 과세표준을 계산하고, ④ 과세표준에 증여세 기본세율(10%~50%)을 적용하는 것이 아니라 특례세율 10%(가업승계 주식 증여세 과세특례의 경우 과표 120억 원 초과시 20%)를 적용하며, ⑤ 산출세액에서 신고세액공제를 차감할 수 없고, ⑥ 증여세 신고기한까지 신청해야 과세특례를 적용받을 수 있다는 점이 공통점입니다.

　차이점 또는 세부사항은 앞선 Key Point를 참조하여 주시기 바라며, 마지막으로 창업자금 증여세 과세특례와 가업승계 주식 증여세 과세특례는 중복으로 적용받을 수 없다는 점을 꼭 기억해주세요.

세부 Q&A - 창업자금 증여세 과세특례

* 아래 사항은 단순 참고용 자료이며,
  납세자(관계자 포함)들의 개별적인 사항에 따라 세법 적용이 달라질 수도 있음을 꼭 명심하여 주시기 바랍니다.

구분	질의	회신 (공적 의견)	근거
기본 사항	창업자금 증여세 과세특례 적용시 일반적 증여재산공제(ex. 직계비속 5천만원)와 신고세액공제를 적용할 수 있나?	- 일반적인 증여재산공제 미적용 - 세액계산시 신고세액공제 미적용 * 감정평가수수료공제는 적용 가능	조특법 제30조의5, 제11항
기본 사항	창업 후 다시 창업자금을 증여받아 사용하는 경우 [당초 증여받은 창업자금으로 법인을 설립하고, 재차 증여받은 창업자금으로 1년 이내에 해당 법인의 사업용 자산을 산 경우] 특례 적용가능?	- 당초 증여받은 자금으로 중소기업 업종에 해당하는 법인 출자금으로 사용시 : 특례 적용 - 재차 자금을 증여받아 기간 내에 당초 창업한 법인의 사업과 관련하여 쓴 자금 : 특례 적용	조특, 재산세과-103, 2012.03.12
기본 사항	60세 이상의 부모가 자녀 A, B에게 각각 30억원씩 창업자금을 증여하는 경우 A, B 모두 특례를 적용받을 수 있을까?	수증자가 2명 이상인 경우에도 수증자별 각각 창업자금 증여세 과세특례를 적용받을 수 있음	상증, 재산세과-4457, 2008.12.30
기본 사항	각각 창업자금을 증여받은 자녀 A, B가 공동대표로 창업하는 경우에도 적용 가능?	자녀 2명이 공동으로 창업하는 경우에도 수증자별로 창업자금 증여세 과세특례를 적용받을 수 있음	
업종 요건	중소기업 업종 중에서 '커피전문점'이 특례 적용 대상 업종인지?	한국표준산업분류표상 주점 및 비알콜음료 점업에 해당하는 '커피전문점'은 창업중소 기업 업종에 해당하지 않음(특례 적용 불가)	상증, 서면-2017-상속증여-0204 [상속증여세과-139], 2017.02.14
업종 요건	태양광 발전사업이 창업자금 증여세 과세특례 적용대상 업종에 해당하는지?	한국표준산업분류표상 기타 발전업에 해당하는 태양력으로 전기를 직접 생산하는 산업활동은 과세특례 대상 중소기업에 해당하지 않음(특례 적용 불가)	상증, 서면-2015-상속증여-0709, 2015.05.28
창업 요건	프랜차이즈(맥O날드) 기존 가맹점 업장을 임차하여 동일한 사업을 개시한 경우?	기존 가맹점 매장을 임차하여 가맹점사업자로 계약을 체결하고 동일업종을 영위하는 경우 창업으로 보지 않음(특례 적용 불가)	상증, 상속증여세과-273, 2013.06.26

구분	질의	회신 (공적 의견)	근거
창업요건	부동산임대업자인 본인이 소유한 건물이 있고, 아버지로 부터 창업자금을 물려받아 자기 건물에서 음식점업을 창업하는 경우 특례 적용 가능?	(부동산임대업자가 자기 건물을 자기에게 임대하는 형태로 그 건물에 자기가 음식점을 창업하는 경우) 아버지로 부터 받은 자금은 창업자금 증여세 과세특례 적용 안됨	상증, 서면-2017-상속증여-0050 [상속증여세과-77], 2017.1.24
기타사항	부 또는 모로 부터 창업자금을 물려받은 수증자 A가 창업법인을 설립하고, 수증자 A와 증여자 부모가 공동대표이사로 취임한 경우 과세특례를 적용받을 수 있을까?	수증자가 자금을 증여받아 법인을 설립한 후 증여자와 공동으로 대표이사에 취임하는 경우 : 창업자금 증여세 과세특례 적용 불가	상증, 재산세과-291, 2012.08.21
기타사항	아버지로 부터 증여받은 자금으로 아버지가 하는 사업의 하청업체를 창업하는 경우도 과세특례 적용 가능?	창업자금 증여세 과세특례 적용	상증, 재산세과-334, 2011.07.14
기타사항	아버지로 부터 증여받은 자금으로 아버지가 하는 사업과 동일한 업종의 사업을 창업하는 경우에도 과세특례 적용 가능?	창업자금 증여세 과세특례 적용	상증, 재산세과-914, 2010.12.10
창업자금사용	증여받은 자금으로 건설업 법인을 설립하고 증여받은 자금으로 (사업용 자산이 아닌) 재고자산인 토지를 매입하는 경우 특례 적용 가능?	건설업 법인을 통해 재고자산인 토지를 매입 하는 경우에는 창업자금 목적으로 쓴 자금에 해당하지 않음	조특, 서면-2019-법령해석재산-2136 [법령해석과-3367], 2020.10.21
창업자금사용	창업자금을 증여받았는데, 해당 자금을 창업자금 증여일 이전에 사업자등록한 사업장에 해당 자금을 쓴 경우?	창업자금 증여세 과세특례 적용 불가 * 창업 : 납세지 관할 세무서장에게 사업자 등록, 확장한 사업장의 임차보증금 및 임차료 지급	조심2019중0358, 2019.6.17
창업자금사용	사업자등록을 먼저 한 후 창업자금을 증여받는데, 사업자등록을 먼저한 사업장의 기계장치 취득에 해당 자금을 썼다면 특례 가능?	창업자금 증여세 과세특례 적용 불가 * 창업 : 납세지 관할 세무서장에게 사업자 등록, 확장한 사업장의 임차보증금 및 임차료 지급	상증, 재산세과-446, 2012.12.10
창업자금사용	증여받은 창업자금으로 증여세를 납부했다면?	증여세 납부 금액은 창업목적 이외의 용도로 사용한 것으로 봄 (증여세 등 추징)	상증, 재산세과-361, 2011.07.28
창업자금사용	창업자금을 국외현지법인에 투자해도 되는지?	국외현지법인에 투자한 자금은 창업목적 이외의 용도로 사용한 것으로 봄 (증여세 등 추징)	상증, 재산세과-317, 2011.07.04

구분	질의	회신 (공적 의견)	근거
사후관리요건	창업자금을 증여(특례 적용)받고 개인사업을 영위하다가 법인으로 전환하는 경우?	이월과세를 적용받을 수 있는 사업양수도 방법에 따라 법인전환한 경우 사후관리 위반사유에 해당하지 않음	상증, 서면-2015-상속증여-0009, 2015.2.26
사후관리요건	창업자금 증여세 과세특례를 적용받은 후 증여자(ex. 아버지)가 사망하여 상속세 신고를 마친 경우에도 특례 사후관리를 적용하는지?	특례를 적용받은 후 증여자가 사망하여 창업자금에 대해 상속세 신고를 마친 경우에도 창업자금 사후관리가 적용됨 * 창업자금 증여일로 부터 10년간 사후관리	상증, 기획재정부 재산세제과-678, 2011.8.22
사후관리요건	창업 후 해당 사업을 폐업하고 부동산임대업으로 전환한 경우?	창업 후 해당 사업을 폐업하여 창업중소기업 업종이 아닌 '부동산임대업'을 영위하는 경우 당초 증여받은 창업자금과 창업으로 인한 가치증가분을 포함하여 증여세를 부과	상증, 상속증여세과-576, 2013.10.14 상증, 서면-2021-상속증여-3729 [상속증여세과-552], 2021.08.25
사후관리요건	창업자금 증여세 과세특례를 적용하여 증여세를 계산할 경우 '신고세액공제'가 적용 되지 않는데, 만약, 사후관리 위반시 증여세를 재계산할 때 는 신고세액공제가 적용될까?	사후관리 위반으로 증여세를 부과하는 경우에도 신고세액공제는 적용하지 않음	조특, 서면-2021-법령해석재산-4088[법령해석과-4202], 2021.11.30
사후관리요건	창업 후 사후관리기간 이내에 폐업시 창업자금 미사용분을 증여세 추징하는지? 전체 창업자금 전체를 증여세 추징하는지?	창업 후 10년 이내에 폐업하는 경우 전체 창업자금에 대해 증여세 과세특례 적용을 배제한 처분은 정당	조심2017중0869, 2017.05.16

신탁 활용 ❾

창업자금 증여세 과세특례에 꼭 맞는 신탁

❓ 질문(Question)

저는 ○○지방국세청을 끝으로 2년 전에 은퇴하고, 현재 세무법인 ○○ 지점에 대표세무사입니다(남, 62세). 두 아들은 외국에 나가 있고, 막내딸(26세)이 최근 ○○대 태권도학과를 졸업하고 태권도장을 창업한다고 하는데 제가 도와줄 생각입니다. 그래서 창업자금 증여세 과세특례를 통해 현금을 증여하면서도 체계적으로 자금을 관리받을 수 있는 신탁이 있다고 하는데 맞을까요?

 답변(Answer)

네. 신탁을 활용하면 고객님의 의도대로 창업자금 증여세 과세특례를 적용받으면서도 일정 기간 고객님이 증여자가 아닌 세무법인 ○○지점의 대표세무사로서 막내딸의 창업자금 사용에 대해 지속적으로 관리, 통제 등을 할 수 있습니다.

▶ 두 가지 형태의 신탁으로 창업자금 증여 및 관리 가능

먼저, ① 창업자금 증여신탁입니다. 이 신탁은 위탁자와 수익자가 다른 타익신탁이자 신탁계약 이후 증여가 일어나는 후(後)증여 신탁으로 만 60세 이상 부모(고객님)가 위탁자로서 금전을 신탁재산으로 하여 신탁계약을 체결하고, 만 18세 이상의 자녀(국내 거주자, 막내딸)가 신탁계약의 원본수익자가 되며, 신탁계약을 통해 지정된 신탁관리인(세무법인 등)의 동의 하에 창업자금 사용 목적으로만 신탁재산이 원본수익자인 딸에게 이전 및 증여되는 신탁입니다.

[창업자금 증여신탁 구조도(예시)]

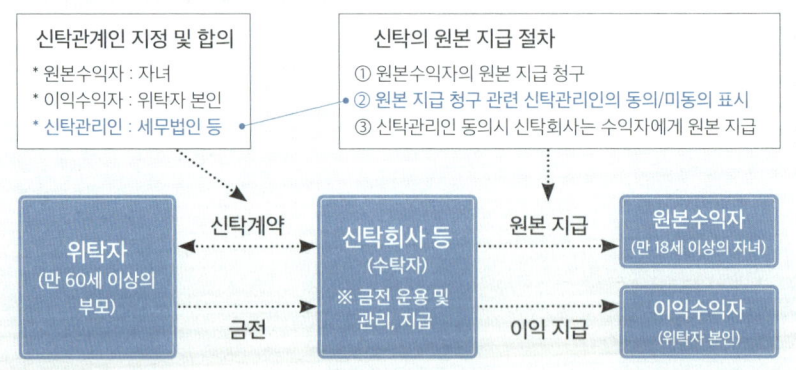

두 번째는 ② 창업자금 관리신탁입니다. 이 신탁은 위탁자와 수익자 같은 자익신탁이자, 신탁계약 전에 이미 증여가 일어나는 선(先)증여 신탁 구조입니다. 만 18세 이상의 자녀(막내딸)가 만 60세 이상 부모(고객님)로부터 금전을 증여받고, 증여받은 금전을 신탁재산으로 하여 수증자인 딸이 위탁자 및 수익자로서 신탁계약을 체결하며, 신탁계약을 통해 지정된 신탁관리인(세무법인 등)의 동의 하에 창업자금 사용목적으로만 신탁재산이 수익자에게 지급 및 이전되는 신탁입니다.

[창업자금 관리신탁 구조도]

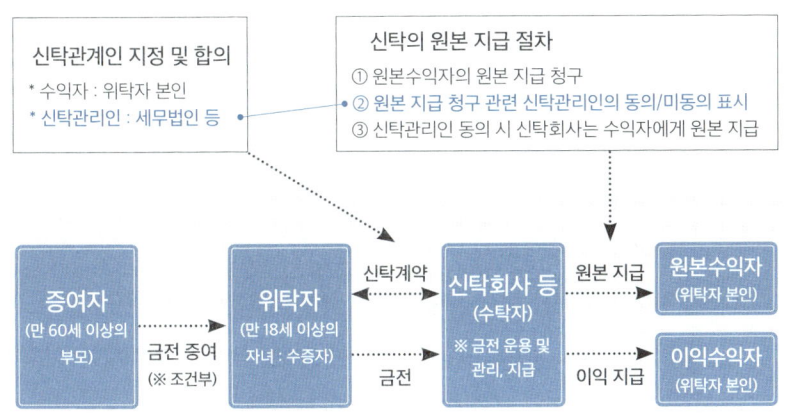

▶ 창업자금 증여시 왜 신탁을 활용해야 할까요?

고객님께서 잘 아시겠지만 창업자금 증여세 과세특례를 적용받고 증여세를 절약할 수는 있으나 막내딸은 재산을 증여받은 날로부터 2년 이내 중소기업 업종을 창업(사업자등록)을 해야하고, 증여받은 재산을 4년 이내에 모두 써야 하며, 10년 동안 폐업을 할 수 없습니다. 만약 조특법상 사후관리요건을 충족하지 못할 경우에는 증여세 및 이자상당액이 추가적으로 부과됩니다.

또한 일반적으로 상속세 계산 시 피상속인인 고객님이 상속인인 막내딸에게 증여한 재산은 사망일 기준 10년 이내의 재산만 고객님의 상속재산에 포함되지만, 창업자금 증여세 과세특례를 적용받은 증여재산은 증여시기나 기간에 상관없이 고객님의 상속재산에 당연 포함되어 상속세가 계산됩니다.

만약, 고객님의 전 재산인 현금 30억 원을 막내딸에게 창업지원 목적으로 증여하고, 막내딸은 창업자금 증여세 과세특례를 적용받고 사업을 영위하다가 그 사업이 망한다면, 고객님과 막내딸 모두 돈이 없는데 고객님 사망 시에 상속재산이 30억 원으로 책정되어 약 7.4억 원 정도의 상속세가 발생할 수 있습니다.

따라서, 창업자금 증여세 과세특례를 적용받고자 하는 자녀나 부모는 반드시 세금전문가의 도움을 받아야할 뿐만 아니라 창업자금을 사용하는데 신중해야 하고, 여러 안전장치를 통해 상속세를 대비해야 합니다. 이에 적합한 제도가 바로 창업자금 증여신탁, 창업자금 관리신탁 등 신탁이라고 생각합니다. 특히, 세무법인 등을 신탁계약의 신탁관리인으로 둔다면 더욱 효과적일 수 있습니다[1].

---

1) 신관식, 「사례와 함께하는 자산승계신탁·서비스」, 삼일인포마인(2022년), 272면, 273면, 275면

신탁 활용 ⑩

특례 적용 후
상속세를 대비하는 전략과 신탁

? 질문(Question)

　창업한 후 5년을 넘기기 어렵다고 합니다. 이런 현실에서 제가 많은 돈을 자녀에게 창업자금 목적으로 증여하고, 증여세 과세특례를 적용받은 후 자녀가 사업을 하다가 실패하면 상속세를 낼 돈도 없는 상태에서 저의 상속세를 자녀가 부담하는 구조인데 이를 효과적으로 대비할 방법이 있을까요?

 **답변(Answer)**

현실적으로 신규 창업한 이후에 그 사업을 5년 이상 지속적으로 유지하기란 참으로 어려운 일입니다. 2023년말 통계청에서 발표한 2022년 기업생멸통계 자료[1])에 따르면 2022년 한해 새로 생겨난 신생기업(개인사업체 및 법인사업체 합산, 영리기업 중 매출액 또는 상용근로자가 있는 기업)은 2021년 대비 3만 6천여 개가 줄어든 99만 7천여 개입니다.

[신생기업 연도별 현황표]   (단위 : 개)

구분	2018년	2019년	2020년	2021년	2022년	전년비
신생기업	92만 7천	100만 5천	106만 9천	103만 4천	99만 7천	-3.5%

* 2022년 기준 신생기업 비중 : 개인사업체(91.7%), 법인사업체(8.3%)

반면, 2021년 한해 없어진 소멸기업(개인사업체 및 법인사업체 합산)은 73만 5천여 개입니다. 전년 대비 건설업, 도·소매업 등을 제외한 대부분 산업에서 소멸기업이 감소하였습니다.

2020년 신생기업 중 2021년까지 생존한 기업 비율(1년 생존율)은 64.1%이고, 2016년 신생기업 중 2021년까지 생존한 기업 비율(5년 생존율)은 34.3%입니다. 1년 생존율과 5년 생존율 모두 전기·가스·증기, 보건·사회복지 등에서 높습니다.

---

1) 통계청, 「2021년 기업생멸행정통계 결과」, 통계청(2022년)

[산업별 1년 생존율, 5년 생존율] (단위 : %)

■ 1년 생존율 ◆ 5년 생존율

전체	전기·가스·증기	보건·사회복지	수도·하수·폐기	운수·창고업	제조업	건설업	전문·과학·기술	숙박·음식점업	개인서비스업	정보통신업	교육서비스업	예술·스포츠·여가	사업시설관리업	부동산업	도·소매업	농림어업	광업	금융·보험업
61.4	90.3	85.2	78.8	74.8	70.9	70.7	67.4	66.9	66.8	65.6	65.3	64.2	60.3	60.2	58.8	57.6	52.6	51.9
34.3	75.0	56.6	50.4	41.5	44.2	38.7	39.3	24.4	35.6	36.2	33.1	23.1	28.3	42.5	30.5	29.6	16.9	21.7

[대표자 연령별 기업생멸 현황] (단위 : 만 개)

대표자 연령	활동기업				신생기업				소멸기업		
	2021년	2022년	전년비 (%)	구성비 (%)	2021년	2022년	증감	신생률 (%)	2021년	증감	소멸률 (%)
전체	711.3	735.3	3.4	100.0	103.4	99.7	-3.6	13.6	73.5	-3.3	10.3
30대 미만	24.2	24.3	0.3	3.3	9.9	9.3	-0.6	38.5	4.8	-0.1	19.9
30대	86.9	88.2	1.5	12.0	21.2	20.9	-0.3	23.7	12.2	-0.5	14.1
40대	172.6	173.6	0.6	23.6	27.4	26.1	-1.3	15.0	17.7	-0.9	10.2
50대	218.7	222.8	1.9	30.3	25.7	24.0	-1.7	10.8	19.2	-1.1	8.8
60대	154.9	165.7	7.0	22.5	14.4	14.4	-0.1	8.7	13.7	-0.5	8.8
70대 이상	53.5	59.8	11.9	8.1	4.6	4.9	0.3	8.2	5.9	-0.2	11.0

자녀의 창업을 지원하려고 하는 부모는 ① 자녀의 창업 아이템과 창업 후 해당 기업이 5년 이상 유지될 수 있을지 고민해야 하고, ② 재산을 증여할 때 자녀에게 꼭 필요한 자금만 계획적으로 증여할 통제장치를 마련해 두고 있는지 검토해야 하며, ③ 증여자인 부모 사망 시 상속세 납부 대책을 구체적으로 세워 놓아야 합니다.

이런 부분에서 신탁전문가를 찾아 신탁수익권 담보대출이 가능한 신탁을 활용한다면 자녀에게 창업자금을 증여하면서도 완벽하지는 않지만 고민 및 우려사항을 어느 정도 해결할 수 있으리라 봅니다.

예를 들어 부모가 위탁자 겸 수익자로서 신탁계약을 체결하고, 수익자인 부모가 신탁수익권 담보대출을 활용하게 되면 신탁재산의 가치를 기준으로 일정 비율에 한하여 대출이 실행되며, 실행된 대출금을 자녀에게 증여하되, 부모 사망 시 신탁의 사후수익자를 창업한 자녀로 정해 놓는다면 자녀가 사업이 망하더라도 신탁재산에서 대출금과 발생 이자 등을 우선 공제(신탁재산이 부동산인 경우 대출금 미상환 시 경매 처리)하고 나머지 잔여재산을 자녀가 상속할 수 있으므로 신탁 잔여재산을 가지고 상속세를 어느 정도 부담할 수 있으리라 봅니다. 마지막으로 강조하여 말씀드리는 것은 **해당 특례와 관련하여 부모는 본인 전재산의 50%를 초과하여 창업자금을 자녀에게 증여해서는 안됩니다**(상속세 최고세율이 50%인 점을 감안하였습니다.).

신탁 활용 ⑪

장애인 자녀의 창업과 장애인신탁의 활용

질문(Question)

저는 63세 여성으로 ○○텔레콤 매장을 전국 6군데에서 하고 있습니다. 그런데 마음 아프게도 저한테는 청각장애인 아들(32세, 중증장애인, 舊 3급)이 한 명 있는데 취업 등이 쉽지 않아 4년째 제가 운영하는 매장에 관리직으로 근무하고 있습니다. 다만 제가 운영하는 업종이 통신관련 분야라서 그런지 아들이 쉽게 적응하지 못하고 있는 것 같습니다.

그런데 최근 제 아들이 미용사 자격을 취득하고 남성전용 미용실을 하나 내고 싶다고 합니다(임차보증금을 비롯한 필요한 부족자금 5억 원). 뭘 하고 싶다고 이야기해 본 적이 없는 녀석이라 이번 기회에 창업자금을 증여하여 미용실을 열게 해주고, 제가 갖고 있는 주택 중에 하나의 주택(서울시 소재 ○○빌라, 시가 5억 원)을 아들에게 같이 증여해주고 싶은데 증여세를 아낄 수 있는 방법이 없을까요?

💬 답변(Answer)

2022년말 기준 통계청 자료에 따르면 우리나라의 등록장애인은 약 265만 2,860명입니다. 등록장애인이란 장애인복지법 제2조 요건을 갖춘 장애인이 동법 제32조에 따라 시군구청에 장애인으로 등록한 사람을 의미하며 즉, 장애를 갖고 있다 하더라도 시군구청에 등록하지 않은 사람들은 등록장애인에 포함되지 않기 때문에 실제로 장애인 인원은 이보다 더 많을 것입니다.

북유럽 등 복지형 국가에 비해서 우리나라가 장애인들이 살아가는 데 있어 좋은 환경에 놓여있다고는 말씀을 못드릴 것 같습니다. 그럼에도 불구하고 세금적인 측면에서 보면 장애인들을 위한 여러 세제지원 제도가 있습니다. 예를 들면 세금 계산 시 인적공제 금액을 추가해주고 있고, 장애인 보장성보험을 통해 추가적으로 보험료 세액공제를 더 받을 수도 있으며, 차량을 구입할 때 일정 요건을 충족할 경우 개별소비세 등 세액을 감면받을 수 있습니다. 특히 부모 등 타인으로부터 재산을 증여받은 장애인이 장애인신탁과 평생 함께 한다면 증여받은 재산 중에서 최대 5억 원까지는 증여세 과세가액에서 빠지기 때문에 증여세를 아낄 수 있습니다.

장애인신탁은 상속세 및 증여세법에 따라 ① 장애인인 아들이 고객님으로부터 부동산(OO빌라, 시가 5억 원) 등을 증여받고, ② 증여세 신고기한 내에 신탁업 인가를 받은 신탁회사에 신탁한 재산에 한해, ③ 최대 5억 원까지는 증여세 과세가액에서 빠지기 때문에 증여세를 절세할 수 있습니다.

고객님의 사례에서 만약 장애인신탁을 활용하신다면 주택 증여에 따른 증여세는 나오지 않을 것으로 판단됩니다(단, 증여 취득에 따른 증여취득세, 채권할인액, 등기대행수수료 등은 발생). 또한 고객님이 장애인 자녀에게 증여한 주택이 장애인신탁으로 계속 유지되는 조건이라면 증여시기에 상관없이 고객님의 사망으로 상속세 계산 시 사전증여재산에도 포함되지 않습니다 (상속세 및 증여세법 제13조 제3항 : 상속세 과세가액 불산입).

[장애인신탁(자익신탁) 구조 및 특징 요약]

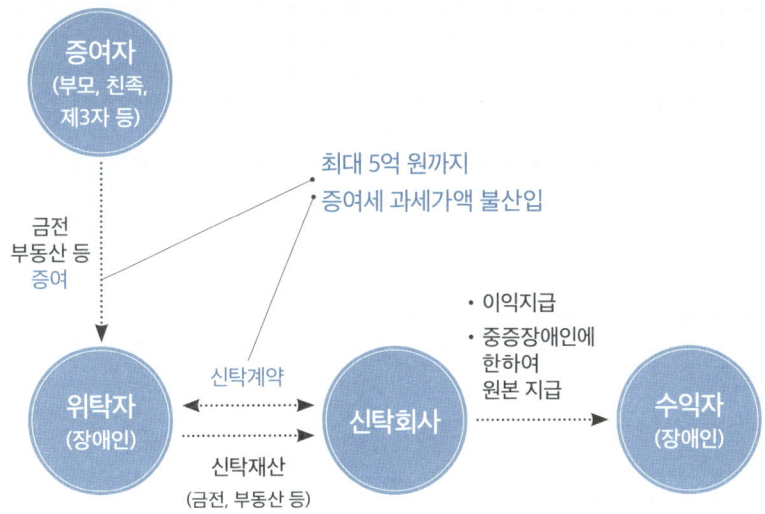

* 자익신탁 : 위탁자와 수익자가 동일인인 신탁

창업자금 증여세 과세특례는 현금 등 양도소득세가 과세되지 않는 재산을 만 60세 이상 부모부터 만 18세 이상의 국내 거주자인 자녀가 받을 때 가능한 것이므로 '부동산'을 증여하게 되면 해당 특례를 받을 수 없습니다. 따라서 **아들이 미용실을 내는 데 필요한 자금 5억 원을 고객님이 현금으로 증여한다면 창업자금 증여세 과세특례를 적용받을 수 있고 증여받은 재산에서 일괄적으로 5억 원을 빼고 단일 특례세율 10%로 과세되므로 이번 사례에서는 증여세가 나오지 않을 것으로 판단됩니다**(단, 증여일로부터 10년간 특례 사후관리요건 준수 필요, 고객님 상속세 계산시 정산).

통계청에서 발표한 2022년 기업생멸 행정통계 자료에 따르면 2022년 말 기준으로 장애인이 대표자(대표이사)로 있는 활동기업(이하, 장애인기업)의 수는 약 30만 1천여 개입니다. 이는 전체 활동기업 수의 약 4.1%를 차지합니다. 또한 2022년에 장애인기업 중 새로 생긴 기업(신생기업)은 약 3만 2천여 개이고, 2021년에 소멸한 기업(소멸기업)은 약 3만여 개 입니다.

다만, 창업자금을 증여받은 수증자가 장애인이므로 앞서 설명드린 '창업자금 관리신탁 등'을 활용하시면 장애인기업의 창업과 성공, 사후관리에 보다 유리할 것으로 판단됩니다.

[활동기업 중 장애인기업의 현황 및 비중]

전체 활동기업 기준 (단위 : 만개)

구분	활동기업			
	2021년	2022년	전년비(%)	구성비(%)
전체	711.3	735.3	3.4	100.0
장애인	28.1	30.1	7.1	4.1
비장애인	683.2	705.1	3.2	95.9

개인서비스업 기준 (단위 : 만개)

산업별	활동기업			
	2021년	2022년	전년비(%)	구성비(%)
개인서비스업	33.1	34.3	3.5	100.0
장애인	1.1	1.2	6.7	3.4
비장애인	32.0	33.1	3.4	96.6

* 미용실 : S.협회 및 단체, 수리 및 기타 개인 서비스업(94~96) 및 조세특례제한법 제6조 창업중소기업 업종인 '이용 및 미용업'에 해당
* 활동기업 : 2022년에 활동한 영리기업을 의미하며 활동기업에는 신생기업과 소멸기업이 포함되어 있음
* 장애인기업 : 소기업의 경우 대표자(대표이사)가 장애인, 소기업 이외 기업은 대표자(대표이사)가 장애인이면서 정규직 근로자 수의 30% 이상이 장애인인 기업

가업승계 관련
기타사항

29. 스물 아홉번째 질문(Question)

상속·증여재산은 어떻게 평가할까요?

 **Key point**

상속세 및 증여세 계산 시 '재산의 평가'

[원칙] 상속재산 또는 증여재산의 가액은 평가기준일(상속개시일, 증여일)의 '시가'로 평가

> '시가'란 불특정다수인 사이에 자유롭게 거래가 이뤄지는 경우에 통상적으로 성립된다고 인정되는 가액을 말하며, 수용가격·공매가격·경매가격·감정가격 등 시가로 인정되는 것을 포함합니다.

[보충적 평가] 시가가 없거나 명확하지 않다면 보충적 평가방법으로 평가

부동산	토지	개별공시지가
	건물	국세청 기준시가
	주택	개별주택(공동주택) 공시가격
주식	상장주식	평가기준일 전후 2개월 간의 종가평균액
	비상장주식	주당 순손익가치와 순자산가치의 가중평균액
채권	일반 채권	MAX [① 평가기준일 이전 2개월의 최종시세가액 평균액 ② 평가기준일 이전 최근일의 최종시세가액
기타	펀드	거래소 기준가격 혹은 집합투자업자의 기준가격
	담보설정 재산	MAX [① 보충적 평가액 ② 임대료 등의 환산가액

고객의 세부 질문(Question)

저는 (주)○○출판사(비상장기업) 대표로서 회사의 비상장주식뿐만 아니라 제가 살고 있는 아파트, 출판사가 속한 건물 일부(1xx호), ○○전자(주)의 주식(상장주식), 채권, 예금, 펀드, 비트코인, 서화(130년된 동양화) 등 다양한 자산을 보유하고 있는데 이 재산들을 상속 또는 증여할 때 어떻게 가격 평가가 될까요?

 **답변(Answer)**

상속 또는 증여할 때 상속세 및 증여세를 정확하게 신고, 납부하기 위해서는 상속재산, 증여재산을 정확하게 평가하는 것이 가장 중요합니다. 일반적인 재산의 평가의 원칙과 보충적 평가방법, 각 재산별 평가 특징들을 조목조목 살펴보도록 하겠습니다.

▶ 원칙 : 시가 평가

상속재산 또는 증여재산의 평가는 '평가기준일 현재의 시가'로 평가하는 것이 원칙입니다. 상속세 및 증여세법상 시가란 '불특정 다수인 사이에서 자유로이 거래가 이뤄지는 경우에 통상적으로 성립된다고 인정되는 가액(가격)'을 말하는데 추가적으로 일반적이고 정상적인 거래에서, 구체적 상황에 기초하여 매매, 교환 등에서 확인된 객관적 가치를 지닐 필요가 있습니다. 시가에는 수용·공매·경매·감정가격 등을 포함합니다.

평가기준일이란 상속재산은 상속개시일(피상속인의 사망일), 증여재산은 증여일을 말하는데 만약 '매매가격, 수용가격, 공매가격, 감정가격 등'을 시가로 인정하기 위해서는 '평가기준일 전후 6개월(증여재산의 경우에는 평가기준일 전 6개월, 평가기준일 후 3개월, 이하 평가기간) 이내 기간 중에 세법상 요건을 충족하는 매매·수용·공매·경매·감정가격이 있는 경우'에 한합니다.

▶ 시가 산정이 어려운 경우 : 보충적 평가

시가 산정이 어려운 경우에는 각 자산별로 보충적 평가 방법을 적용합니다. ① 토지의 경우에는 일반지역은 '개별공시지가'로 하고, 국세청장 지정지역 토지는 '개별공시지가 × 국세청장이 지정한 배율'로 측정합니다. ② 주택의 경우에는 '개별 또는 공동주택 공시가격'으로 하고, ③ 주택 외 건물은 '국세청 기준시가'(일반 건물, 상업용 건물, 오피스텔 등에 대하여 국세청장이 산정 및 고시하는 가액)이며, ④ 분양권 등 부동산을 취득할 수 있는 권리는 '평가기준일까지 불입한 금액과 평가기준일 현재 프리미엄 상당액을 합산한 금액'으로 합니다. ⑤ 상장주식은 보충적 평가방법으로 적용한 가액이 곧 시가인데 '평가기준일 전후 2개월 간의 종가 평균액', ⑥ 비상장주식은 대개 기업의 '세법상 순손익가치와 순자산가치를 가중평균한 가액'(단, 예외 있음)입니다.

고객님 사례에서 아파트 등 공동주택은 평가기간 이내에 해당 재산의 거래가액인 시가가 있으면 좋겠으나 없는 경우가 많습니다. 따라서 보충적 평가액으로서 '평가기간 내에 유사한 재산의 매매·감정·수용·경매가격이 있다면 이를 시가(이하, 유사매매사례가액[1])'로 봅니다. 해당 재산과 유사한 재산이란 '동일한 단지 내의 아파트 등 공동주택이면서 & 전용면적 및 공동주택 공시가격 차이가 5% 이내인 것'를 말합니다.

이에 더해 고객님은 주택 외 건물을 소유하고 있는데 만약, 임대차계약이 체결(전세권 등 임차권이 등기된 경우 포함)있거나 근저당권 등 저당권이 설정된 부동산의 경우에는 Ⓐ 보충적 평가액(국세청장 고시가액)과 Ⓑ 임대료 등의 환산가액, Ⓒ 저당권 등이 설정된 재산이 담보하는 채권액 중에 큰 금액이 상속·증여시 재산평가액이 됩니다.

---

1) 유사매매사례가액 확인 : 국토교통부 실거래가 공개시스템(http://rt.molit.go.kr)

[임대차 계약 등 임차권이 설정되어 있거나 (근)저당권이 설정된 주택 이외 건물의 평가]

재산 평가액 = Max [Ⓐ 보충적 평가액, Ⓑ 임대료 등의 환산가액,
　　　　　　　　　Ⓒ 저당권 등이 설정된 재산이 담보하는 채권액]

Ⓐ **보충적 평가액** : 국세청 기준시가(일반건물 또는 상업용 건물 등 국세청장이 산정 및 고시하는 가액)

Ⓑ **임대료 등의 환산가액** = [1년간의 월 임대료 ÷ 기획재정부령으로 고시하는 이율(12%)] + 임대차 보증금

Ⓒ **저당권 등이 설정된 재산이 담보하는 채권액** = (근)저당권이 설정된 담보대출 금액 + 임대차 보증금

　고객님은 (주)○○출판사의 비상장주식과 ○○전자(주)의 상장주식을 갖고 있습니다. 만약 고객님이 (주)○○출판사 또는 ○○전자(주)의 최대주주 일 경우에는 경영권 프리미엄이 붙기 때문에 시가 또는 보충적 평가액에서 20%를 가산(할증평가)할 수 있습니다(단, ㈜00출판사 또는 00전자㈜가 세법상 중소기업 및 직전 3개년도 평균매출액이 5,000억 원 미만인 중견기업의 경우에는 할증평가를 하지 않으며, 이외 할증평가에서 제외되는 기업 요건이 일부 있음[1]).

---

1) 할증평가를 하지 않는 예외 기업 예시 : ① 평가기준일이 속하는 사업연도 전 3년 이내의 사업연도부터 계속하여 법인세법상 결손금이 있는 법인, ② 평가기준일 전후 6개월(증여재산은 평가기준일 전 6개월부터 후 3개월) 이내의 기간 중 최대주주 등이 보유하는 주식 등이 전부 매각된 경우, ③ 「상속세 및 증여세법 시행령」제28조(합병), 제29조(증자), 제29조의2(감자), 제29조의3(현물출자), 제30조(전환사채)의 규정에 따른 이익을 계산하는 경우, ④ 평가대상인 주식 등을 발행한 법인이 다른 법인이 발행한 주식 등을 보유함으로써 그 다른 법인의 최대주주 등에 해당하는 경우로서 그 다른 법인의 주식등을 평가하는 경우, ⑤ 평가기준일부터 소급하여 3년 이내에 사업을 개시한 법인으로서 사업개시일이 속하는 사업연도부터 평가기준일이 속하는 사업연도의 직전사업연도까지 각 사업연도의 기업회계기준에 의한 영업이익이 모두 '영(0)' 이하인 경우, ⑥ 상속세 과세표준 신고기한 또는 증여세 과세표준 신고기한 이내에 평가대상 주식 등을 발행한 법인의 청산이 확정된 경우, ⑦ 최대주주 등이 보유하고 있는 주식 등을 최대주주 등 외의 자가 10년 이내에 상속 또는 증여받은 경우로서 상속 또는 증여로 인하여 최대주주 등에 해당되지 아니하는 경우, ⑧ 주식 등의 실제소유자와 명의자가 다른 경우로서 해당 주식 등을 명의자가 실제소유자로부터 증여받은 것으로 보는 경우, ⑨ 「중소기업기본법」제2조에 따른 중소기업이 발행한 주식

▶ **기타 자산의 평가**(채권, 예금, 펀드, 비트코인, 서화)

• 채권

우선 고객님이 가지고 계신 채권의 경우에는 ① 한국거래소에서 거래되는 국공채 또는 사채(전환사채 제외)인지 ② 한국거래소에서 거래되지 않거나 평가기준일 전 2개월의 기간 중 거래실적이 없는 채권인지에 따라 나눠집니다.

만약, 한국거래소에서 거래되는 국공채 또는 사채라면 Ⓐ 평가기준일 이전 2개월간 공표된 최종시세가액의 평균액과 Ⓑ 평가기준일 이전 최근일의 최종시세가액 중에서 큰 금액으로 평가합니다.

반면, 한국거래소에서 거래되지 않거나 평가기준일 이전 2개월 간의 거래실적이 없는 채권 중에 Ⓐ 타인으로부터 매입한 채권은 '매입가액과 평가기준일까지의 미수이자 상당액의 합계액'으로 평가할 수 있으며, Ⓑ 그 이외의 것은 평가기준일 현재 예상처분액 또는 자본시장법상 인가된 2개 이상의 투자매매업자가 평가한 금액의 평균액으로 할 수 있습니다.

• 예적금

예금, 적금, 저금 등의 평가는 평가기준일 현재 '납입총액'에서 '이미 경과한 미수이자 상당액'를 더하고 '원천징수세액 상당액'을 뺀 가액으로 합니다.

예금, 적금 평가액 = 평가기준일 현재 '납입총액' + 평가기준일 현재 '이미 경과한 미수이자 상당액' - '원천징수세액 상당액'

- 펀드(집합투자증권)

펀드 등 집합투자증권은 평가기준일 현재 '한국거래소의 기준가격 또는 집합투자업자(자산운용사, 투자회사 포함)가 자본시장법에 따라 산정 및 공고한 기준가격'으로 평가합니다. 다만, 평가기준일 현재 기준가격이 없는 경우에는 평가기준일 현재의 환매가격 또는 평가기준일 전 가장 가까운 날의 기준가격으로 합니다.

- 비트코인 등 가상자산

2022년 1월 1일 이후부터 상속세 및 증여세법 제65조 제②항에 따라 평가되기 시작하였으며, ① 법령상 관련 관청에 신고 완료된 가상자산사업자 중 국세청장이 고시하는 사업장에서 거래되는 가상자산의 경우에는 '평가기준일 전후 1개월간의 가상자산사업자가 공시하는 일평균가액의 평균액'으로 하고, ② 그 이외의 가상자산은 '가상자산사업자가 공시하는 거래일의 일평균가액 또는 종료시각에 공시된 시세가액 등 합리적으로 인정되는 가격'으로 합니다.

- 서화 및 골동품

판매용이 아닌 서화 및 골동품 등 예술적 가치가 있는 유형재산의 경우는 각 전문분야별[1] '2인 이상의 전문가가 감정한 가액의 평균액'과 '지방국세청 감정평가심의회(지방국세청장이 위촉한 3명 이상의 전문가로 구성)에서 감정한 가액' 중에 큰 금액으로 평가합니다.

---

1) 전문분야 : ① 서화 및 전적, ② 도자기 및 철물, ③ 목공예 및 민속장신구, ④ 선사유물, ⑤ 석공예, ⑥ 그 밖의 골동품, ⑦ ①~⑥까지에 해당하지 않는 미술품

30. 서른번째 질문(Question)

비상장주식은 어떻게 평가할까요?

 **Key point**

비상장주식 평가 방법 및 절차(프로세스)

```
                시가 존재?  ──YES──▶  시가 평가
                    │
                    NO
                    ▼
                보충적 평가
                    │
                    ▼
              법에서 열거된 법인  ──YES──▶  • 청산 진행 중이거나 사업의
                    │                        계속이 곤란한 법인
                    NO                     • 사업개시 전의 법인, 사업개시
                    ▼                        후 3년 미만의 법인
         손순익가치 × 60% +                 • 휴·폐업 중인 법인
         순자산가치 × 40%                   • 평가기준일 전 3년 동안 계속
         (단, 부동산 과다보유의                결손법인
          경우 순손익가치의 40%와            • 부동산 보유비율이 80%
          순자산가치의 60%)                    이상인 법인
                    │                              │
                    ▼                              ▼
                 최대주주  ──YES──▶        순자산가치 100%
                    │      중소기업 등 이외        │
          중소기업 등 │ NO                         ▼
                    ▼                       지분율 50% 초과
                 할증 無                           │
                                                  ▼
                                             20% 할증
```

 **답변(Answer)**

우선, 해당 질문에 대해 속 시원한 답을 얻고자 하신다면 귀 법인의 법인세 신고대리를 담당하는 세무·회계법인, 세무사에게 주권비상장법인[1]의 주식(이하, 비상장주식) 가액 평가를 의뢰하시는 것이 가장 적절해 보입니다. 왜냐하면 비상장주식의 정확한 가액 계산을 위해서는 기업의 재무제표, 법인세 세무조정 계산서 등이 필요하기 때문입니다.

그럼에도 불구하고 최대한 쉽게 설명드리겠으나 어렵습니다. 비상장주식은 세법상 ① 원칙적 평가 방법, ② 통상적 평가 방법, ③ 특례 적용 방법에 의해 가액이 평가될 수 있습니다. 여기에 기업의 최대주주 등의 주식이 상속, 증여되는 경우에는 주식을 통해 경영권이라는 권리가 승계될 수 있으므로 가액의 20%를 가산하지만 세법상 중소기업과 직전 3개년도 평균매출액 5,000억 원 미만인 중견기업 주식에 대해서는 현재 가산하지 않고 있습니다.

---

[1] 자본시장법 제9조 제15항에 따라 국내 증권시장(코스피, 코스닥, 코넥스)에 상장된 주권과 증권예탁증권을 발행한 법인을 주권상장법인이라고 하며, 주권비상장법인은 주권상장법인을 제외한 법인을 의미하며 따라서 주권비상장법인의 주식은 공식적 거래시장이 없으므로 시가를 파악하기 힘든 측면이 있음

▶ **원칙적 평가 방법 : 시가**

비상장주식이라도 평가기간 이내(상속 : 사망일 前 6개월부터~사망일 後 6개월, 증여 : 증여일 前 6개월부터~증여일 後 3개월)에 금융감독원 전자공시시스템(Dart)에 공시된 자료에서 확인이 가능하고, 해당 기업 및 주주의 특수관계인이 아닌 제3자와 거래된 매매가액[1]이 있다면 해당 거래의 매매가액이 '비상장주식의 시가'로 인정될 수 있습니다. 그럼에도 불구하고 그 매매가액이 해당 기업의 액면가액 총액의 1% 이상 또는 3억 원 이상이 되어야 합니다.

▶ **통상적 평가 방법 : 보충적 평가**

비상장주식은 평가기준일 현재 1주당 순손익가치와 순자산가치를 각각 '3 : 2'의 비율로 가중평균한 가액으로 결정됩니다. 반면 부동산 과다법인은 1주당 순손익가치와 순자산가치를 각각 '2 : 3' 비율로 가중평균한 가액으로 평가합니다. 다만, 이렇게 가중평균하여 계산된 1주당 평가액이 1주당 순자산가치에 80%를 곱한 금액보다 적은 경우에는 1주당 순자산가치에 80%를 곱한 금액을 비상장주식의 가액으로 합니다.

---

1) 사전-2020-법령해석법인-0620 : 금융감독원의 전자공시시스템에 공시된 자료에 해당 비상장주식에 대한 특수관계인이 아닌 제3자 간에 일반적으로 거래된 가격이 있는 경우로서 해당 주식거래일 이후 증여일까지의 기간이 비교적 단기간이며, 해당 기간 동안 주식의 거래가 없고, 시가의 변동을 초래할 만한 특별한 사실이 없는 경우에는 그 거래가액을 시가로 볼 수 있는 것

참고문헌
김창영, 「절세설계 컨설팅」, 돈텍스(2022년), 신관식, 「내 재산을 물려줄 때 자산승계신탁서비스」, 삼일인포마인 (2022년)

[비상장주식 1주당 평가액 보충적 평가 방법 요약]

일반법인	1주당 평가액 =	$\dfrac{1주당\ 순손익가치 \times 3 + 1주당\ 순자산가치 \times 2}{5}$
부동산 과다법인	1주당 평가액 =	$\dfrac{1주당\ 순손익가치 \times 2 + 1주당\ 순자산가치 \times 3}{5}$

※ 부동산 과다법인은 당해 법인의 자산총액 중 토지·건물·부동산을 취득할 수 있는 권리·전세권·지상권·등기된 부동산임차권 등 가액의 합이 50% 이상인 법인을 말합니다.

※ 상기 표를 통해 계산된 1주당 평가액과 1주당 순자산가치의 80%와 비교하여 큰 금액이 1주당 비상장주식의 가액

1주당 순손익가치는 평가기준일 기준 기업의 직전 3개년도 순손익을 가중평균한 가액에서 순손익가치 환원율(2022년 10월 기준 기획재정부 고시이율 10%)로 나눈 가치를 의미합니다. 만약, 결손금이 발생한 연도가 있는 경우에도 그대로 반영하되 1주당 순손익가치가 마이너스일 경우에는 '0'을 적용합니다. 1주당 순손익가치는 법인세법상 각 사업연도소득에서 상속세 및 증여세법상 차가감 항목을 적용하여 산출하기 때문에 '기업회계'상 당기순손익뿐만 아니라 '법인세법'상 각 사업연도 소득금액과도 다르다는 점을 인지하여 주시기 바랍니다.

[1주당 순손익가치 계산]

$$\text{1주당 순손익가치} = \frac{\text{1주당 최근 3년간의 순손익액의 가중평균액}}{\text{순손익가치환원율(10\%)}}$$

$$\text{1주당 최근 3년간 순손익액의 가중평균액} = \frac{\begin{array}{l}\text{평가기준일 이전 1년이 되는 사업연도의 1주당 순손익액} \times 3 \\ + \text{평가기준일 이전 2년이 되는 사업연도의 1주당 순손익액} \times 2 \\ + \text{평가기준일 이전 3년이 되는 사업연도의 1주당 순손익액} \times 1\end{array}}{6}$$

* 평가기준일 : 2006년 12월 30일인 비상장주식의 최근 3년간 순손익액의 가중평균액 계산 시 최근 3년 순손익 사업연도는 2005년, 2004년, 2003년을 의미하는 것(서사-499, 2007.02.06.), 평가기준일이 2005년 12월 31일 비상장주식의 최근 3년간 순손익액의 가중평균액 계산 시 최근 3년간의 순손익사업연도는 2005년, 2004년, 2003년을 의미하는 것(대법원 2014두44847, 2017.12.22.)
* 순손익가치환원율 : 10%(3년 만기 회사채의 유통수익률을 고려하여 기획재정부령으로 정하는 이자율)
* 사업연도가 1년 미만인 경우에는 1년으로 계산한 가액(상속세 및 증여세법 시행규칙 제17조의3 제②항)
* 비상장주식의 1주당 가액, 1주당 순손익액 및 가중평균액 등의 계산에 있어서 원단위 미만의 금액은 절사

[각 사업연도의 순손익액 계산 방법]

(기초 금액)	법인세법상 각 사업연도 소득금액
+	국세 또는 지방세의 과오납금의 환급금에 대한 이자
+	수입배당금액 중 익금불산입액
+	기부금 한도초과액 중에서 10년 이내 이월 손금산입액
+	업무용 승용차 감가상각비 등 이월 손금산입액
+	업무용 승용차 처분손실의 이월 손금산입액
+	외화환산이익(법인세 계산 시 미반영분)
−	법인세액, 농어촌특별세액, 지방소득세액(손금불산입액)
−	벌금, 과료, 과태료, 가산금, 강제징수비(손금불산입액)
−	법령상 의무적으로 납부하는 것이 아닌 공과금(손금불산입액)
−	세법에서 규정하는 징수불이행에 따른 납부세액
−	징벌적 목적의 손해배상금 등(손금불산입액)
−	법인세법 제26조에 따른 과다경비(손금불산입액)
−	법인세법 제27조에 따른 업무무관비용(손금불산입액)
−	기부금 손금불산입액
−	접대비 손금불산입액
−	지급이자 손금불산입액
−	감가상각비 시인부족액에서 상각부인액을 손금을 추인한 금액을 뺀 금액
−	외화환산손실(법인세 계산 시 미반영분)
−	국세조세조정에 관한 법률 제14조 규정에 따라 배당으로 간주된 이자 (손금불산입액)
= (반영 금액)	각 사업연도 순손익액

* 상기 기준 : 상속세 및 증여세법 시행령 제56조 제④항
* 법인세액 : 법인세법 등에 따라 납부하였거나 납부하여야 할 법인세액을 말하고, 각 사업연도 등은 각 사업연도 소득에서 비과세 소득을 공제한 금액에 대한 법인세 총결정세액을 의미하며, 토지 등 양도소득에 대한 법인세액, 법인세 부가세액, 법인세 감면세액에 대한 농어촌특별세액을 포함함
* 상기 표의 내용 및 형식 참조 : 김창영, 「절세설계 컨설팅」, 돈텍스(2022년), 365면, 366면

1주당 순자산가치는 평가기준일 기준(평가기준일에 자산, 부채가액을 평가할 수 없다면 직전 사업연도 종료일을 기준으로 함) 기업이 보유하고 있는 '자산'에서 '부채'를 빼고 '영업권'을 가산하는 방식으로 해당 자산과 부채, 영업권은 상속세 및 증여세법에서 정한 방법에 따릅니다. 즉, 기업회계상 재무상태표의 자산, 부채의 차액과 일치하지 않습니다.

[1주당 순자산가치 계산]

$$* \text{1주당 순자산가치} = \frac{\text{평가기준일 현재 당해 법인의 순자산가액}}{\text{평가기준일 현재 발행주식 총수}}$$

* 순자산가액 : 자산총계 - 부채총계 + 영업권평가액 (만약 순자산가액이 '0'이하인 경우 '0'원으로 함)

[순자산가액 계산시 재무상태표 자산가액에 가산할 항목과 차감할 항목]

가산해야할 항목 (+)	차감해야할 항목 (−)
1. 지급받을 권리가 확정된 금액으로서 재무상태표에 계상되지 않은 것 2. 유상증자가액 : 평가기준일 직전 사업연도말 재무상태표 기준 평가액 3. 일시적 보유 목적의 자기주식 평가액 (보충적 평가방법으로 평가하므로 취득가액 아님)	1. 선급금(비용)에서 평가기준일 현재 비용으로 확정된 금액 2. 무형자산 중 개발비 3. 재무상태표상의 이연법인세자산 4. 증자일 전의 이익잉여금 유보액 5. 외화환산차익

* 상기 표의 기준 : 상속세 및 증여세법 집행기준 63-54-3
* 평가기준일 : 상속세 및 증여세가 부과되는 재산의 가액을 결정하는 기준시점(상속세 : 피상속인의 사망일 즉 상속개시일, 증여세 : 증여일)
* 상기 표의 내용 및 형식 참조 : 김창영, 「절세설계 컨설팅」, 돈텍스(2022년), 368면

[순자산가액 계산시 재무상태표 부채가액에 가산할 항목과 차감할 항목]

가산해야할 항목 (+)	차감해야할 항목 (−)
1. 평가기준일까지 가결산시 당해연도 소득에 대한 실제 납부할 법인세, 농어촌특별세, 지방소득세 2. 퇴직급여추계액 3. 평가기준일 현재 소득처분으로 확정된 배당금, 상여금 지급의무액 4. 평가기준일 현재 비용으로 확정된 충당금 5. 보험업 영위 법인의 책임준비금과 비상위험 준비금	1. 준비금 2. 충당금(좌측 4항, 5항 제외) 3. 이연법인세부채 4. 평가기준일 이후 소득처분으로 확정(될) 배당금 및 상여금 지급의무액 5. 외화환산손실

* 상기 표의 기준 : 상속세 및 증여세법 집행기준 63-54-3
* 평가기준일 : 상속세 및 증여세가 부과되는 재산의 가액을 결정하는 기준시점(상속세 : 피상속인의 사망일 즉 상속개시일, 증여세 : 증여일)
* 상기 표의 내용 및 형식 참조 : 김창영, 「절세설계 컨설팅」, 돈텍스(2022년), 369면

[영업권 평가방법]

$$영업권 = \sum_{n=1}^{n} \frac{초과이익(최근\ 3년간\ 순손익액의\ 가중평균액 \times 50\% - 자기자본 \times 10\%)}{(1+r)^n}$$

n : 영업권 지속연수(원칙적으로 5년)
r : 10% (「상속세 및 증여세 시행규칙」 제16조 제2항)

* 영업권 : 기업의 미래이익가치를 현재가치로 나타낸 것으로 상속세 및 증여세법 제59조 제②항에 따라 최근 3년간 자기자본 수익률을 초과하는 이익금액을 평가기준일 이후 영업권지속연수를 감안하여 초과이익환원율(10%)로 할인한 금액을 말함

다만, 비상장주식을 순자산가치로만 평가하는 경우가 있습니다. 예를 들어 부동산 및 부동산에 관한 권리의 평가액이 자산총액의 80% 이상인 법인, 사업개시 전의 법인, 사업개시 후 3년 미만의 법인, 청산절차가 진행 중이거나 휴·폐업 중인 법인, 직전 3개 사업연도에서 계속하여 결손금이 있는 법인 등은 '순자산가치'로만 비상장주식 가액을 평가하며 영업권도 별도로 평가하지 않습니다.

▶ 특례 적용 방법

앞서 설명 드린 '통상적 평가 방법'에 의한 가액을 적용하는데 '불합리'하다고 생각하는 상속 및 증여세 납세자는 '국세청 평가심의위원회' 또는 '지방국세청 평가심의위원회'에 상속세 신고기한 만료 4개월 전(증여세 신고기한 만료 70일 전)까지 '비상장주식 가액의 심의'를 신청할 수 있고, 상속세 및 증여세 납세자는 상기 ① '위원회가 심의한 가액' 또는 ② '위원회가 제시하는 평가 방법을 고려하여 평가한 가액'으로 비상장주식 가액을 적용할 수 있습니다. 다만, 납세자가 '위원회가 심의한 가액' 또는 '위원회가 제시하는 평가방법을 고려하여 평가한 가액'은 '통상적 평가 방법(보충적 평가액)'에 따른 평가액의 70%~130% 범위 안에 있어야 합니다.

31. 서른 한번째 질문(Question)

상속세 또는 증여세 납부가 부담되어 연부연납제도를 활용하려고 하는데요?

 **Key point**

상속세 및 증여세의 연부연납제도

- 연부연납은 거액의 상속세나 증여세를 일시에 금전으로 납부하기 어려운 경우, 납세의무자에게 세금 납부의 편의를 주는 제도입니다.

[세목별 연부연납 기간]

세목		연부연납 기간
상속세	일반 상속재산	- 최대 10년 연부연납 (거치기간 없음)
	가업상속공제를 적용 받은 상속재산	- 최대 20년 연부연납 - 최대 10년 거치, 10년 연부연납　　*선택 가능
증여세	일반 증여재산	- 최대 5년 연부연납 (거치기간 없음)
	가업승계 주식 증여세 과세특례 재산	- **최대 15년 연부연납 가능** (거치기간 없음)

 **답변(Answer)**

▶ **상속세 및 증여세의 납부 개요**

상속세 및 증여세는 ① 일시에 1회 현금 납부가 기본이지만 ② 납부세액이 1천만 원을 초과할 경우에는 납부기한 후 2개월 이내에 '분할납부(분납)'를 할 수 있고, ③ 납부세액이 2천만 원을 초과하며 원칙적으로 상속세 또는 증여세 과세표준 신고기한(수정신고 및 기한 후 신고할 때와 납부고지서상 납부기한 포함)까지 연부연납신청서를 제출하고 납세담보를 제공한 건에 한하여 세무서장 허가에 따라 '연부연납'을 할 수 있습니다. 참고로 증여세의 연부연납 요건은 상속세와 동일하나 연부연납기간에서 차이가 발생하며, 증여세와 달리 상속세는 부동산 등으로 '물납'도 가능합니다.

▶ **연부연납제도의 취지**

상속재산 또는 증여재산의 상당 부분이 부동산이나 비상장주식 등 비유동성 재산으로 구성되어 있을 때는 상속세 또는 증여세 납부를 위해서 해당 재산을 현금화하는 데 상당한 기간이 발생할 수 있습니다. 게다가 사업용 재산을 급히 처분하려고 할 경우 사업의 운영과 기업 유지가 곤란해질 수 있으며, 염가로 재산을 처분하는 경우 손실이 발생할 수도 있습니다. 따라서 과세당국에서는 납세자들에게 세금 납부 기간의 편의를 제공해주고자 여러 해(차례)를 걸쳐 세금을 분할하여 납부할 수 있도록 '연부연납제도'를 허용하고 있습니다.

▶ 연부연납제도의 신청 요건 및 신청·허가

상속세 또는 증여세를 실제 연부연납하기 위한 연부연납의 신청 요건은 이하 3가지 사항 ⓐ 상속세 또는 증여세 납부세액이 2천만 원 초과, ⓑ 상속세 또는 증여세 과세표준 신고기한(수정신고 및 기한 후 신고 시, 납세고지서·납부통지서의 납부기한)까지 연부연납신청서 제출, ⓒ 연부연납 신청세액(연부연납 가산금 포함)에 상당하는 납세담보 제공을 모두 충족해야 합니다(신청).

상기 신청 요건에 부합하여 신청된 건에 한하여 신청서를 받은 세무서장은 일정 기한까지 서면으로 연부연납 허가여부를 통지해야 합니다. 만약 일정 기한까지 서면 통지가 없다면 허가로 간주하고, 연부연납을 신청하면서 특정 납세담보물[1]을 제공한 경우에는 신청일 당일에 허가받은 것으로 봅니다(허가).

---

[1] 특정 납세담보물 : 금전, 국채 또는 지방채, 납세보증보험증권, 은행·신용보증기금 등 세무서장이 인정한 자의 납세보증서

[연부연납 신청 및 허가 통지 기한]

연부연납 신청대상 세액 구분	신청기한	허가통지 기한
• 과세표준 신고 시 납부할 세액	신고기한 이내	상속세 : 신고기한부터 9개월 증여세 : 신고기한부터 6개월
• 기한 후(수정) 신고 시 납부할 세액	기한 후(수정) 신고시 (결정통지 전)	상속세 : 신고한 날이 속하는 　　　　달의 말일부터 9개월 증여세 : 신고한 날이 속하는 　　　　달의 말일부터 6개월
• 신고 후 무납부에 대한 고지세액 • 무신고자나 미달신고자의 신고세액을 초과한 고지세액	납세고지서상 납부기한	납부기한 경과일부터 14일 이내
• 증여자 연대납세 의무에 의하여 납부하는 증여세	납부통지서상 납부기한	
• 연부연납 신청 시 특정 납세담보물을 함께 제공한 경우	연부연납 신청일에 허가된 것으로 간주	

▶ 연부연납의 취소

　만약 연부연납 허가 이후 납세의무자가 세법상 요건을 어느 하나라도 위반하는 경우(① 연부연납세액을 지정된 기한 또는 예정일까지 납부하지 않은 경우, ② 담보의 변경 또는 담보 보전관련 세무서장 명령을 따르지 않은 경우, ③ 국세징수법에 의거 납기 전 징수 사유에 해당하여 연부연납기한까지 세액 전액을 징수할 수 없다고 인정되는 경우, ④ 상속받은 가업을 세법상 폐업하거나 해당 상속인이 가업에 종사하지 않는 경우)에 세무서장은 연부연납 허가를 취소하거나 변경하고, 연부연납 관련 세액 전액 또는 일부를 추징, 압류할 수 있습니다(취소).

▶ 연납연납 기간·매년 납부할 연부연납세액·연부연납 가산금

연부연납은 최대 연부연납기간과 거치기간이 있습니다. 우선 ① 일반적인 상속재산에 대한 상속세는 거치기간 없이 최대 10년간 연부연납이 가능하고, ② 가업상속공제를 적용받은 상속재산은 가업상속재산 비율에 상관없이 최대 20년간 연부연납을 하거나 또는 10년간 거치 이후 10년간 연부연납이 가능합니다. ③ 일반적인 증여세는 거치기간 없이 최대 5년간 연부연납이 가능하며, ④ 2024년 부터 '가업승계 주식 증여세 과세특례' 관련 증여세는 거치기간 없이 최대 15년까지 연부연납이 가능합니다.

[세목별 연부연납 기간]

세목		연부연납 기간
상속세	일반 상속재산	- 최대 10년 연부연납 (거치기간 없음)
	가업상속공제를 적용 받은 상속재산	- 최대 20년 연부연납 - 최대 10년 거치, 10년 연부연납　　*선택 가능
증여세	일반 증여재산	- 최대 5년 연부연납 (거치기간 없음)
	가업승계 주식 증여세 과세특례 재산	**- 최대 15년 연부연납 가능** (거치기간 없음)

[가업상속공제를 적용받은 상속재산(상속세)의 연부연납]

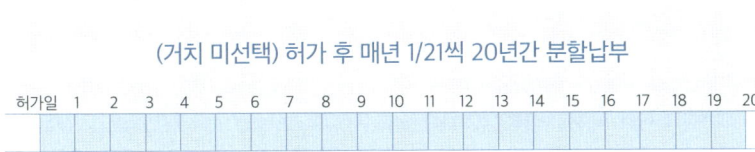

연부연납 기간 중에 매년 납부해야 할 세액은 아래와 같이 계산하되 매년 납부할 세액은 '1천만 원'을 초과해야 합니다.

$$\left[상속세\ 납부세액 \times \frac{가업상속재산 - 가업상속공제액}{총상속재산가액 - 가업상속공제액} \right] \times \frac{1}{(연부연납기간 + 1)}$$

다만, 연부연납제도는 공짜가 아닙니다. 상속세 납부세액이라는 원금에 이자가 가산되는데 이를 '연부연납 가산금'이라고 하며, 매년 납부하는 세액에 연부연납 가산금이 추가된 금액을 납세의무자는 납부해야 합니다.

[연부연납 가산금 계산]

① 첫 회분 납부할 가산금

연부연납을 허가한 총세액 × 신고기한 또는 납세고지서의 납부기한의 다음날부터 첫 회 분납세액의 납부기한까지의 일수 × 연부연납 가산율

② 첫 회분 이후 납부할 가산금

[연부연납을 허가한 총세액 − 직전 회까지 납부한 분납세액의 합계액] × 직전회의 분납세액 납부기한의 다음날부터 해당 분납기한까지의 일수 × 연부연납 가산율

[연부연납 가산율(연부연납 가산금 이자율)]

'15.3.6.~ '16.3.6.	'16.3.7.~ '17.3.14.	'17.3.15.~ '18.3.18.	'18.3.19.~ '19.3.19.	'19.3.20.~ '20.3.12.	'20.3.13.~ '21.3.15.	'21.3.16.~ '23.3.19.	'23.3.20.~
연 2.5%	연 1.8%	연 1.6%	연 1.8%	연 2.1%	연 1.8%	연 1.2%	연 2.9%

32. 서른 두번째 질문(Question)

2023년부터 신설된 납부유예제도가 무엇입니까?

Key point

가업승계 관련 '납부유예제도'

- **상속세 납부유예제도**

  가업상속공제를 적용받지 않으면 상속인이 가업상속재산을 처분(양도·상속·증여)하는 시점까지 상속세 납부를 늦출 수 있습니다.

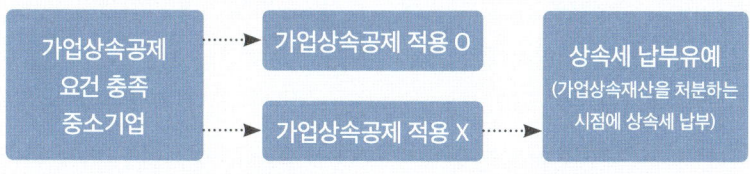

- 납부유예 가능 세액 = 상속세 납부세액 × $\dfrac{\text{가업상속재산가액}}{\text{총 상속재산가액}}$

- **증여세 납부유예제도**

  가업승계 주식 증여세 과세특례를 적용받지 않으면 수증자가 증여받은 가업주식을 처분(양도·상속·증여)하는 시점까지 증여세 납부를 늦출 수 있습니다.

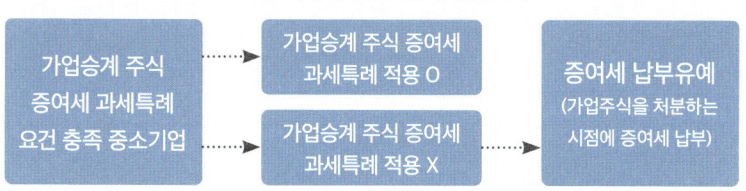

- 납부유예 가능 세액 = 증여세 납부세액 × $\dfrac{\text{가업주식상당액}}{\text{총 증여재산가액}}$

고객의 세부 질문(Question)

2023년에 변경된 세법개정 내용을 보니 가업승계할 때 상속세 및 증여세를 납부하지 않고 있다가 향후 납부사유(양도 등)가 발생하면 그 때 가서 세금을 납부하는 '납부유예제도'가 신설되었다고 하는데 맞나요? 맞다면 세부 요건에 대해서 설명해주세요.

답변(Answer)

피상속인으로부터 가업을 승계받은 상속인 또는 가업승계 주식 증여세 과세특례를 적용받은 수증자는 상속세 및 증여세 신고기한까지 과세표준을 신고하고 세금을 일시에 납부하거나 분납, 연부연납 등을 할 수 있습니다.

그런데 2023년부터는 가업승계 관련 세금 납부 방식이 새롭게 하나 추가되었습니다. 가업상속공제를 적용받을 수 있는 상속인 또는 가업승계 주식 증여세 과세특례를 적용받을 수 있는 수증자가 가업상속공제 또는 가업승계 주식 증여세 과세특례를 적용받지 않을 경우, 일반적으로 계산된 상속세 및 증여세를 납부하지 않고 있다가 가업승계 이후 가업승계재산을 실제 처분(양도·증여·상속)할 때 납부하는 제도가 신설되었습니다. 이를 '납부유예제도'라고 합니다.

납부유예제도는 ① 가업상속공제 또는 가업승계 주식 증여세 과세특례를 적용받을 수 있지만 해당 제도를 선택하지 않은 '중소기업(중견기업은 안됨)'의 상속인 또는 수증자를 대상으로 하되 ② 가업승계 재산가액에 한도가 없고, ③ 사후관리기간 5년 동안 ④ 정규직 근로자 수 또는 총급여액이 세법상 5년 평균 70% 이상을 유지하며, ⑤ 주식 지분을 계속 유지하면 됩니다.

[가업상속공제·가업승계 주식 증여세 과세특례와 납부유예제도 비교]

구분	가업상속공제· 가업승계 주식 증여세 과세특례	납부유예제도
적용대상	중소기업·중견기업 (매출액 5천억 원 미만)	중소기업 限
적용방식	• 가업상속공제 : 상속재산에서 공제 • 가업승계 주식 증여세 과세특례 : 10억 원 공제 후 특례세율 10%~20% 적용(상속세로 정산)	확정된 상속세 및 증여세에 대해 상속인 또는 수증자가 향후 가업승계 재산을 처분(양도·상속·증여)할 때까지 세금 납부유예
공제 및 과세가액 한도	가업영위기간 10년 이상 : 300억 원 가업영위기간 20년 이상 : 400억 원 가업영위기간 30년 이상 : 600억 원	제한 없음
사후관리기간	5년	5년
사후관리기간 中 업종유지	대분류 내에서 변경 가능 예정	제한 없음
사후관리기간 中 고용 및 총급여액 유지	5년 평균 90% 이상 (가업승계 주식 증여세 과세특례는 해당 없음)	5년 평균 70% 이상
사후관리기간 中 주식 지분 유지	상속·증여 받은 주식 지분 유지	상속·증여 받은 주식 지분 유지

'명의신탁 주식 실제소유자 확인신청제도'가 무엇인가요?

💡 **Key point**

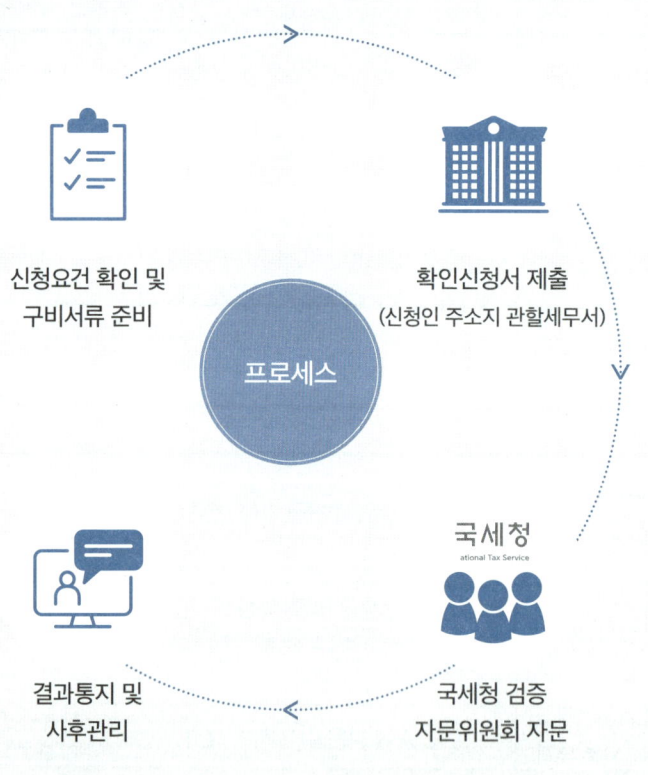

고객의 세부 질문(Question)

1995년 법인을 설립할 때 상법상 규정에 따라 7명이 발기인으로 참여하여 배우자, 지인 등을 주주로 등재하였으나 실제로는 제가 법인 설립의 자본금을 모두 마련하였습니다. 세금 문제 등으로 배당도 못하고 있어 잉여금은 계속 쌓이고 있고, 저도 이제 나이가 들어 가업을 막내아들에 물려주려고 하는데 명의상 주주들의 문제로 고민이 많습니다.

답변(Answer)

고객님의 니즈를 한마디로 정리하면 과거 법령을 충족하려다 보니 명의신탁 주식이 있는데 여러 문제 등이 발생하여 다시 고객님 명의로 회복·전환하고 싶은 것으로 파악됩니다.

잠깐 상법 규정에 대한 히스토리를 살펴보면 **1996년 9월말 이전에 법인을 설립할 때는 발기인이 7명 이상이 필요하였고, 1996년 10월부터 2001년 7월 23일까지는 발기인 3명 이상이 요구되었으며, 2001년 7월 24일 부터는 발기인 1명이라도 법인을 설립할 수 있습니다. 그래서 2001년 7월 이전까지 법인을 설립**하는 경우 부득이하게 친인척, 지인 등 다른 사람을 발기인, 주주로 등재하는 등 주식의 명의신탁 사례가 많았던 것입니다.

과거에는 명의신탁한 주식을 실제소유자가 다시 가져오는 실명 전환 절차, 실제 주주 입증 등이 명확하지 않았습니다. 결국 세무조사 또는 법원 판결 등에 의해서만 확인되는 등 복잡하고 까다로운 상황이 지속됨에 따라 국세청은 '상속세 및 증여세 사무처리 규정'을 개정하고, 2014년 6

월 23일부터 중소기업에 한해 '명의신탁 주식 실제소유자 확인신청제도'를 시행하고 있습니다.

'명의신탁 주식 실제소유자 확인신청제도'는 과거 불명확하고 까다롭던 주식의 실제소유자 확인 절차와는 달리 통일된 기준을 마련하였고, 명의신탁 관계자(명의신탁자[1], 명의수탁자[2])를 포함한 납세자가 제출한 여러 증빙서류와 국세청 내부자료 등을 활용하여 예전보다 간소화된 절차에 따라 주식의 실제소유자를 확인해 주는 제도라고 말할 수 있습니다.

특히, 이 제도는 가업상속공제 및 가업승계 주식 증여세 과세특례를 적용받으려고 할 때 최대주주 등의 요건을 충족하지 못하고 있는 납세자들에게 도움이 될 수 있고, 명의수탁자의 변심으로 자기의 주식이라고 주장하거나, 명의수탁자가 사망하여 수탁자의 상속인들이 권리관계를 주장하거나, 명의신탁 이후 증자 등 자본거래를 하는 경우 명의수탁자에게 주식이 추가로 배정되어 증여세를 추가 부담하는 등 여러 곤란한 상황들로부터 대처할 수 있는 방안이 되기도 합니다.

다만, 해당 제도를 통해 주식의 실제소유자로 인정되어 실명전환할 경우 ① 명의신탁재산에 대한 증여의제로서 증여세 납부의무가 발생(명의수탁자)하고, ② 배당에 따른 종합소득세 등을 재검토하여 소득세를 추가적으로 부담(명의신탁자)할 수 있으며, 주식의 실제소유자로 인정되지 않더라도 ③ 거래 실질에 따라 양도소득세 또는 증권거래세 등이 발생할 수도

---

1) 명의신탁자 : 자신의 주식, 부동산 등의 관한 물권을 타인의 명의로 등기, 등록하게 하는 실소유자(실권리자)
2) 명의수탁자 : 명의신탁 약정에 따라 실소유자(실권리자)의 물권을 자신의 명의로 등기, 등록하는 자

있고, ④ 무상거래에 따른 증여세 등이 발생할 수도 있습니다.

 이런 점을 고객님께서 인지하고 명의신탁 주식 실제소유자 확인을 신청하고자 한다면 먼저 ① 해당 주식은 조세특례제한법 시행령 제2조에서 정하는 중소기업의 주식이어야 합니다. 그리고 ② 해당 중소기업은 2001년 7월 23일 이전에 법인이 설립되었고, ③ 주식의 명의신탁자 및 명의수탁자 모두 법인설립 당시 발기인이어야 합니다. 이러한 기본 요건을 숙지하되 ④ 명의신탁 주식 실제소유자 확인신청을 하기 전에 가까운 세무서 재산세과를 방문하여 사전상담을 받으시는 것이 중요합니다. ⑤ 신청인(주식의 실제소유자임을 확인신청하는 자)은 구비서류(중소기업 등 검토 기준표, 주식발행법인의 주식명의개서 확인서, 신청인 및 명의수탁자의 명의신탁 확인서 또는 진술서 등)를 신청인 주소지 관할 세무서에 제출하면 되며 ⑥ 제출된 일반 서류 검토만으로도 실제소유자 여부를 인정(불인정)할 수도 있으나 '명의신탁 주식 실명전환 자문위원회의 심의(실명전환 주식가액이 20억 원 이상인 경우)'를 거쳐 실제소유자 여부를 인정(불인정)할 수도 있고, 과세자료 처리에 준하는 정밀검증절차 등 추가 확인절차에 따라 실제소유자 여부가 결정되기도 합니다. ⑦ 그 결과 세무서의 해당 업무처리 담당자는 신청인에게 명의신탁 주식 실제소유자 확인신청 처리결과를 통지하며, ⑧ 그 이후 후속조치로 세법 규정에 의해 조치하거나 실제소유자로 인정한 경우 'NTIS(엔티스, 차명재산관리프로그램)'에 해당 내용을 입력 및 수록(상속세 및 증여세 사무처리규정 제12조 제⑩항) 합니다.

[명의신탁 주식 실제 소유자 확인 신청 제도 프로세스[1]]

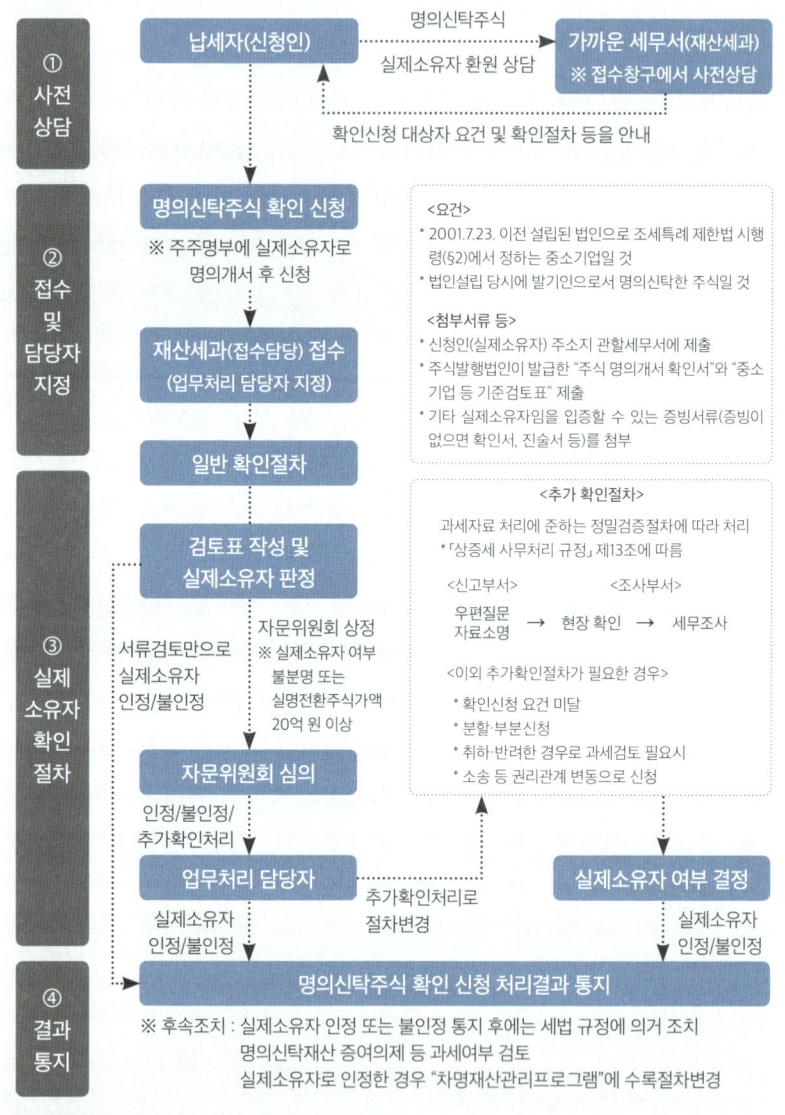

---
1) K-BIZ 중소기업중앙회, 「2022 중소기업 가업승계 세제 해설집」, 중소벤처기업부(2022년), 294면

34. 서른 네번째 질문(Question)

창업주의 은퇴와 저축성보험을 활용한 CEO플랜이 무엇인가요?

 **Key point**

임원 퇴직금 지급 용도의 보험계약(CEO플랜) 관련

• 법인이 퇴직임원에게 보험계약 이전 시 소득구분

> - 법인이 계약자 및 수익자를 법인으로, 임원을 피보험자로 하는 보험(이하 저축성보험)에 가입하고, 임원 퇴직시 저축성보험의 계약자 및 수익자를 법인에서 피보험자(퇴직임원)로 변경하는 경우 법인이 부담한 저축성보험(임원 퇴직 당시 저축성보험 평가액)은 퇴직 임원의 퇴직소득에 해당한다.
>
> - 다만 저축성보험의 평가액을 포함한 임원의 퇴직소득이 과도해 '법인세법' 52조(부당행위계산의 부인)가 적용되는 경우에는 동규정이 적용되지 않는 범위 내에서만 퇴직소득에 해당하며, 이를 초과하는 금액은 근로소득에 해당한다.
>
> ※ 2011년 3월 29일 기획재정부의 유권해석 내용

• 가업상속공제 적용 시 보험계약의 자산 성격

> (중략) 처분청이 상속개시일 현재 가업법인이 보유한 **쟁점보험의 장부가액을 사무무관자산**으로 보아 가업상속재산가액을 계산하여 상속세를 결정한 처분은 달리 잘못이 없다(조심2021중2868, 2021.07.28.).

고객의 세부 질문(Question)

(주)○○기계(중소기업)에서 일하고 있는 인사부장 차○○입니다. 우리 회사의 창업주이자 대표이사인 사장님은 82세로 당뇨가 심해져 건강상의 이유로 은퇴를 앞두고 있는 상황입니다. 그런데 ○○생명의 보험설계사가 찾아와 사장님의 퇴직금을 10년 전 회사 명의로 가입한 저축보험(최초 계약 시 계약자 및 수익자는 법인, 피보험자는 사장님)으로 지급할 수 있고 퇴직소득세로 세금을 납부한다고 하는데 사실인지요? 해당 보험은 가업상속공제를 적용받을 때 가업상속재산에 포함되나요?

답변(Answer)

법인의 재무담당자들이 실제 자주 문의하고 있는 두 가지 질문을 해주셨는데요. 하나 하나 꼼꼼하게 설명드리도록 하겠습니다.

▶ 저축보험으로 임원퇴직금 지급 가능 여부

기획재정부 해석에 따르면 이렇습니다. 「계약자 및 수익자를 법인으로, 임원을 피보험자로 하는 보험(이하, '저축성보험')에 가입하고 임원 퇴직시 저축성보험의 계약자 및 수익자를 법인에서 임원으로 변경하는 경우 법인이 보험료를 부담한 저축성보험(임원 퇴직 당시 저축성보험의 평가액)은 임원 퇴직시 퇴직소득에 해당합니다. 다만, 저축성보험의 평가액을 포함한 임원의 퇴직소득이 과도하여 부당행위계산의 부인 규정이 적용되는 경우에는 동 규정이 적용되지 않는 범위 내에서만 퇴직소득에 해당하며, 이를 초과하는 금액은 근로소득에 해당합니다(기획재정부 소득-108, 2011.03.29.)」.

다만, 임원이 현실적으로 퇴직할 때(이하, 현실적 퇴직사유)에 한하여 최소한 법인의 정관 또는 정관에서 위임한 임원 퇴직급여 지급규정에 '저축성보험(보험증권)'으로 임원퇴직금을 줄 수 있다고 명시되어 있어야 할 것입니다. 만약 임원 퇴직급여 지급규정에 임원퇴직금을 신탁으로도 줄 수 있다고 명시한다면 신탁도 위탁자 및 수익자 변경이 가능하므로 CEO플랜으로써 활용이 가능할 것으로 보입니다.

임원의 현실적 퇴직사유로는 ① 법인의 임직원이 그 법인의 조직변경, 합병, 분할 또는 사업양도에 의하여 퇴직한 때, ② 근로자퇴직급여보장법 시행령 제3조에 따라 퇴직급여를 중간정산한 때, ③ 정관 또는 정관에서 위임한 퇴직급여 지급규정에 따라 장기요양 등 괄호 안에 사유 중에 하나에 해당하는 경우 사유발생일까지의 퇴직급여를 중간정산하여 임원하게 지급한 때(중간정산일 현재 1년 이상 주택을 소유하지 아니한 세대의 세대주인 임원이 중간정산일로부터 3개월 이내에 주택을 구입 및 취득하려는 경우, 임원 또는 임원의 배우자 및 부양가족이 3개월 이상의 질병 치료 또는 요양을 필요로 하는 경우, 천재지변 등 그 밖에 이에 준하는 재해를 입은 경우), ④ 합병으로 소멸하는 피합병법인의 임원이 퇴직급여 지급규정에 따라 퇴직급여를 실제로 지급받고 합병법인의 임원이 된 경우, ⑤ 법인의 상근임원이 비상근임원이 된 경우, ⑥ 임원이 퇴직하여 퇴직금을 받은 후 동일 회사의 고문(비상근직)이 된 경우 등이 있습니다.

만약 임원의 현실적인 퇴직사유가 아닌 경우에 임원에게 지급한 퇴직금은 업무와 관련없는 자금의 대여액으로 보고 부당행위계산의 부인(인정이자 익금산입 등)으로 임원에게는 상여로 (근로)소득세가 과세될 수 있으며, 법인의 자금사정 등의 이유로 임원과의 합의에 따라 퇴직금을 분할하여 지급하는 경우에는 현실적인 퇴직사유로 보지 않습니다(서면2팀-79, 2005.01.12.).

그렇다면 왜 CEO 등 창업자들이 은퇴·퇴직할 때 지급받는 퇴직금이 근로소득, 배당소득 등이 아닌 퇴직소득으로 인정받기를 원할까요? 근로소득과 연간 2,000만 원이 넘는 배당소득은 소득세법상 종합소득으로서 소득공제 등 일부 금액을 제외한 과세표준에서 최대 45%(지방소득세 포함 49.5%)의 세금을 부담할 수도 있고, 특히 근로소득, 배당소득은 각종 사회보험료(국민연금, 건강보험, 장기요양보험, 고용보험)의 대상이 될 수도 있기 때문입니다.

반면, 퇴직소득은 분류과세로서 오랫동안 누적된 소득이 퇴직이라는 이벤트로 인해 일시에 과세되는 세금입니다. 퇴직소득은 퇴직소득금액에서 근로연수공제, 환산급여공제, 12배 연분연승법이라는 독특한 계산방식을 거쳐 세금이 계산되는데 결론적으로 일반적인 상황에서 근로소득보다 퇴직소득으로 처리하는 것이 소득세 부담 최소화 측면에서 유리합니다.

▶ **저축보험이 가업상속재산가액에서 제외되는 사업무관자산인지 여부**

가업상속공제의 대상이 되는 가업상속재산가액을 계산함에 있어서 소득세법을 적용받는 가업은 사업용 자산가액에서 담보채무액을 제외하고, 법인세법을 적용받는 가업은 평가된 주식가액에 총자산가액 중 사업무관자산의 비중을 제외한 비율을 곱하여 계산합니다.

고객님의 기업은 주식회사 법인이므로 해당 저축보험이 사업무관자산에 포함되는지 안되는지가 관건인데 최근 2021년 조세심판원의 심판 사례는 이렇게 보았습니다. 「상속세 및 증여세법 제15조 제⑤항 제2호 마목은 중소기업이 가업상속의 외관을 꾸며 가업과 무관한 재산에 관해서도 상속공제혜택을 받는 것을 방지하기 위하여 가업상속공제액 계산 시 영업활동과 직접 관련이 없이 보유하고 있는 금융상품을 그 법인의 총자산가액에서 제외하도록 규정하고 있는바 가업법인이 보험가입일로부터 상속개시일까지 쟁점보험을 영업에 사용한 사실 등이 확인되지 않은 점, 쟁점보험의 보험금 지급사유에 대표이사의 퇴직이 명시되어 있지 않은 점, 가업법인이 대표이사의 퇴직금을 지급하기 위한 목적으로 보험에 가입한 것으로 보기도 어려운 점 등에 비추어 처분청이 상속개시일 현재 가업법인이 보유한 **쟁점보험의 장부가액을 사무무관자산으로 보아 가업상속재산가액을 계산하여 상속세를 결정한 처분은 달리 잘못이 없다**(조심2021중2868, 2021.07.28.).」 따라서 **계약일로부터 만기가 3개월 이상인 저축성보험은 가업상속공제를 적용하는 경우 사업무관자산에 해당할 수도 있으므로 가업승계 시 각별한 주의를** 요합니다(만기 3개월 미만 저축성보험은 현금으로 간주되며, 과다보유현금 측정시 포함됨).

35. 서른 다섯번째 질문(Question)

신탁을 설정하면 유류분 문제를 해결할 수 있나요?

 **Key point**

사전증여재산 관련 '세법상 상속재산 vs 민법상 유류분 산정 기초재산'

구분	세법(상속재산)	민법(유류분 산정 기초재산)
상속(유류분 산정) 재산가액 계산식	피상속인의 본래 재산 + 간주상속재산 (보험금, 퇴직금, 신탁) + 사전증여재산(특별수익) (10년 이내, 5년 이내) + 추정상속재산 - 채무 등	피상속인 명의의 재산 + 사전증여재산(특별수익) (무기한, 1년 이내) - 채무
사전증여재산 (특별수익) 포함 기간	① 상속인에게 증여 : 사망일 前 10년 이내 ② 이외 증여 : 사망일 前 5년 이내	① 상속인에게 증여 : 기한 없이 모두 포함 ② 이외 증여 : 사망일 前 1년 이내(단, 증여자 및 수증자가 유류분 권리자의 권리침해를 알지 못했을 것)
사전증여재산의 가액 및 평가일	'증여시점'의 시가 (시가가 없다면 상속세·증여세법상 보충적 평가액 적용)	'사망시점'의 시가 • 사전증여된 '현금' 평가 예시 : 증여 당시부터 상속개시일까지 물가변동률을 반영하여 계산

고객의 세부 질문(Question)

신탁계약을 통해 회장님의 회사 주식 등 경영권과 재산을 모두 막내아들에게 물려줄 때 해당 신탁재산은 '유류분 산정에 기초가 되는 재산에 포함되지 않는다'고 하는데 사실인가요?

 **답변(Answer)**

▶ 유류분의 기본적 개념

유류분이란 향후 회장님이 사망하게 되면 피상속인(회장님)의 상속재산(유증재산, 민법상 요건에 충족하는 증여재산 포함) 중에서 피상속인의 의사와는 관계없이 법정상속인[1]들이 받을 수 있는 최소한의 비율 및 권리를 말합니다.

유류분에 대한 권리를 침해받았다고 주장하는 법정상속인들은 민법에 따라 계산된 유류분 산정 기초재산에서 본인의 유류분 비율[2]에 미치지 못하는 부분에 대해 상대방 또는 법원에 그 반환을 청구할 수 있습니다. 이를 '유류분반환청구'라고 합니다. 유류분반환청구권은 유류분권리자가 ① 피상속인의 상속 개시와 반환하여야 할 증여 또는 유증한 사실을 안 때로부터 1년 내에 하지 않거나 ② 피상속인의 상속이 개시된 때로부터 10년이 경과한 때는 시효에 의해 소멸(민법 제1117조 소멸시효)합니다.

---

1) 법정상속인 관련 민법 제1000조(상속의 순위)와 민법 제1003조(배우자 상속순위) 종합하여 다음의 순위로 법정상속인이 됩니다.
   1. 피상속인의 직계비속, 배우자
   2. 피상속인의 직계존속, 배우자
   3. 배우자 단독
   4. 피상속인의 형제자매
   5. 피상속인의 4촌 이내의 방계혈족
2) 민법 제1112조(유류분의 권리자와 유류분) 상속인의 유류분은 다음 각호에 의한다.
   1. 피상속인의 직계비속은 그 법정상속분의 2분의 1
   2. 피상속인의 배우자는 그 법정상속분의 2분의 1
   3. 피상속인의 직계존속은 그 법정상속분의 3분의 1
   4. 피상속인의 형제자매는 그 법정상속분의 3분의 1

▶ 유류분과 신탁(유언대용신탁)의 관계[1]

우선, **수원지방법원 성남지원 1심 판결**(성남지원 2020.1.10. 선고 2017가합 408489 판결)에서 「신탁재산이 유류분반환청구의 대상이 되는 증여인지 여부에 대해서 유언대용신탁의 신탁재산이 위탁자에서 수탁자로 소유권이 이전된 것은 수탁자가 위탁자에게 신탁재산에 대한 대가를 지급한 바 없다는 점에서 무상이전에 해당하고, 민법 제1113조, 제1114조[2]에 의해 유류분 산정의 기초로 산입되는 증여는 본래적 의미의 증여계약에 한정되는 것이 아니라 무상처분을 포함하는 의미로 폭넓게 해석되는 바 (중략) 다만, 이 사건의 신탁계약의 ① 수탁자는 신탁회사로서 상속인이 아니고, ② 신탁계약 및 소유권 이전은 상속이 개시된 2017. 11. 11. 보다 1년 전에 일어났으며, ③ 수탁자인 ○○은행이 이 신탁계약으로 유류분 부족액이 발생하리라는 점을 알았다고 볼 증거가 없으므로, ④ **이 신탁계약은 민법 제1114조에 따라 산입될 증여에 해당하지 않아 유류분 산정의 기초가 될 수 없다**」고 판시하였습니다. 이 판례는 유언대용신탁과 유류분과의 관계를 말해주는 첫 번째 판례로써 의미가 큽니다.

---

1) 신관식, 「내 재산을 물려줄 때 자산승계신탁·서비스」, 삼일인포마인(2022), 28면~30면
2) • 민법 제1113조(유류분의 산정) ① 유류분은 피상속인의 상속개시시에 있어서 가진 재산의 가액에 증여재산의 가액을 가산하고 채무의 전액을 공제하여 이를 산정한다.
  ② 조건부의 권리 또는 존속기간이 불확정한 권리는 가정법원이 선임한 감정인의 평가에 의하여 그 가격을 정한다.
 • 민법 제1114조(산입될 증여) 증여는 상속개시 전의 1년간에 행한 것에 한하여 제1113조의 규정에 의하여 그 가액을 산정한다. 당사자 쌍방이 유류분 권리자에 손해를 가할 것을 알고 증여를 한 때에는 1년 전에 한 것도 같다.
 • 대법원 2021.7.15. 선고 2016다210498 판결 [판결요지]
  [1] (중략) 공동상속인 중에 피상속인으로부터 재산의 생전 증여로 민법 제1008조의 특별수익을 받은 사람이 있으면 민법 제1114조가 적용되지 않으므로, 그 증여가 상속개시 1년 이전의 것인지 여부 또는 당사자 쌍방이 유류분 권리자에 손해를 가할 것을 알고서 하였는지 여부와 관계없이 증여를 받은 재산이 유류분 산정을 위한 기초재산에 산입된다.

['증여재산' 관련 세법상 상속재산과 유류분 산정 기초재산 비교[1]]

구분	세법(상속재산)	민법(유류분 산정 기초재산)
상속(유류분 산정) 재산가액 계산식	피상속인의 본래 재산 + 간주상속재산 (보험금, 퇴직금, 신탁) + 사전증여재산(특별수익) (10년 이내, 5년 이내) + 추정상속재산 - 채무 등	피상속인 명의의 재산 + 사전증여재산(특별수익) (무기한, 1년 이내) - 채무
사전증여재산 (특별수익) 포함 기간	① 상속인에게 증여 : 사망일 前 10년 이내 ② 이외 증여 : 사망일 前 5년 이내	① 상속인에게 증여 : 기한 없이 모두 포함 ② 이외 증여 : 사망일 前 1년 이내(단, 증여자 및 수증자가 유류분 권리자의 권리침해를 알지 못했을 것)
사전증여재산의 가액 및 평가일	'증여시점'의 시가 (시가가 없다면 상속세·증여세법상 보충적 평가액 적용)	'사망시점'의 시가 • 사전증여된 '현금' 평가 예시 : 증여 당시부터 상속개시일까지 물가변동률을 반영하여 계산

다만, 이 판례가 1심 판결이라는 점에 유념할 필요가 있겠고, 2심의 항소심 재판부는(수원고등법원 2020.10.5. 선고2020나11380 판결) 유류분반환청구를 한 원고 측에게 유류분 부족액이 발생하지 않는다고 보았으며, 특히 신탁재산이 유류분 산정의 기초재산에 포함되는지 안되는지 해당 여부를 판단하지 않았습니다.

추가적으로 **창원지방법원 마산지원 1심 판결**(마산지원 2022.5.4. 선고2020가합100994 판결)에서는 '신탁재산을 통한 이익을 향유할 권리 및 그 처분권한(이하 '수익권 및 처분권'이라 한다)은 수탁자인 ○○증권이 아니라 수익권의 형태로 위탁자인 망인에게 귀속되어 있었다고 보는 것이 타당하므로, 유언대용신탁 계약체결을 곧바로 ○○증권에 대한 이 사건 신탁재산의 증여로 볼 수는 없다. (중략) 유언대용신탁이 망인의 사망 1년 전에 이루어졌으

---

1) 신관식, 「사례와 함께하는 자산승계신탁·서비스」, 삼일인포마인(2022년), 157면

므로 망인과 ○○증권이 유류분권리자에게 손해를 가할 것을 알고 증여를 하였다는 것이 입증되지 않는 한 유류분 산정의 기초가 되는 재산액에 포함되지 않게 되는 결과가 되는데 (중략) 이는 민법 제1118조, 제1008조의 취지를 고려하면 (중략) 공동상속인들 사이의 공평을 잃을 수 있고 유류분 제도를 잠탈할 우려가 있다. (이하 생략)' 라고 판단하여 **유언대용신탁의 신탁재산을 유류분 산정 기초재산에 포함시켰습니다.**

즉, 각 하급심에서의 상반된 판결이 존재하고, 성남지원 판결에 기초하여 신탁관계자들에게 유리하게 해석한다고 할지라도 2심 상급심에서는 유언대용신탁의 신탁재산이 유류분 산정 기초재산에 포함되는지 안되는지 결과적으로 판단을 하지 않았으며, 대법원 판례가 존재하지 않기 때문에 유언대용신탁과 유류분의 법리적 관계는 매듭지어지지 않았습니다. **향후 유류분과 신탁재산에 관한 대법원 판결, 유류분 제도의 헌법재판소 결정, 민법 개정사항 등을 지켜봐야 할 것으로 생각합니다.**

신탁 활용 ⑫

상속세가 없는 공익신탁 및 공익법인에 재산 출연

 Key point

공익신탁이란?

- 공익신탁 구조(예시)

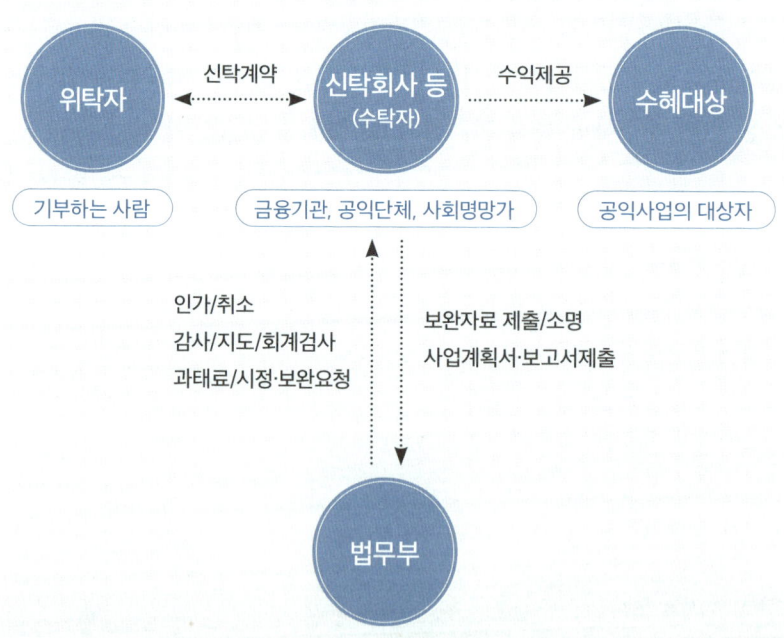

※ 도표: http://www.trust.go.kr/process.do 참조

💬 고객의 세부 질문(Question)

저는 일찍이 부모한테 버림받아 독일의 중산층 가정에 입양된 후 독일에서 직장생활하다가 8년 전 (주)○○○코리아 대표이사로 취임하면서부터 지금까지 한국에서 살고 있습니다. 2년 전에 은퇴하였고 작년에 저는 서울시 ○○구 소재 4층짜리 근린생활시설을 ○○억 원을 주고 구입하였으며, 1층부터 3층까지는 미술품 전시 대행업 용도(개인사업자로 사업자 등록)로 쓰고 있고 4층은 제가 살고 있습니다.

저는 제가 어떻게 태어나게 되었는지, 부모가 누구인지 전혀 모릅니다. 이런 개인적 과거사 때문에 저는 결혼도 하지 않았습니다. 아쉽게도 3년 전에 독일의 양부모님도 모두 돌아가셨습니다. 그래서 제가 사망하게 되면 미혼양육모지원사업을 하고 있는 국내 ○○아동복지법인에 부동산 등 저의 모든 재산을 기부 및 출연하려고 하는데 혹시 ○○아동복지법인이 부담해야 하는 세금이 있을까요? 있다면 최소화하는 방법이 있을까요?

 **답변(Answer)**

일단, 여러 부분에서 그냥 죄송하고 감사드린다는 말씀을 드립니다. 다만, 고객님께서 걱정하시는 고객님의 재산을 출연받은 국내 ○○복지법인의 세금 문제를 천천히 살펴보겠습니다.

상속세 측면에서 먼저 따져봐야 할 것은 ○○아동복지법인이 공익법인인지 아닌지, 해당 사업이 사회복지사업인지 아닌지 판단해야 합니다. 상속세 및 증여세법 시행령 제12조에 따라 ○○아동복지법인과 미혼양육모 지원사업이 '사회복지사업법'의 규정에 의한 사회복지법인이 운영하는 사업 또는 ○○아동복지법인이 법인세법 시행령 제39조에 의한 비영리법인이면서 공익성이 인정되는 고유목적사업이라면 ○○아동복지법인은 공익법인[1])으로 인정될 수 있습니다.

○○아동복지법인이 공익법인임을 전제로 하더라도 고객님이 아무런 조치없이 돌아가시게 될 경우 ○○아동복지법인은 고객님의 재산을 출연받을 수 없습니다.

---

1) 상속세 및 증여세법 시행령 제12조(공익법인등의 범위) 법 제16조 제1항에서 '대통령령으로 정하는 사업을 하는 자'란 다음 각 호의 어느 하나에 해당하는 사업을 하는 자(이하 '공익법인등'이라 한다)를 말한다. (중략) (중략)
  3. 「사회복지사업법」의 규정에 의한 사회복지법인이 운영하는 사업
  4. 「의료법」에 따른 의료법인이 운영하는 사업
  5. 「법인세법」 제24조 제2항 제1호에 해당하는 기부금을 받는 자가 해당 기부금으로 운영하는 사업
  6. 「법인세법 시행령」 제39조 제1항 제1호 각 목에 따른 공익법인등 및 「소득세법 시행령」 제80조 제1항 제5호에 따른 공익단체가 운영하는 고유목적사업. 다만, 회원의 친목 또는 이익을 증진시키거나 영리를 목적으로 대가를 수수하는 등 공익성이 있다고 보기 어려운 고유목적사업은 제외한다.(이하, 생략)

첫 번째 방법은 반드시 ○○아동복지법인이 아니더라도 미혼양육모지원사업 등 공익사업에 고객님의 재산이 쓰여지길 바란다면 '공익신탁법상 공익신탁'을 활용하는 방법입니다. 공익신탁이란 재산을 기부하려는 위탁자가 신탁계약을 통해 재산을 일정한 개인이나 신탁회사(수탁자)에게 맡겨 관리하게 하면서 그 원본과 수익이 위탁자가 의도한 공익적인 용도(공익사업)로만 쓰이는 신탁을 말합니다. 참고로 공익신탁법상 공익신탁은 수익자가 구체적으로 지정되지 않는 '목적신탁'이고, 법무부가 주무부서이자 신탁계약의 인가권자이며, 신탁법이 아닌 공익신탁법의 규정을 적용받습니다.

결론적으로 말씀드리면 상속재산 중 공익신탁법에 따라 설정된 공익신탁을 통하여 기한 내에 공익법인에 출연하는 재산은 상속세 과세가액에 산입하지 않습니다(상속세 및 증여세법 제17조).

[공익신탁법상의 공익신탁 구조도]

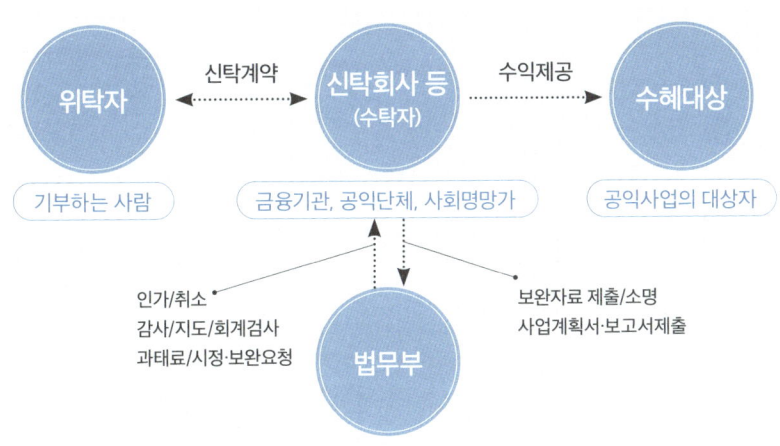

※ 상기 도표 : https://www.trust.go.kr/process.do 참조

두 번째 방법은 '유언을 통한 유증'입니다. 고객님은 ① 유언장(공정증서 유언 권장)을 민법상 요건에 맞게 작성하고, ② 고객님의 유증재산과 관련하여 포괄유증[1]의 경우 포괄적 수유자가 ○○아동복지법인이 되거나 유언집행자 겸 수유자를 ○○아동복지법인으로 하여, ③ 고객님이 사망하게 되면 ○○아동복지법인이 유증의무자[2]겸 수유자로서 상속세 과세표준 신고기한 내에 부동산 소유권 이전 등을 통해 고객님의 재산을 유증(출연)받을 경우, ④ 고객님의 상속세 계산 시 해당 재산은 상속세 과세가액에 산입되지 않습니다(상속세 및 증여세법 제16조).

---

1) 포괄유증 : 유언자가 유언으로 수유자에게 재산을 무상으로 증여하는 단독행위를 유증이라고 합니다. 특히, 포괄유증은 유증할 재산의 전부 또는 비율액으로 증여하는 것을 말합니다.
2) 유증의무자 : 유언자가 사망하는 경우 유증을 실행할 의무가 있는 사람을 의미하며, 그 예로 상속인, 포괄적 수유자, 상속인이 없는 경우 상속재산관리인, 유언집행자가 있습니다.
참고문헌 신관식, 「내 재산을 물려줄 때 자산승계신탁·서비스」, 삼일인포마인(2022년), 95면~98면

신탁 활용 ⑬

치매·고령사회와 밀접하게 연관된 후견신탁

 Key point

후견신탁이란?

- 후견신탁 구조(예시)

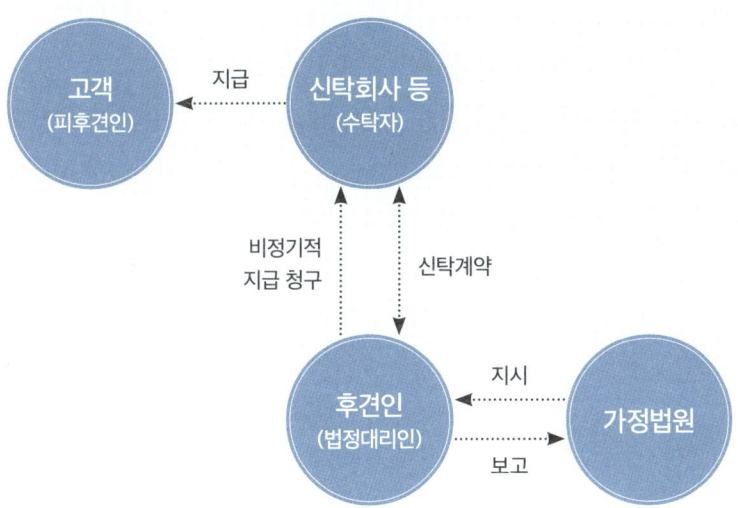

❓ 고객의 세부 질문(Question)

저는 법무법인(유) ##의 대표변호사입니다. 제가 40년 넘게 거래한 중견기업 회장님(86세)은 5년 전 치매에 걸리셨고, 최근 가정법원으로부터 성년후견개시 심판을 받아 피성년후견인이 되었습니다. 가족들의 천거 등에 따라 법원은 저를 회장님의 성년후견인으로 선임하였습니다.

회장님은 재혼한 배우자와 슬하에 3남 2녀의 자녀를 두고 있습니다. 치매에 걸리시기 전부터 회장님은 재혼한 배우자에게서 얻은 막내아들에게 회사를 물려주시길 원했습니다. 그러나 다른 자식들 눈치가 보여 실천하지 못했습니다.

제가 회장님의 성년후견인이긴 하지만 회장님의 재산 중에 상당수가 오피스 빌딩임을 감안할 때 제가 직접 관리하기가 어렵습니다. 그리고 회장님이 건강하실 때의 의도(막내아들에게 회사를 물려주는 것)를 알기 때문에 여러 해결방법을 찾아 보았습니다. 때마침 '후견신탁'이라는 제도가 있다는 것을 확인하고 이렇게 문의하게 되었습니다.

 답변(Answer)

▶ 성년후견제도에 대한 저의 생각

후견신탁을 설명드리기 전에 2022년 12월 22일 헌법재판소의 판결로 인해 '성년후견'에 대한 관심이 제고되었습니다. <**피성년후견인 국가공무원 당연퇴직 사건**>과 관련하여 헌법재판소는 2022년 12월 22일 재판관 6:3의 의견으로, 국가공무원법(2021.1.12. 법률 제17894호) 제69조 제1항 중 제33조 제1호에 관한 부분 및 과거 동법 조항 모두는 공익을 지나치게 우선하여 과잉금지원칙에 위반되고 공무담임권을 침해하므로 헌법에 위반한다고 결정하였습니다.

후견제도는 우리나라가 급속하게 고령화됨에 따라 이전에 금치산, 한정치산 등 무능력자 제도의 문제점을 해결하기 위하여 질병, 장애, 노령, 그 밖의 사유로 인한 정신적 제약으로 후견이 필요한 성인의 권익을 보호하고 지원하기 위해 2013년 7월부터 시행된 제도(성년후견, 한정후견, 특정후견, 임의후견)입니다. 또한 이 제도는 후견을 받는 피후견인의 잔존 정신적 능력을 최대한 존중해야 한다는 것이 제도 시행 취지입니다.

그럼에도 불구하고 우리나라에서는 피성년후견인의 결격 조항을 담은 법률이 300여개가 넘으며, 피성년후견인이 되면 변호사, 세무사, 법무사, 사회복지사, 공인중개사, 요양보호사 등의 자격을 취득하지 못하거나 이미 과거 취득한 자격도 상실하는 등 직접 선택의 자유가 제한[1]되기도 합

---

1) 최옥환, "월요법창 - 성년후견", 법률신문(2023년 1월 2일자 오피니언 칼럼)

니다. 이는 마땅히 개선되어야 할 과제입니다.

▶ **후견신탁**[1]

후견신탁은 ① 가정법원으로부터 신탁계약 관련 허가를 받아 ② 피성년후견인 등 피후견인을 위탁자 겸 수익자로 하되, ③ 피후견인의 법정대리인인 후견인과 신탁회사 등 수탁자가 신탁계약을 체결하며, ④ 피후견인의 신탁재산을 신탁회사 등 수탁자가 안전하고 투명하게 보관, 관리, 운용하는 신탁을 말합니다.

후견신탁의 기능과 장점으로는 ① 후견신탁은 후견제도의 보완재적 성격을 띠고, ② 후견인의 권한 오남용에 대한 견제 역할을 담당할 수 있으며, ③ 후견인의 후견사무처리의 부담을 덜어주고, ④ 재산의 관리, 운용 등을 전문으로 하는 신탁회사 등 수탁자의 자산관리서비스를 받을 수 있다는 점입니다.

먼저, 후견신탁계약은 피후견인 명의에서 수탁자 명의로 재산의 소유권이 이전되는 '처분행위'이기 때문에 후견인은 가정법원에 '신탁계약 허가'를 받아야 하는데, 이때 ① 후견인은 신탁회사 등 수탁자와 협의한 신탁계약서(초안)를 법원에 제출하고, ② 가정법원의 허가를 받은 후에야 ③ 후견인은 '피후견인의 법정대리인'으로서 신탁회사 등 수탁자와 신탁계약(가정법원의 허가 내용이 반영된 신탁계약서)을 체결할 수 있습니다.

---

1) 신관식, 「내 재산을 물려줄 때 자산승계신탁·서비스」, 삼일인포마인(2022년), 108면~110면

후견신탁계약의 당사자는 후견인(신탁계약 체결에 있어 피후견인의 대리인이자 주체)과 피후견인(위탁자 겸 수익자), 신탁회사 등 수탁자입니다. 그러나 가정법원은 '후견감독인'을 통해 후견인 및 신탁회사의 행위에 대해 직·간접적으로 관리 및 감독할 수 있습니다.

[후견신탁 예시(구조도)]

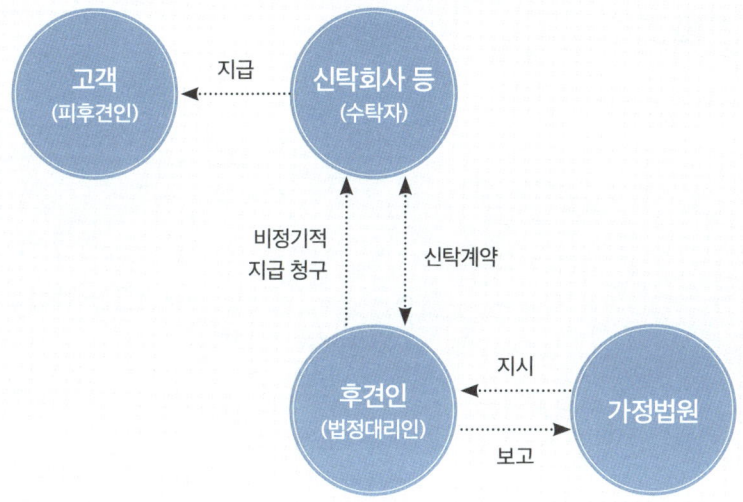

별첨 자료 ⑤

회사 직원의 사망과 유가족 신탁

[고객의 질문(Question)]

저는 OO기업 노동조합 사무국장입니다. 우리 회사의 직원 A씨(46세)는 췌장암에 걸려 3개월 전에 세상을 떠났습니다. 직원 A씨의 가족으로는 배우자 B씨(44세)와 고등학교에 다니는 딸 C양(17세)이 있습니다. 단, 배우자 B씨는 과거 다단계 사업 실패 이후 사이비 종교에 빠져 현재는 △△수양원에 있고 가족들과는 인연을 끊었다고 합니다(단, 이혼은 하지 않았음).

우리 노동조합은 직원이 사망하게 되면 조합원과 임직원들로부터 월급의 일정 금액을 갹출하며, 갹출된 위로금을 사망한 직원의 유가족들에게 지급하고 있습니다. 이번에 갹출된 위로금은 약 3억원 정도 입니다. 그러나 통상적인 유가족들과 달리 배우자 B씨와 딸 C양에게 위로금을 한꺼번에 지급할 경우 배우자 B씨가 위로금의 권리자 및 미성년자 딸 C양의 친권자로서 이상한 곳에 모두 사용할 우려가 있습니다. 따라서 신탁을 통해 해결할 수 있는 방법이 있는지 문의하게 되었습니다.

* 상기의 기업, 노동조합, 직원 및 가족 상황, 가족 관계, 위로금 규모 등은 실제 내용과 다르며 각색된 서술임을 밝힙니다.

[전문가 답변(Answer)]

조합원들로부터 위로금을 갹출한 취지와 조합의 입장, 사망한 직원 A씨의 가족 상황 등을 전체적으로 고려하였을 때 '유가족 신탁'이 적합해 보입니다.

유가족 신탁이 통용된 신탁 용어 및 특정한 신탁 상품은 아닙니다. 다만, '유가족 신탁'이란 타익신탁 구조(위탁자와 수익자가 동일인이 아닌 신탁)로서 ① 미성년 자녀를 둔 임직원이 재직기간 중에 사망하는 경우, ② 법인격을 갖춘 법인·조합 등은 위탁자로서, ③ 위로금 등의 명목으로 갹출한 금전을 신탁재산으로 하고, ④ 유가족인 미성년 자녀(딸 C양)를 수익자로 하여 수탁자(신탁회사 등)와 신탁을 설정하며, ⑤ 신탁기간 동안은 유가족인 미성년 자녀(딸 C양)의 생활비 또는 교육비로 일정한 금액을 정기적으로 지급하되, ⑥ 유가족인 미성년 자녀(딸 C양)가 성년에 도달하게 되면 신탁계약은 종료하고 잔여 신탁재산 전부를 유가족인 자녀(딸 C양)에게 지급하는 구조의 신탁을 말합니다.

[유가족 신탁 구조도]

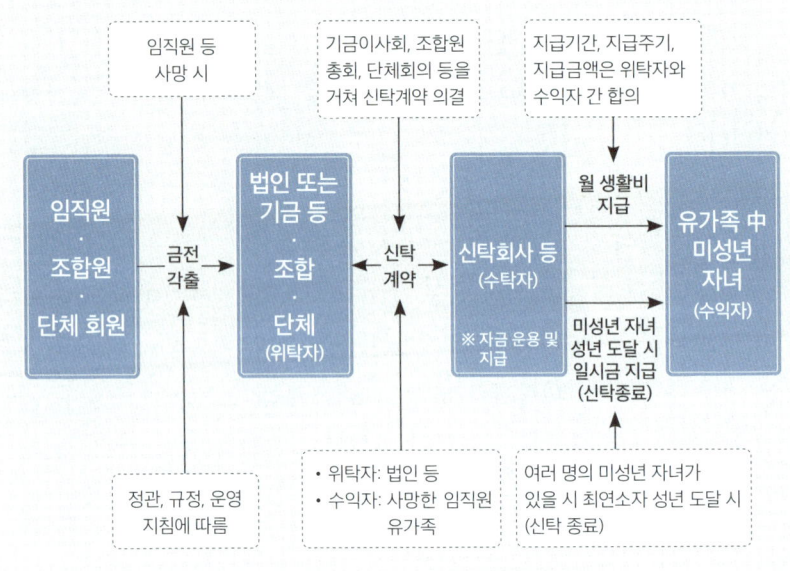

유가족 신탁으로 설계한다면 ① 배우자 B씨가 딸 C양 몫의 위로금에 손댈 수 없고, ② 신탁된 재산은 위탁자인 법인·조합의 고유재산으로부터 독립되어 있기 때문에 신탁법 상 일부 예외를 제외하고 해당 법인·조합의 채권자가 신탁재산에 대해 강제집행 및 보전처분을 할 수 없으며, ③ 혹시 모를 법인·조합의 대표자나 주요 관계인들의 횡령, 착복 등을 미연에 방지할 수 있습니다.

참고문헌 신관식, <내 재산을 물려줄 때 자산승계신탁서비스>, 삼일인포마인(2022년), 105면

별첨 자료 ⑥

금융위원회의 신탁업 혁신 방안 관련 가업승계신탁과 자본시장법 등 법적 쟁점 소고(소논문)

신관식 (연세대학교 법무대학원 금융법전공)

국문요약

　가업승계는 중소기업 진흥에 관한 법률, 세법 등 우리나라 법률상 인정되고 허용되는 행위로써 흔히 부의 대물림이라는 부정적인 시각으로 바라보는 기업의 불법적, 편법적 승계와는 차별되고 구별된다. 가업승계란 중소기업 등 기업(영농 포함)의 동일성을 유지하면서 상속이나 증여 등을 통해 기업의 소유권 또는 경영권을 후계자 등 친족에게 이전하는 것이라고 정의하고 있다.

　우리나라는 2012년 신탁법 개정을 통해 유언대용신탁, 수익자연속신탁 제도가 도입되었고, 가업승계하는 방법으로 신탁업계에서는 가업승계의 구조적 측면과 유사한 유언대용신탁 등이 매우 적합한 틀(Vehicle) 또는 대안이 될 수 있다고 생각했다. 그러나 자본시장법 제112조(의결권 등) 신탁업자의 의결권 제한 문제 등을 비롯하여 여러 제한 사항들이 있어 잘 활용되지 못했다.

금융위원회는 2022년 10월 13일 신탁업 혁신 방안을 발표하였다. 특히 금융위원회는 고령화 시대를 맞아 수요의 확대가 예상되는 가업승계신탁의 활성화를 위한 제도적 기반을 마련하겠다고 하였다. 뿐만아니라 금융위원회는 가업승계신탁의 구체적인 예시안(案)을 제시하였는데 ① 중소·중견기업 최대주주(사주)가 위탁자이고, ② 신탁재산은 위탁자가 보유한 주식이며, ③ 경영권 승계 목적으로 위탁자가 생전에 설정한 신탁으로서 ④ 신탁업자가 가업승계신탁의 명칭으로 신고한 약관에 따라 체결된 신탁이 바로 그것이다.

그러나 가업승계신탁에 있어서 신탁업자의 주식 의결권 제한 문제, 신탁재산의 범위(주식으로만 한정할 것인지 추가할 것인지), 여러 명의 수익자가 있을 경우 누구를 위해서 신탁사무를 처리해야 하는지 등 여러 쟁점이 있다. 뿐만 아니라 비상장기업의 주주 확인 및 신탁의 설정목적 확인의 구체적인 프로세스와 수탁자의 책임이 무엇인지 추가적인 논의가 필요한 상황이다.

목 차

Ⅰ. 머리말
Ⅱ. 신탁과 신탁재산
Ⅲ. 금융위원회의 신탁업 혁신 방안 주요 내용
Ⅳ. 가업승계신탁과 자본시장법 등 쟁점
Ⅴ. 맺음말

Ⅰ. 머리말

이 자료에서 말하는 가업승계는 중소기업 진흥에 관한 법률, 세법 등 우리나라 법률상 인정되고 허용되는 행위로써 흔히 부의 대물림이라는 부정적인 시각으로 바라보는 기업의 불법적, 편법적 승계와는 차별되고 구별된다는 점을 분명히 밝힌다.

사회 각 분야에서 중소기업 등 창업주 및 최대주주를 위한 가업승계 및 가업승계 컨설팅을 하고 있지만 가업승계가 무엇인지 정의를 내릴 때 우리나라의 법률 및 세무당국에서는 가업승계란 중소기업 등 기업(영농 포함)의 동일성을 유지하면서 상속이나 증여 등을 통해 기업의 소유권 또는 경영권을 후계자 등 친족에게 이전하는 것[1]이라고 정의하고 있다.

우리나라 정부 및 세무당국에서는 2000년대 중반부터 현재까지 중소기업 등의 원활한 가업승계를 위해 세제적 지원을 지속적으로 확대해 왔다. 그 예로 가업상속공제(최대 600억 원까지 상속재산가액에서 제외), 영농상속공제, 가업승계 주식 증여세 과세특례(최대 600억 원까지 주식 등 증여재산에 대해 저율과세), 가업상속재산에 대한 상속세 연부연납 제도가 있고, 뿐만 아니라 최근 2022년 9월부터 국세청(지방국세청 포함)은 가업승계를 계획하거나 진행하고 있는 중소기업을 대상으로 기업 맞춤형 가업승계 세무컨설팅 서비스를 제공하고 있다.

---

1) 중소기업진흥에 관한 법률 제2조 제10호 전문
　국세청, 『중소·중견기업 경영자를 위한 가업승계 지원제도 안내(2022년)』, 20면

반면, 일본은 주식회사를 비롯한 법인의 최대주주 등이 개인 또는 그 가족이고, 회사의 경영권까지 가지고 있다고 해서 이를 가업으로 명칭하는 것에 대해 국민들의 반감을 우려하여 사업승계(사업승계세제)로 명문화하는 동시에 법률 용어로 사용하고 있다.

뿐만 아니라 일본 정부는 사업승계의 활성화를 위해 각종 보조금 지원, 세금 지원 및 감면, 인수합병 시장 활성화 제도 등을 시행하고 있고, 일본 대형은행 등 금융기관은 중소기업의 사업승계를 지원하기 위해 사업승계펀드를 조성하기도 하였으며, 사업승계 및 인수합병 전문 컨설팅 서비스를 제공하기도 하고, 사업승계 전문 대출, 기업의 디지털화 서비스 지원 등을[1]하고 있다. 정부와 금융기관들의 지원 때문만은 아니겠으나 일본의 100년 이상 업력을 지닌 기업 수는 2019년말 기준 33,076곳에 이르고, 200년 이상 업력을 지닌 기업은 1,340곳에 이르는 등 세계에서 가장 많다[2].

_____국가별 100년 이상 업력 기업 수_____				_____국가별 200년 이상 업력 기업 수_____			
순위	국가	기업 수	비율(%)	순위	국가	기업 수	비율(%)
1	일본	33,076	41.3	1	일본	1,340	65.0
2	미국	19,497	24.4	2	미국	239	11.6
3	스웨덴	13,997	17.5	3	독일	201	9.8
4	독일	4,947	6.2	4	영국	83	4.0
5	영국	1,861	2.3	5	러시아	41	2.0
6	이탈리아	935	1.2	6	호주	31	1.5
7	호주	630	0.8	7	네덜란드	19	0.9
8	캐나다	519	0.6	8	폴란드	17	0.8

---

1) KB금융지주경영연구소, "KB지식비타민, 100년 기업 육성을 위한 일본 정부와 은행들의 노력", KB금융지주경영연구소 2021년호 2면, 4면
2) 니케이BP종합연구소, "100년 기업의 생명력 연구", 니케이BP종합연구소 2020년호

유럽의 명문가문이나 마이클잭슨 등 미국 유명 연예인들은 신탁(Trust)[1]을 통해 본인의 재산을 배우자나 자식들에게 승계(이하, 자산승계)하는 상황이다. 우리나라는 2012년 신탁법 개정을 통해 유언대용신탁, 수익자연속신탁[2]이 제도화 되면서 ○○은행(리빙트러스트)을 중심으로 하여 겸영신탁업자들이 상속, 증여, 기부 등의 신탁목적을 지닌 자산승계신탁을 개발 및 마케팅을 하고 있다.

한국전쟁 이후 우리나라 1세대 중소·중견기업의 창업주들은 고령화되었다. 그러면서 후계자인 자녀 등에게 가업을 물려줄 때 세법상 가업상속공제를 염두해 두는 경우가 많아졌다. 가업상속공제란 중소기업 등의 원활한 가업승계를 지원하기 위하여 세법상 거주자인 피상속인이 생전에 10년 이상 영위한 중소기업 등을 상속인에게 정상적으로 승계하는 경우 최대 600억 원까지 상속재산에서 공제하여 가업승계에 따른 상속세 부담을 경감시켜주는 제도[3]이다.

따라서 창업주나 최대주주 등은 실제 가업승계를 하기 위해 여러 형태의 승계 절차와 방법을 고려한다. 이 때 신탁업계에서는 가업승계의 구조적 측면과 유사한 유언대용신탁 등이 매우 적합한 틀(Vehicle) 또는 대안이 될 수 있다고 생각했다.

---

1) 마이클잭슨은 2009년 본인 생전에는 본인 수익의 20%를 어린이 자선단체에 기부하고, 사후에 재산의 50%는 캐서린 잭슨 신탁으로 어머니에게, 나머지 50%는 마이클잭슨 자녀 신탁을 통해 자녀 3명에게 줄 수 있도록 신탁을 통한 자산승계를 꾀하였고 실행되었다.
2) 신탁법 제59조(유언대용신탁), 제60조(수익자연속신탁)
3) 상속세 및 증여세법 제18조의2, 상속세 및 증여세법 시행령 제15조

[유언대용신탁 구조도]

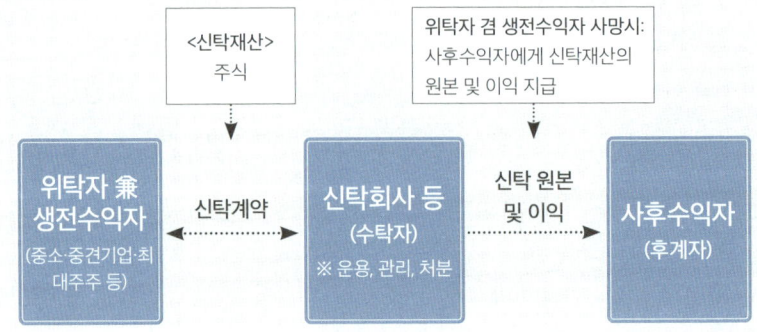

그러나 자본시장법 제112조(의결권 등) 제③항 제1호에서는 신탁업자(이하, 신탁회사)는 신탁재산으로 동일법인이 발생한 주식 총수의 100분의 15를 초과하여 취득하는 경우 그 초과하는 주식에 대한 의결권을 행사할 수 없다. 따라서 주식 총수의 15%를 초과하는 지분을 갖고 있는 중소·중견기업의 최대주주들은 의결권을 일정 부분 포기하면서까지 가업승계를 위해 수 신탁업자(이하, 신탁회사)에게 주식을 신탁할 필요가 없었던 것이었다. 다만 2022년 10월 13일 금융위원회는 중소기업 등의 안정적인 가업승계 수요에 발맞추어 신탁업자의 의결권 행사 제한 규정 정비를 포함한 가업승계신탁에 대한 제도적 기반을 마련하겠다고 발표하였다. 따라서 이 소논문에서는 가업승계신탁과 자본시장법 및 이하 법 규정(이하 자본시장법 등)과의 쟁점 사항을 논하고자 한다.

Ⅱ. 신탁과 신탁재산

1. 신탁

신탁을 정의하기란 쉽지 않다. 신탁은 재산을 가진 자인 위탁자가 관리자인 수탁자와의 신임관계에 기초하여 자기 또는 제3자인 수익자의 이익이나 일정한 목적을 위해 수탁자에게 재산을 관리하게 하는 제도[1], 신탁은 신탁을 설정하는 자인 위탁자, 신탁을 인수하는 자인 수탁자 간의 신임관계에 기하여 위탁자가 수탁자에게 특정의 재산 이전 등 처분을 하고, 수탁자로 하여금 수익자의 이익 또는 일정한 목적 또는 비공익 목적 달성을 위하여 신탁재산을 운용하게 하는 법률관계[2], 신탁은 단순한 계약관계를 넘어서 일종의 Vehicle[3], 신탁은 위탁자가 특정의 재산권을 수탁자에게 이전하거나 기타의 처분을 하고 수탁자로 하여금 수익자의 이익을 위하여 또는 특정의 목적을 위하여 그 재산권을 관리, 처분하게 하는 것[4], 신탁이란 위탁자가 믿고 맡길 수 있는 수탁자에게 재산을 이전하면서 임무를 부여하고, 수탁자는 위탁자가 지정한 수익자의 이익 또는 특정목적을 위해 그 임무를 충실히 수행하는 일련의 과정[5]등 다양하게 정의되고 있다.

서울대학교 법학전문대학원 오영걸 교수는 재산을 효율적으로 관리·

---

[1] 정순섭, 「신탁법」, 지원출판사(2021년), 42면
[2] 오영걸, 「신탁법」, 홍문사(2021년), 3면, 4면
[3] 최수정, 「신탁법(개정판)」, 박영사(2019년), 14면
[4] 무궁화 신탁법연구회·광장 신탁법연구회, 「주석 신탁법(제3판)」, 박영사(2021년), 14면
[5] 신관식, 「사례와 함께하는 자산승계신탁·서비스」, 삼일인포마인(2022년), 19면

운용하는 수단 중 신탁만한 제도가 없으며 신탁은 재산 가치의 보존과 통제를 자신의 생존 중일 때 뿐만 아니라 사후에도 극대화해주는 집사요, 마법사로 표현하였는데 상당 부분 동의한다. 신탁을 통해서 예금 또는 적금에 넣거나 펀드, 주식, 채권, 파생금융상품 등 금융투자상품에 투자하거나 자금을 운용할 수 있고, 부동산을 신탁하여 관리하거나 처분·운용·개발 등을 통해 소정의 수익을 얻거나 담보대출을 원활히 할 수 있는 등 자금유동화 측면으로도 활용할 수 있는 매우 유용한 틀(Vehicle)이다.

신탁은 자산관리(Asset management), 자산승계(Asset Succession), 후견보완(Incapacity planning) 등 여러 기능[1]이 있으나, 특히 자산승계 측면에서 효과적인 수단이다. 예를 들어 위탁자는 신탁을 설정하면서 본인 재산의 소유권을 수탁자로 이전하는 대신, 생존해 있을 때는 수익자인 본인을 위해 쓰거나, 수익자를 가족 등 제3자로 지정하여 증여할 수도 있고, 본인 사후 신탁재산을 받아갈 후계자(사후수익자)를 선정하거나, 후계자를 언제든지 변경할 수 있음은 물론 언제, 얼마만큼, 어떤 재산을 물려줄지도 위탁자의 의도대로 정할 수 있다[2].

게다가 신탁된 재산은 위탁자의 고유재산 및 수탁자의 고유재산과 분리되어 거의 완벽에 가까운 독립성을 가지게 된다. 신탁법에 나온 일부 예외 사항[3]을 제외하고 위탁자 또는 수익자의 채권자는 신탁재산에 대해 강제집행, 담보권 실행을 위한 경매, 보전처분, 국세 등 체납처분을 할 수

---

1) 정순섭, 「신탁법」, 지원출판사(2021년), 7면
2) 신관식, 「내 재산을 물려줄 때 자산승계신탁·서비스」, 삼일인포마인(2022년), 17면
3) 신탁법 제22조 제①항 단서

없을 뿐만 아니라, 위탁자 또는 수탁자가 회생절차에 들어가거나 파산[1] 하더라도 수익자는 신탁재산을 찾아갈 수 있다(다만, 신탁재산을 받는 수익자의 계좌 등에 질권 등 담보물권이 설정될 수 있다). 바로 이 점을 활용하여 펀드, 퇴직연금, ISA, 주택연금, 재개발 및 도시정비사업 등 금융부문 뿐만 아니라 사회 각 분야에서 신탁을 활용하고 있는 것이다.

[일반적인 신탁의 기본 구조도]   • 신탁설정 : 신탁계약 방식

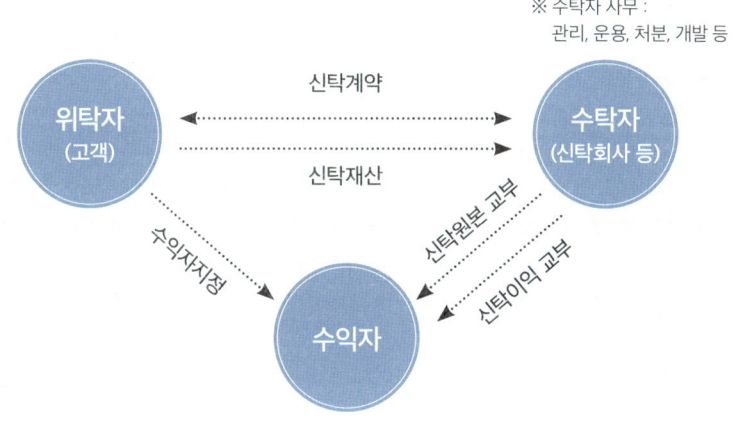

* 신탁설정 방식의 3가지 유형(신탁법 제3조 제①항) : 신탁계약, 유언, 자기선언
* 수탁자 : 신탁법 제11조(제한능력자, 파산선고를 받은 자)를 제외하고 신탁업 인가를 받은 신탁회사 뿐만 아니라 일반 개인, 법인 누구나 가능
* 수익자지정 : 위탁자를 포함하여 수익자지정권을 가진 자가 수익자 지정 가능

---

1) 신탁법 제24조

추가적으로 신탁은 위탁자와 수익자가 같은 사람인지 다른 사람인지에 따라서 자익신탁(위탁자=수익자)과 타익신탁(위탁자≠수익자)으로 나눌 수 있다. 즉, 자익신탁에서 위탁자는 신탁재산에서 발생하는 원본 또는 수익 등을 얻게 되는데 이는 위탁자의 지위로서 수취하는 것이 아니라 수익자이기 때문에 가능한 것이다.

2. 신탁재산

신탁법에서 신탁은 위탁자가 특정의 재산을 수탁자에게 이전하고 수탁자는 수익자의 이익 또는 특정의 목적을 위하여 그 재산의 관리, 처분, 운용, 개발, 그 밖의 행위를 하는 것[1]으로 규정하고 있다.

그렇다면 특정의 재산 또는 그 재산인 신탁재산은 구체적으로 어떤 것이 가능한지 의문이 생긴다. 학계에서는 신탁재산이 확정 가능하고 양도 가능한 재산이라면 그 내용에 제한없이 신탁재산이 될 수 있다고 하는 주장[2]도 있고, 신탁재산은 친권 등 신분에 관한 권리를 제외하고 금전적 가치로 환산이 가능하며 처분이 가능하고 적극재산(자산)의 가치가 소극재산(부채) 가치보다 커야한다고 주장[3]하고 있다. 그러나 정작 신탁법에서는 이를 명시하지 않고 있다. 즉 위탁자가 수탁자에 이전하는 어떠한 재산이든 가능하다는 논리가 성립할 수 있다.

---

1) 신탁법 제2조
2) 최수정, 「신탁법(개정판)」, 박영사(2019년), 236면
3) 오영걸, 「신탁법(2판)」, 홍문사(2023년) 144면, 145면, 147면

하지만 수탁자가 금융위로부터 신탁업 인가(겸영 인가 포함)를 받은 신탁업자라면 이야기는 달라진다. 신탁업자가 신탁재산으로 수탁할 수 있는 재산을 자본시장법 제103조(신탁재산의 제한 등) 제①항에서 총 7가지 분류로 정하고 있다. 1. 금전, 2. 증권, 3. 금전채권[1], 4. 동산, 5. 부동산, 6. 지상권/전세권/부동산임차권 등 부동산관련 권리, 7. 무체재산권이 그것이다. (단, 수탁자가 신탁업자가 아닌 일반 개인과 법인인 경우에는 자본시장법에 영향을 받지 않는다.)

자본시장법 제103조 제①항 등을 바탕으로 실무에서는 신탁재산에 따라 크게 금전신탁(특정금전신탁)과 재산신탁(유가증권신탁, 금전채권신탁, 동산신탁, 부동산신탁, 부동산 관련 권리에 관한 신탁, 무체재산권신탁)으로 구분하고 있고, 허용된 재산 중에서 둘 이상의 재산을 함께 수탁할 때는 종합재산신탁[2]으로 부른다.

우리나라에서 신탁재산은 금전과 부동산이 주를 이룬다. 2022년 7월 말 기준 금융투자업자인 신탁업자(부동산전업신탁사, 은행 및 증권사 등 겸영 신탁사 포함)의 총 신탁재산의 규모는 약 1,244조 2,140억 원인데 이 중에서 금전은 약 631조원이며, 부동산 등 금전 외의 재산이 약 613조원이다[3].

---

[1] 학계와 법조계의 다수는 생명보험의 보험금청구권을 금전채권으로 보고 있고, 생명보험의 보험금 청구권이 자본시장법상 신탁재산이 될 수 있다고 주장하고 있으나 법무부 유권해석은 신탁재산이 될 수 없다고 판단하였다. 최근 금융위가 발표한 신탁업 혁신 방안을 살펴보면 보험금청구권도 신탁재산이 될 수 있도록 제도를 개선하겠다고 하고 있어 앞으로 진행 사항을 지켜볼 일이다.
[2] 자본시장법 제103조 제②항과 동법 동조 제③항
[3] 금융투자협회 홈페이지, "업권별 신탁 규모", <http://freesis.kofia.or.kr/>

III. 금융위원회의 신탁업 혁신방안 주요 내용

금융위원회는 2022년 10월 13일 신탁업 혁신 방안을 발표하였다. 금융위원회는 미국, 일본 등 주요 선진국에서의 신탁은 가계 재산의 운용·관리·이전 등을 유연하게 구현할 수 있는 종합재산관리 수단으로 널리 활용되고 있고, 혁신기업 등이 보유한 자산(지식재산권 등)을 유동화함으로써 자본시장에서 자금을 조달하는 수단으로 활용되고 있으나 우리나라에서는 신탁 본연의 장점을 활용한 신탁상품·서비스 제공이 미흡한 상황이라고 판단하고 있다(GDP 대비 신탁 수탁고 비율 : 일본 173%, 미국 94%, 우리나라 53%).

따라서 금융위원회는 고령화 시대에 있어서 국민이 가계 재산을 종합적으로 관리하려는 수요, 4차 산업혁명 시대 혁신기업 등의 적극적 재산 활용을 통한 자금 조달 수요 등에 대응하여 신탁업 관련 제도를 전면 정비하기 위해 신탁업 혁신 방안을 마련하였다고 밝혔다.

신탁업 혁신 방안의 주요 내용으로는 ① 금전은 물론 주식·주택 등 가계가 보유한 다양한 재산을 종합 관리하고, 의료·법률·세무 등 비금융 서비스도 전문기관으로부터 받을 수 있도록 제도를 정비하여, 신탁의 종합 서비스 플랫폼 기능을 강화하고, ② 비금전 재산의 신탁 수익증권 발행을 제도화하여, 중소·혁신기업 등이 매출채권 유동화, 공장부지 유동화(세일즈앤리스백) 등으로 자금을 조달할 수 있는 통로를 마련하고, 조각투자의 제도적 기반을 갖추며 ③ 고령화시대 수요 확대가 예상되는 가업승계신탁, 주택신탁, 후견신탁 등의 활성화를 위한 제도적 기반을 마련하고. ④ 신탁업 활성화에 걸맞은 수준의 두터운 소비자 보호가 이뤄질 수 있도록, 관련 규율을 정비하겠다는 내용이 담겼다. 추가적으로 금융위원회는 2023년 1분기 국회 논의를 목표로 법령 개정안 마련 등 후속조치를 진행해 나가겠다고 밝혔다.

특히, 금융위원회는 중소기업과 중견기업이 신탁을 활용해 안정적으로 가업을 승계할 수 있도록 의결권 행사 관련 제도 등을 정비하겠다고 밝혔고, 중소·중견기업의 가업승계 목적으로 설정된 신탁에 편입된 주식은 온전히 의결권 행사가 가능하도록 허용하는 가업승계신탁 출현을 지원하겠다고 하였다. 뿐만아니라 가업승계신탁의 구체적인 예시안(案)까지도 제시하였는데 ① 중소·중견기업 최대주주(사주)가 위탁자이고, ② 신탁재산은 위탁자가 보유한 주식이며, ③ 경영권 승계 목적으로 위탁자가 생전에 설정된 신탁으로서 ④ 신탁업자가 가업승계신탁의 명칭으로 신고한 약관에 따라 체결된 신탁이 그 골자이다.

Ⅳ. 가업승계신탁과 자본시장법 등 쟁점

일반적으로 중소기업 등은 소유와 경영이 분리가 제대로 이뤄지지 않은 경우가 대다수이고 창업주이자 대표자의 역량에 의존하는 것이 상당수이다. 따라서 주식이 신탁업자의 신탁재산으로 편입되어 의결권이 제한되고 지배주주가 변경된다면 기업의 존립 자체가 급속하게 위태로워질 수 있다. 창업주들이 유언이나 유언대용신탁 등의 본인 사후 재산 분배에 신경 써놓지 않고 사망하는 경우 상속인들이 창업주의 주식을 법정상속분대로 상속하면 창업주 사후 단일한 의사결정 또는 경영사항에 대한 결정을 하기 어려워 질 수 있으며 기업 운영의 혼란이 초래되는 경우가 상당수 발생할 수 있다.

따라서, 금융위원회가 제도적 기반을 마련하겠다고 하는 가업승계신탁은 이를 해결할 수 있어야 할 것이다. 예를 들어 창업주 또는 최대주주 등이 위탁자 겸 수익자가 되고, 신탁재산은 주식 등이 되며, 후계자를 사후수익자로 지정하고, 수익자 또는 사후수익자가 수탁자에 대한 의결권 행사 지시권을 행사함으로써 기업의 지배권 및 경영권 등을 유지 및 이전하는 것을 목적으로 해야한다. 다만, 위탁자인 창업주 등이 생존한 때에도 후계자를 수익자로 지정해놓을 수 있을 것이나 유언대용신탁과 유사하게 후계자인 수익자의 수익권 행사 가능 시점을 위탁자 사망 시점으로 해야할 것이다.

그러나 현재 금융위원회 신탁업 인가를 받은 신탁업자에게 주식을 신탁하게 되면 자본시장법 제112조 제③항 제1호를 적용받아 신탁업자는 보유 주식 중 의결권 있는 발행주식 총수의 15%를 초과하는 의결권을 행사할 수 없다. 이는 살아있는 창업자 등 최대주주 등이 가업승계를 신탁을 활용하려고 할 때 가장 큰 걸림돌이다. 적대적 M&A 세력이 있거나 가족 이외에 다른 제3자 지분이 많을 경우에 특히 그렇다. 신탁업 혁신 방안에서는 중소·중견기업의 가업승계 목적의 신탁이라면 의결권을 신탁업자가 온전히 행사해 주겠다고 하는데 우선 온전한 의결권 행사의 범위가 결정되지 않았다. 예를 들어 신탁된 주식수만큼 의결권을 100% 행사할 수 있을 것인지 아니면 적대적 M&A 세력 또는 경영권을 방어할만한 수준까지 할 것인지 추가적으로 논의해야 한다. 다만, 수탁자가 신탁업자가 아닌 일반 개인이나 법인인 경우의 신탁을 흔히 민사신탁이라고 하는데 민사신탁에서 수탁자는 금융위로 부터의 신탁업 인가도 필요하지 않을 뿐더러 자본시장법을 적용받지 않기 때문에 수탁자가 주식수에 따라 의결권을 온전히 행사할 수 있다.

두 번째 자본시장법 제103조 제①항에 따르면 신탁업자는 금전, 증권, 금전채권, 동산, 부동산, 부동산에 관한 권리, 무체재산권을 신탁재산으로 할 수 있고, 뿐만 아니라 동법 동조 제②항에 따르면 신탁업자는 하나의 신탁계약에 위탁자로부터 금전, 증권 등 둘 이상의 재산을 종합하여 수탁(이하, 종합재산신탁)할 수 있는데 반해 금융위원회가 발표한 가업승계신탁 예시안(案)은 가업승계의 목적으로 위탁자의 주식만을 신탁재산으로 규정해 놓고 있다. 예시안(案)대로 제도가 만들어질 경우 창업주들이 소유한 부동산, 금전, 동산 등은 사후 자산승계 및 자산배분을 위해 다른 신탁계약 또는 유언 등을 고려할 수 밖에 없다. 따라서 위탁자는 추가적인 수고와 비용이 발행할 수도 있다. 게다가 실무적으로 보면 신탁재산인 주식에서 배당금 등이 발생할 수 있는데 배당금이 발생하는 경우 이를 수익자가 지체없이 수령한다고 하면 문제가 되지 않을 것이나 만약 배당금 수령을 유보한다고 할 때 해당 배당금은 엄연히 금전재산으로 수탁자가 어떻게 운용, 관리할 것인지 문제가 된다. 따라서 가업승계신탁은 반드시 종합재산신탁 형태로 구축되어야 할 것이다.

세 번째는 가업승계신탁만의 문제는 아니고 신탁재산이 주식일 때 발생할 수 있는 공통적인 문제인데 자본시장법 제102조(선관의무 및 충실의무)에서 신탁업자는 수익자에 대하여 선량한 관리자 주의로써 신탁재산을 운용하여야 하고, 신탁업자는 수익자의 이익을 보호하기 위해 해당 업무를 충실하게 해야한다고 명시되어 있다. 그런데 자본시장법을 비롯하여 신탁법 그 어디에도 수익자를 1명으로 제한한다는 규정이 없다. 따라서 수익자는 여러 명일 수 있다. 따라서 공동의 수익자가 의견이 다르거나 의견 합치가 되지 않을 때 신탁업자는 누구의 이익을 보호해야 하는지 명확하지 않다. 예를 들어 주주총회 안건에서 이사 선임 건이 있을 경우 A수익자는 반대, B수익자는 찬성의 의견을 신탁업자에게 준다면 신탁업자는 어떻게 처리해야 하는 것인지 불분명하다. 따라서 가업승계신탁의 수익자는 몇 명으로 제한할 것인지 추가적인 논의가 필요한 상황이다.

네 번째는 신탁법 제2조에 따르면 수탁자는 신탁재산을 수익자의 이익 또는 특정의 목적을 위하여 그 재산의 관리, 처분, 운용, 개발 그 밖의 신탁목적의 달성을 위하여 필요한 행위를 할 수 있다고 명시하고 있다. 그러나 자본시장법 제3조 제①항 제2호에 따라 수익증권발행신탁과 신탁재산이 금전이 아닐 경우 위탁자 또는 수익자의 지시에 따라서만 신탁재산의 처분이 이뤄지는 신탁과 신탁계약에 따라 신탁재산의 보존 또는 성질이 변하지 않는 범위에서는 이용, 개량 행위만을 하는 신탁(이하, 관리형신탁)에서의 수익권은 금융투자상품에 포함되지 않는다. 그렇다면 가업승계신탁이 관리형신탁이 되는 경우 즉 신탁업자가 위탁자의 지시를 받아 주식의 보관, 관리만 한다면 해당 신탁은 자본시장법에서 규율하고 있는 적합성의 원칙, 적정성의 원칙, 설명의무, 손해배상책임, 부당권유의 금지, 투자권유준칙, 투자권유대행인의 등록 등에서 자유로워진다. 신탁업계에서는 환영할 일이지만 중소·중견기업의 가업승계와 기업의 연속성을 다루는 신탁을 단순 관리형신탁으로 분류하는 것이 맞는 것인지 의문이 든다.

다섯 번째는 신탁업자가 위탁자의 가업승계목적을 어떻게 확인할 수 있는지 문제가 되는데 우선 국내 주식시장에 상장된 기업이라면 기업의 최대주주 등의 확인이 수월할 수 있겠으나 국내 주식시장에 상장되지 않고, 매출액 등이 크지 않아 외부감사인(외감법인)을 두지 않아도 되는 기업이라면 가업승계신탁에서 수탁자는 위탁자가 해당 기업의 실제 주주가 맞는지, 위탁자가 보유한 실제 주식 수는 물론 해당 기업의 발행주식 총

수 등을 정확히 알기란 매우 어렵다. 게다가 주권을 실제 발행하지 않았거나 발행했더라도 통일규격주권(통일주권)을 발행하지 않았다면 제3자와의 거래가 이뤄지지 않기 때문에 더더욱 그렇다.

현재 실무에서는 해당 법인(기업)의 다년간의 법인세 세무조정계산서(주주 등 변동상황 명세서), 감사보고서가 있다면 감사보고서 상의 주요 주주 현황 내역, 법인등기부, 해당 법인에서 작성한 주주명부 및 주권미발행확인서 등을 통해 확인하고 있으나 충분하다고 단정할 수 없다. 즉, 국내 주식시장에 상장되어 있지 않은 중소·중견기업의 위탁자가 해당 기업의 최대주주라는 것을 확인하는 절차도 충분치 않은 마당에 위탁자의 신탁 설정 목적이 가업승계목적이라는 것을 실질적으로 신탁업자가 어떻게 정확히 알 수 있을까? 만약 위탁자의 신탁목적이 주식의 명의신탁 목적이라면 신탁업자는 선량한 관리자 주의 의무를 어디까지 행사해야 하는가? 즉, 가업승계신탁에 있어서 정보비대칭성의 열위자는 신탁업자가 될 수도 있다는 점을 간과하지 않아야 하며 이와 관련한 법령, 프로세스 정비도 추가적으로 검토가 필요하다.

V. 맺음말

우리나라에서 가업승계는 매우 어렵다. 어렵기보다는 어렵게 만든다. 외국의 100년, 200년된 기업과 상점, 식당들을 부러워하면서도 막상 우리나라 기업인이 후계자에게 기업의 주식 등을 넘겨주는 것을 언론을 비롯하여 일반 사람들은 매우 인색하게 바라본다. 이렇게 된 이유의 상당 부분은 편법을 동원하거나 불법적으로 가업을 승계한 기업인들의 과거 행태와 잘못에서 비롯된 것이라는 점은 부정할 수 없다. 그러나 가업승계는 우리나라 법률이나 세법에서 명확하게 규정하고 있고 각종 세제 지원을 하고 있다는 점도 놓쳐서는 안될 것이다.

가업승계의 목적은 창업주들이 어렵게 일군 중소·중견기업을 적법하고 합리적인 절차를 통해 온전하게 후대로 이어져 명문 장수기업을 만드는데 있다. 그러나 가업승계가 효율적으로 적법하게 이뤄질 수 있게 하는 원동력이자 핵심 키맨(Key Man)은 입법자와 정책 당국이다. 다행히도 최근 금융위원회가 발표한 신탁업 혁신 방안을 통해 중소·중견기업의 가업승계를 신탁이라는 틀(Vehicle) 즉, 가업승계신탁을 활용하여 과거 음성적, 암묵적으로 처리하던 가업승계를 양성화, 양지화하겠다는 의지를 확인할 수가 있다. 이는 매우 바람직한 일이다.

그럼에도 불구하고 넘어야 할 산들이 아직 많이 남아 있다. 주식이라는 신탁재산에 대해 신탁업자에게 어느 정도까지 의결권을 인정해 줄 것인지 추가적인 논의가 필요하다. 뿐만 아니라 위탁자가 가진 주식 외의 재산을 가업승계신탁에 담을 수 있을 것인지 심지어 주식에서 발생할 수 있는 각종 배당금 등의 과실을 어떻게 관리하며 언제 지급할 것인지 명확한 규율이 필요해 보인다. 수익자가 다수일 때 신탁업자는 수익자 누구를 위해 신탁재산을 관리해야 하는지와 수탁자로서의 권리와 권한을 어떤 수익자를 위해 행사해야 하는지도 구체적으로 따져봐야 할 것이며, 마지막으로 많은 사람들이 침묵하고 있으나 위탁자가 중소·중견기업(비상장주식)의 실제 주주가 맞는지 확인할 수 있는 시스템 구축도 필요하다. 추가적으로 위탁자가 신탁을 설정하는 실질적 목적이 무엇인지 확인 및 감독할 수 있는 절차 등이 명문화되어야 하고 이 때 신탁업자의 책임과 의무 사항 등도 진지하게 고민해야 할 것이다.

별첨 자료 ⑦

유언대용신탁 계약서 (예시)

위탁자   (이하 "위탁자"라 한다)과 수탁자   (이하 "수탁자"라 한다)은 유언대용신탁 계약(이하 "이 신탁계약" 또는 "이 신탁"이라 한다)을 다음과 같이 체결한다.

제1조 (계약의 의의와 목적)
① 이 신탁은 위탁자가 그의 생전 또는 사후에 신탁재산에 대한 수익권을 취득할 수익자 등을 지정하고 금전, 증권, 부동산 등의 재산을 수탁자에 신탁하면 수탁자가 이를 관리, 운용하는 신탁계약이다.
② 이 신탁계약의 목적은 위탁자의 재산을 수탁자가 수탁 받아 지정된 수익자 등을 위해 관리, 운용하고, 이 신탁계약에 근거하여 위탁자가 사망한 후 신탁재산을 위탁자가 지정한 사후수익자에게 교부 및 이전하는데 있다.

제2조 (용어의 정의)
이 신탁계약에서 사용하는 용어의 뜻은 다음과 같다.
1. "위탁자"라 함은 신탁을 설정하는 자를 말한다.
2. "수탁자"라 함은 신탁을 인수하는 자를 말한다.
3. "수익자"라 함은 신탁재산의 수익권을 취득하여 행사하는 자를 말하며 원본수익자 및 이익수익자를 의미한다. 다만, 별도의 정함이 있는 경우

를 제외하고는 이 신탁계약에서 위탁자를 수익자로 본다.
4. "사후수익자"라 함은 위탁자의 사망에 의하여 신탁재산의 수익권을 취득하도록 지정 받은 자를 말한다. 다만, 별도의 정함이 있는 경우를 제외하고는 위탁자가 사망할 때까지 이 신탁계약의 수익권을 취득하지 못한다.
5. "수익자 등"이라 함은 수익자, 사후수익자를 총칭하고, 수익권의 양수인을 포함한다.
6. "사망통지인"이라 함은 위탁자 또는 수익자, 사후수익자가 사망한 경우 그 사실을 수탁자에 지체없이 통보하는 자를 말한다.
7. "신탁관계인"이라 함은 위탁자, 수익자, 사후수익자, 신탁관리인, 사망통지인 등 이 신탁계약과 관계된 모든 자를 말한다.

제3조 (신탁재산)

① 위탁자가 신탁할 수 있는 재산의 종류는 다음 각 호에 따르며, 신탁가액은 각 재산의 종류별 신탁계약(이하 "부수계약"이라 한다)에서 정한 바에 따른다.
   1. 금전
   2. 증권
   3. 금전채권
   4. 부동산
   5. 그 밖의 자본시장과 금융투자업에 관한 법률에서 정하는 재산
② 위탁자는 이 신탁계약의 재산목록을 [첨부 1] 신탁재산 목록표에 적어야 한다.
③ 제1항 각 호의 신탁재산별 관리, 운용은 제4조의 부수계약에 따른 재산별 신탁계약서에서 정한 바에 따라 처리한다.

④ 제1항 내지 제3항에도 불구하고 신탁업 인가(겸영 인가 포함)를 받지 않은 수탁자는 관계 법령상 위반사항이 있는 경우를 제외하고 위탁자와 합의한 모든 재산을 수탁할 수 있다.

제4조 (부수계약)
위탁자와 수탁자는 신탁한 재산의 종류에 따라 그에 맞는 관리, 운용 등을 위해 이 신탁계약에 부수하여 추가로 재산의 종류별 신탁계약을 체결하여야 한다.

제5조 (신탁재산의 표시)
신탁재산에 대하여는 신탁의 등기 또는 등록을 하여야 하며, 등기 또는 등록을 할 수 없는 경우에는 신탁재산임을 표시한다.

제6조 (신탁기간)
① 이 신탁계약의 신탁기간은 다음 [표 1]의 각 호를 적어서 정한다.

[표 1]

호	신탁기간	비고
1	년 월 일로부터 ~ 년 월 일까지	기간 지정
2	기간에 대한 특약:	조건 지정

② 이 신탁계약의 신탁기간은 위탁자와 수탁자의 합의에 의하여 연장할 수 있다. 다만, 신탁계약 개시일로부터 최장 년을 초과할 수 없다.
③ 각 부수계약의 신탁기간(기간 연장 포함)은 이 신탁계약의 신탁기간을 초과할 수 없다.

제7조 (수익자, 사후수익자의 지정 및 신탁재산의 배분 등)
① 위탁자는 이 신탁계약의 사후수익자를 다음 [표2]와 같이 정한다. 단, 사후수익자는 1인 이상이어야 한다.

[표 2] 사후수익자

구분	수익자 내역		위탁자와의 관계
사후 수익자	성명		위탁자의 ( )
	생년월일		
	주소/연락처		
	수익권 비율		
사후 수익자	성명		위탁자의 ( )
	생년월일		
	주소/연락처		
	수익권 비율		
사후 수익자	성명		위탁자의 ( )
	생년월일		
	주소/연락처		
	수익권 비율		

② 제1항 단서에 의한 복수의 사후수익자인 경우 수익권의 비율은 위탁자가 지정한다.

③ 제1항에서 정한 사후수익자가 위탁자보다 먼저 사망할 경우 위탁자가 사후수익자를 새롭게 지정해야 하며, 지정하지 않을 경우 사후수익자의 법정상속인이 그 지위를 갖기로 한다.
④ 제1항 내지 제3항에도 불구하고 별도의 약정이 있는 경우에는 그에 따른다.
⑤ 위탁자는 제1항의 사후수익자를 새로 지정하거나 변경하고자 하는 경우에는 별도의 '사후수익자(지정/정보)변경의뢰서' 양식을 수탁자에게 제출하여야 한다. 이 권리는 위탁자에게 전속되어 상속되지 아니하며 위탁자의 법정대리인이나 상속인이 사후수익자를 새로 지정하거나 변경할 수 없다.
⑥ 위탁자가 사망한 후 사후수익자가 받는 수익권에 대해 상속세가 부과될 수 있다.

제8조 (사망통지인의 지정 등)
① 위탁자는 아래 [표 3]에 적혀진 사람의 동의를 받아 사망통지인으로 지정한다.

[표 3]

사망통지인 I	성명	
	생년월일	
	주소/연락처	
	위탁자와의 관계	
사망통지인 II	성명	
	생년월일	
	주소/연락처	
	위탁자와의 관계	

② 위탁자는 아래 각호의 경우 별도의 '사망통지인(지정/정보)변경의뢰서' 양식을 수탁자에게 제출하여 제1항의 사망통지인을 변경할 수 있다.
   1. 사망통지인이 사망한 경우
   2. 위탁자가 사망통지인을 변경하고자 하는 경우
③ 사망통지인은 위탁자, 수익자, 사후수익자가 사망한 때 지체없이 그 취지의 증빙서류를 첨부하여 서면으로 수탁자에 통지한다.
④ 아래 각호에 해당하는 경우 위탁자의 상속인 또는 사후수익자의 상속인은 사망통지인을 대신하여 사망통지업무를 수행할 수 있다.
   1. 위탁자가 사망통지인을 지정하지 않은 경우
   2. 사망통지인이 모두 사망한 경우
   3. 사망통지 이전에 수탁자가 위탁자의 사망사실을 알게 되는 경우
   4. 위탁자의 사망일로부터 1개월이 완전히 지났을 때까지 사망통지를 지연하는 등 사망통지인이 자신의 임무를 게을리 하는 경우

제9조 (신탁재산의 운용 및 운용내역 통보)
① 수탁자는 신탁재산의 관리 및 운용을 제4조의 부수계약에 따라 처리한다.
② 신탁업 인가를 받은 수탁자는 금융투자업규정 제4-93조 제11호에서 정한 바에 따라 비지정형 특정금전신탁 상품에 한하여 매 분기별 1회 이상 신탁재산의 운용내역을 위탁자(위탁자가 사망한 경우 사후수익자에게도 같은 조건을 유지한다)에게 서면 등 사전에 합의한 방법으로 통보하여야 한다. 다만, 위탁자가 정기적인 통보를 원하지 않을 경우 그 내용을 이 신탁계약서에 분명하게 작성한 후 통보를 생략할 수 있다.

운용 내역 통보 여부	☐ 통보를 원하지 않음 ☐ 통보를 원함(☐자택 ☐직장 ☐E-mail)	위탁자: (인)

③ 제2항에도 불구하고 위탁자가 신탁재산의 운용내역 및 자산의 평가가액을 확인하고자 할 때에는 수탁자는 그 내용을 즉시 제공하여야 한다.
④ 위탁자가 본인의 재무상태, 투자목적 등에 대하여 수탁자에 상담을 요청하는 경우 수탁자는 위탁자의 상담 요구에 응하여야 한다.

제10조 (대리인의 지정)
① 위탁자는 제9조 제1항에서 정한 신탁재산별 부수계약에 따른 신탁재산의 운용방법에 대한 지시권이 있는 경우 이를 대리인으로 하여금 행사하게 할 수 있다. 이 때에는 위임된 권한이 분명하게 적혀 있는 대리인 위임장 등 그 밖의 적법하게 위임권을 수여받았음을 확인할 수 있는 서류를 수탁자에 제출하여야 한다. 단, 대리인의 지정없이 위탁자가 사망한 경우 사후수익자는 대리인을 지정할 수 있다.
② 위탁자는 제 1항의 대리인을 새로 지정하거나 변경하고자 하는 경우에는 별도의 '대리인(지정/정보)변경의뢰서' 양식을 수탁자에게 제출하여야 한다.
③ 위탁자 사망 후 사후수익자는 수탁자의 승낙을 얻어 제1항의 대리인을 변경할 수 있다.

제11조 (원본과 이익의 보전)
이 신탁계약은 원본과 이익의 보전을 하지 아니하며 경우에 따라서는 원본의 손실이 발생할 수 있다.

제12조 (손익의 귀속)
신탁재산 운용으로 발생되는 수익 및 수탁자의 귀책사유 없이 발생한 손실은 전부 위탁자, 수익자, 사후수익자에게 귀속된다.

제13조 (선관주의 의무)
수탁자는 신탁재산을 운용함에 있어 선량한 관리자로서의 주의의무를 다하여야 한다.

제14조 (신탁보수 및 수수료)
① 이 신탁계약의 보수는 아래의 [표4]에 근거하여 위탁자 또는 사후수익자가 부담하며, 기본보수 및 신탁재산별 개별보수는 각 부수계약에서 합의한 바에 따른다.
② 보수 및 수수료는 위탁자 또는 사후수익자에게 요구하여 받거나 신탁재산 중에서 빼고 받도록 한다.
③ 제1항 내지 제2항에도 불구하고 신탁업 인가를 받지 않은 수탁자는 신탁보수 및 수수료를 수취할 수 없다.

[표4]

항목	보수율 또는 금액	비고
기본보수 (신탁계약 체결시)		
개별보수		
집행보수 (신탁재산을 사후수익자에게 이전시)		

제15조 (세금 및 비용 부담)
이 신탁계약과 신탁재산에 대한 세금과 공과금 및 그 밖의 신탁사무 처리에 필요한 비용(각종 소송비용 포함)은 신탁재산에서 차감하거나 위탁자, 수익자, 사후수익자에게 따로 요구할 수 있다.

제16조 (이익계산 및 지급)
수탁자는 신탁이익계산 및 지급에 대해 제4조 부수계약에서 정한 바에 따라 이행한다.

제17조 (중도해지)
① 위탁자는 이 신탁계약에서 정한 신탁재산별 신탁기간 만료 전에 신탁계약의 전부 또는 일부를 해지할 수 있다. 이 경우 수탁자는 별도의 약정이 없으면 그 해지한 재산을 위탁자에게 지급한다. 위탁자는 이 신탁계약에 따른 중도해지 수수료는 부담하지 않는다. 단, 신탁재산별 부수계약에 따라 중도해지 수수료가 발생할 수 있으며, 중도해지 수수료는 위탁자가 부담한다.
② 위탁자의 중도해지시 선취 수수료는 일할 계산하여 반환한다.
③ 제1항 내지 제2항에도 불구하고 위탁자와 수탁자 간의 합의 하에 달리 정할 수 있다.
④ 제1항 내지 제3항에도 불구하고 신탁업 인가를 받지 않은 수탁자는 중도해지 수수료를 수취할 수 없다.

제18조 (수익권의 양도와 담보제공)
이 신탁의 수익권은 양도할 수 없으며, 수탁자의 승낙 없이 제3자에게 담보로 제공할 수 없다.

제19조 (신탁 종료 및 신탁재산의 교부 등)
① 이 신탁계약에서 별도의 약정이 없으면 위탁자의 사망 이후 아래 각 호의 어느 하나에 해당하는 경우에 한하여 수탁자는 신탁계약을 종료할 수 있다. 이 경우 제17조에서 정한 중도해지 수수료는 받지 않는다.

1. 제6조에서 정한 신탁기간이 종료된 때
2. 신탁의 목적이 달성되었을 때
3. 수익자와 사후수익자 전원이 사망한 때
4. 유류분의 반환청구 또는 상속재산분할 청구를 받고 그 유류분의 반환 또는 상속재산의 분할이 확정된 경우
5. 법원의 압류 및 추심명령 등 제3자로부터 수익자의 권리에 제한사항이 발생한 경우
6. 법원의 판결 또는 판결과 같은 효력을 가진 화해, 중재, 명령 등으로 인해 신탁의 목적을 달성할 수 없음이 명확해진 때
7. 별도의 약정으로 정한 사유가 있을 때
8. 그 밖의 사유로 신탁계약 유지가 불가능할 때

② 제1항에 따라 신탁계약이 종료된 경우 그에 따른 신탁재산은 제1항 각 호에 해당되는 정당한 권리자(이하 "권리자"라 함)에게 지급한다. 이 때 수탁자는 제1항 각 호에 따른 증명서류의 제출을 요청할 수 있으며 권리자가 제출한 서류를 판단함에 있어 수탁자는 수탁자의 귀책사유가 없는 한 책임을 부담하지 아니한다.

③ 제1항에 따라 신탁계약의 전부 또는 일부가 종료되었으나, 권리자가 정해지지 않은 경우 수탁자는 권리자 확정 이전까지 신탁재산의 교부를 중단할 수 있다.

④ 권리자가 정해지지 않은 채로 1개월이 완전히 지났을 경우 수탁자는 신탁계약에 따른 수익권 취득 내용을 일간지에 공고하고, 공고일로부터 1개월이 완전히 지났을 때에도 권리자 확정이 되지 않으면, 신탁재산을 법원에 공탁(보관을 위탁) 할 수 있다.

⑤ 제1항 각호의 사유로 인하여 신탁이 종료한 때에는 수탁자는 최종계산서를 작성하여 권리자의 승인을 얻은 후 신탁재산을 교부 및 이전

한다. 다만, 신탁재산 중 환가 및 회수가 곤란한 경우 또는 그 밖의 부득이한 사정이 있는 경우에는 신탁재산을 현상대로 교부 및 이전한다.
⑥ 수탁자는 최종계산서를 작성하여 권리자에게 계산승인을 요구하고, 권리자는 계산승인의 요구를 받은 때로부터 1개월 내에 승인여부를 수탁자에 통지하여야 한다.
⑦ 수탁자는 제6항의 계산승인을 요구할 경우 "권리자는 최종계산에 대하여 이의가 있는 경우 계산승인을 요구받은 때로부터 1개월 내에 이의를 제기할 수 있으며, 최종계산에 대하여 이의를 제기하지 아니한 경우에는 권리자가 계산을 승인한 것으로 본다"라는 취지의 내용을 분명하게 적어야 한다.
⑧ 권리자는 수탁자로부터 제6항의 계산승인을 요구 받은 때로부터 1개월 내에 이의를 제기하지 아니한 경우 제6항의 계산을 승인한 것으로 본다.

제20조 (사고 변경사항의 신고)

위탁자 또는 사후수익자는 다음 각호의 경우에 지체없이 필요한 절차를 밟아 수탁자에 신고하고 필요한 절차를 취하여야 한다. 그 신고 또는 절차의 지연으로 인하여 발생한 손해에 대하여 수탁자는 수탁자의 귀책사유가 없는 한 책임을 지지 아니한다.
1. 증서·거래인감 등을 분실·도난·훼손하였거나 변경하고자 할 때
2. 위탁자, 수익자, 사후수익자, 대리인, 사망통지인 등 그 밖의 신탁계약 관계자에 대한 성명·상호·주소·전화번호 등의 변경, 사망 또는 행위능력에 변동이 있을 때
3. 그 밖의 이 신탁과 관련하여 사전통지가 필요하다고 수탁자로부터 사전에 안내 받은 사항

제21조 (인감신고)
① 위탁자, 수익자는 이 신탁계약과 관련하여 사용할 인감을 수탁자에 신고하여야 한다.
② 수탁자는 이 신탁계약과 관련된 모든 서류 등에 도장이 찍힌 모양을 제1항에 따라 신고된 인감과 육안에 의하여 상당한 주의로써 대조하여 처리하여야 한다. 수탁자가 이와 같은 조치를 취하여 신탁재산의 교부 및 그 밖의 업무처리를 한 경우 수탁자는 인감과 지급청구서 등의 위조·변조 또는 도용 등으로 인해 손해가 발생하여도 수탁자는 수탁자의 귀책사유가 없는 한 책임을 지지 아니한다.

제22조 (계약 등의 변경 등)
① 위탁자는 위탁자 본인의 사망 전까지 해당 신탁계약 내용을 수탁자, 수익자와의 합의를 통해 언제든지 변경할 수 있다.
② 제1항에도 불구하고 수익자가 있는 신탁에서 수익자가 없는 목적신탁으로의 신탁계약 변경과 제23조에 해당하는 신탁계약으로의 변경은 금지된다.

제23조 (위탁자의 확약)
① 위탁자는 선량한 풍속이나 그 밖의 사회질서에 위반하는 사항을 목적으로 하는 신탁을 설정하여서는 아니된다.
② 위탁자는 그 목적이 위법하거나 불능에 해당하는 신탁을 설정하여서는 아니된다.
③ 위탁자는 위탁자의 채권자를 해함을 알면서 신탁을 설정하여서는 아니된다.
④ 위탁자는 제3자와의 채무관계 면탈 또는 소송 목적으로 신탁을 설정하여서는 아니된다.

제24조 (계약의 우선 순위)
① 이 신탁계약과 부수 계약의 내용이 서로 상충할 경우 이 신탁계약의 조항이 우선 적용된다.
② 이 신탁계약에 분명하게 적지 않은 내용은 부수 계약에 따라 적용된다.
③ 분쟁 및 그 밖의 사유 또는 법적인 조치로 이 신탁계약이 무효가 된 경우 이에 따른 부수계약도 무효가 되며 신탁재산은 운용현상대로 제19조 제2항에 따라 권리자에게 지급한다.

제25조 (수탁자의 면책)
① 허위 사실을 적는 등 그 밖의 위탁자의 귀책사유로 발생한 손해 등에 대해서 수탁자는 자신의 귀책사유 이외의 책임을 부담하지 아니한다.
② 신탁관계인의 주소와 연락처 등 수탁자에 제공한 정보에 변경이 있는 경우 지체없이 그 변경내용을 수탁자에 통지하여야 하며, 통지의 불이행으로 발생하는 불이익에 대하여 수탁자는 자신의 귀책사유 이외의 책임을 부담하지 아니한다.
③ 신탁관계인이 허위 사실을 통보하는 경우 또는 신탁관계인의 귀책사유로 인해 문제가 발생한 손해 등에 대해 수탁자는 자신의 귀책사유 이외의 책임을 부담하지 아니한다.
④ 제1항 내지 제3항에도 불구하고 위탁자와 수탁자 간의 합의 하에 수탁자의 책임 범위와 면책 사유를 달리 정할 수 있다.

제26조 (특약)
① 이 신탁계약에 의한 당사자 그 밖의 신탁계약 관계자의 권리의무를 명확히 하고, 이 신탁계약의 내용을 구체화 하며, 이 신탁계약의 내용과

다른 내용을 정하기 위하여 추가약정 또는 특약을 체결할 수 있다. 다만 이 경우 추가 약정 또는 특약의 내용은 신탁법 및 자본시장과 금융투자업에 관한 법률 등 관계 법령에 위배되지 않아야 하며, 추가약정 또는 특약의 내용이 이 신탁계약의 내용과 다른 경우에는 추가 약정 또는 특약의 내용이 우선하는 것으로 한다.

② 이 신탁계약의 특약사항은 다음과 같다.

> 첨부 '특약사항'에 의함.

제27조 (준용)
이 신탁계약에서 정하지 아니한 사항은 신탁법, 민법 등 관계 법령에 따라 처리하기로 한다.

제28조 (관할법원)
이 신탁계약과 관련하여 소송이 제기되는 경우 관할법원은 민사소송법이 정하는 바에 따른다.

제29조 (계약서 보관)
이 신탁계약을 증명하기 위해 계약서 2부를 작성하여 위탁자와 수탁자가 각 1부씩 보관한다. 다만, 신탁재산의 등기, 등록 등 유관기관에 이 신탁계약서의 원본을 제출하여야 할 경우에는 1부 이상을 추가로 작성할 수 있다.

신탁계약일 :   년   월   일

위탁자　　　주　　소 :
　　　　　　주민등록번호 :
　　　　　　성　　명 :　　　　　(인)

원본수익자　주　　소 :
　　　　　　생 년 월 일 :
　　　　　　성　　명 :　　　　　(인)

이익수익자　주　　소 :
　　　　　　생 년 월 일 :
　　　　　　성　　명 :　　　　　(인)

* 원본수익자를 별도로 지정하지 않을 경우 위탁자를 원본수익자로 본다.
* 이익수익자를 별도로 지정하지 않을 경우 위탁자를 이익수익자로 본다.

수탁자　　　주　　소 :
　　　　　　주민(법인)등록번호 :
　　　　　　성명(법인명) :　　　　　(인)

[첨부 1] 신탁재산 목록표

신탁재산 목록표
(년   월   일 기준)

위　탁　자 :　　　　　　(인)
원본수익자 :　　　　　　(인)
이익수익자 :　　　　　　(인)

■ 부동산

■ 금전

■ 유가증권

책 본문 및 별첨 자료(소논문 등) 참고문헌

- 신관식, 「사례와 함께하는 자산승계신탁·서비스」, 삼일인포마인(2022년)
- 신관식, 「내 재산을 물려줄 때 자산승계신탁·서비스」, 삼일인포마인(2022년)
- 김기백, 「가업승계, 100년 가업을 만든다」, 행복한미래(2016년)
- 김선희, 「가업승계, 명문장수기업의 성공전략」, 쌤앤파커스(2017년)
- 김창영, 「2022 절세설계 컨설팅」, 돈텍스(2022년)
- 김창영, 「2022 가업승계를 위한 상속·증여 특례제도」, 돈텍스(2022년)
- 무궁화 신탁법연구회·광장 신탁법연구회, 「주석 신탁법(제3판)」, 박영사(2021년)
- 송동진, 「신탁과 세법」, 삼일인포마인(2021년)
- 오영걸, 「신탁법」, 홍문사(2021년)
- 오영걸, 「신탁법 2판」, 홍문사(2023년)
- 이일화·한공희·김종상, 「성공 창업 장수하는 기업 만들기」, 조세금융신문(2022년)
- 정순섭, 「신탁법」, 지원출판사(2021년)
- 장중식, 「부동산 신탁 실무 해설(제3판)」, BOOKK(2021년)
- 최수정, 「신탁법(개정판)」, 박영사(2019년)
- K-BIZ 중소기업중앙회, 「2021 중소기업 가업승계 세제 상담 사례집」, 중소벤처기업부(2021년)
- K-BIZ 중소기업중앙회, 「2022 중소기업 가업승계 세제 해설집」, 중소벤처기업부(2022년)
- 국세청, 「가업승계 지원제도 안내(2023년)」
- 금융위원회, "신탁업 혁신 방안(2022년 10월 13일 보도자료 및 별첨자료)"
- KB금융지주경영연구소, "KB지식비타민, 100년 기업 육성을 위한 일본 정부와 은행들의 노력(2021년)"
- 기획재정부, "2023년 세법개정안"

불멸의 가업승계 & 미래를 여는 신탁

개정증보판 발행 2024년 1월 20일
초판 발행 2023년 4월 7일

지은이 신관식
펴낸이 김종상
디자인 정진아
펴낸곳 (주)조세금융신문

출판등록 제2018-000021호
주소 서울시 은평구 증산로17길 43-1 제이제이한성 B/D
전화 02-783-3636
팩스 02-3775-4461
이메일 tfmg@tfnews.co.kr
홈페이지 www.tfmedia.co.kr

가격 28,000원
ISBN 979-11-92307-12-1 (13320)

* 잘못된 책은 구입하신 서점이나 펴낸곳에서 교환해 드립니다.
* 저자와의 협의하에 인지는 생략합니다.
* 이 책은 저작권법에 의하여 보호를 받는 저작물이므로 무단 전재와 복제를 금합니다.
* (주)조세금융신문에서 펴낸 서적은 정확하고 권위있는 정보 제공을 목적으로 하고 있습니다.
  다만, 항상 완전성이 보장되는 것은 아니고, 특정 사안에 대한 구체적인 의견 제시가 아니므로 적용 결과에 대해 당사가 책임지지 않습니다. 따라서 실제 적용에 있어서는 충분한 사전 검토 및 저자, 여타의 전문가들과 필히 상의하실 것을 권고합니다.